先德管理顾问丛书培训系列

U0727263

员工职业素养培训

★世界著名企业内训教程★

龚晓路　黄锐　编著

中国发展出版社
CHINA DEVELOPMENT PRESS

图书在版编目（CIP）数据

员工职业素养培训：世界著名企业内训教程/龚晓路，黄锐
编著 . —北京：中国发展出版社，2012.7（2017.7 重印）
ISBN 978 - 7 - 80234 - 800 - 4

Ⅰ. 员… Ⅱ. 龚… 黄… Ⅲ. 企业管理—职工培训—教材
Ⅳ. F272.92

中国版本图书馆 CIP 数据核字（2012）第 129107 号

书　　　名：员工职业素养培训：世界著名企业内训教程
著作责任者：龚晓路　黄　锐
出 版 发 行：中国发展出版社
　　　　　　（北京市西城区百万庄大街 16 号 8 层　100037）
标 准 书 号：ISBN 978 - 7 - 80234 - 800 - 4
经 　销 　者：各地新华书店
印 　刷 　者：北京科信印刷有限公司
开　　　本：700 × 1000mm　1/16
印　　　张：19.75
字　　　数：300 千字
版　　　次：2012 年 7 月第 1 版
印　　　次：2017 年 7 月第 3 次印刷
定　　　价：32.00 元

联 系 电 话：(010) 68990642　68990692
购 书 热 线：(010) 68990682　68990686
网 络 订 购：http://zgfzcbs.tmall.com//
网 购 电 话：(010) 68990639　88333349
本 社 网 址：http://www.develpress.com.cn
电 子 邮 件：fazhanreader@163.com

前　言

人的尊贵，不在于经验的长久，而在于长久经验中培育出来的能力。提升人力素质是提高企业各方面品质及竞争力的利器，而提升人力素质最直接、有效、成本最低的方法，就是教育训练。培训对于企业，可以服务于企业的总体经营战略、有助于优秀企业文化的塑造和形成、有助于企业管理工作的有序和优化；培训对于员工，可以知识更新、提高素质、适应外界环境变化、适应组织变革、调动积极性、提高服务质量，从而提高企业竞争力。

而员工职业素养培训一直是企业培训体系中很基础与重要的部分，企业内训中（如新员工入职培训）都有相应的教程。但是，国内的多数企业员工素养培训自编教材全面性、专业度不够，企业有进一步提升与完善相关教材的实际需要。目前，图书市场中素养类图书虽多，但书籍的编著多是从个体自我进修的角度进行，系统的可直接作为企业内训教案的书籍及少，不能以资料的形式纳入人力资源培训体系。或者只是某一方面的素质培训教程，全面系统性不够，据此我们编著了这本全面、系统、专业化的员工职业素养培训教材。

为了保证此书内容的高品质与专业度，我们特意走访了 GE、宝洁、摩托罗拉、强生、西门子等多个世界著名企业，与其中的高素质人才沟通，深入了解这些企业的职业素养内训教程，选取其中的精华，并结合专业管理顾问公司授课资料编著而成这本专业的培训教材。

全书共分为以下三个部分：

上部职业意识篇，主要从志向、兴趣、服务心态提炼出成功职场人士需修炼的几种职业意识，通过传导树立正确职业意识的方法和技巧，使员工能自发地改变自身工作的原动力，更主动、更努力地去工作。

中部职业礼仪篇，主要从服饰、语言、举止等视觉的角度，让员工学习礼仪，从细节处提升其职业素养。使其掌握商务礼仪的基本知识，塑造职业人士形象，同时避免礼仪方面的错误，提高人际交往能力。

下部职业能力篇，主要在一般能力的基础上，根据职场内所需能力的特点，归纳出职场中员工必须掌握的几种能力，提供了一套强有力的能力提升方法。循着方法内所示步骤，员工每完成一份工作、多解决一个问题，其工作能力及工作品质就会逐日提升。

本书在编著中注重了以下几个特点：

全：由于企业员工职业素养培训讲求完整性与系统性，在内容上本书力求将员工职业素养所需培训内容汇编成一本培训教材。

专：本书内容以全球成功大企业培训课程与专业管理顾问公司授课资料为蓝本，涉及多种专业方法：如职业生涯设计法、麦肯锡方法、逻辑树、ABC 工作法等，编著中力求知识点的权威与专业。

实：高效实用的培训内容，既简单讲述了相关的理论知识，又注重实战性，详细指导素养提升的具体方法与可操作性技巧，充分告知重点、决窍与关键，使读者深刻理解各素养的内涵，掌握素养修炼的方法，真正做到知而力行。

细：素养体现于细节，素养修炼须从细节处做起。本书的内容注意深入到素养提升的每一个细部，如谈话礼仪小节就详细讲解了表达的要领、发音练习、对话的空间和距离设定、谈话时的礼貌、谈话时的技巧、谈话时对视线与表情的处理等。

易：本书从企业内训课堂讲义的角度编写，各章节中穿插问卷、案例、图示、思考题等工具，结构清晰、风格生动、言词精练，可以作为员工职业素养培训教材直接使用，也可作为企业培训师设计相关教程时的参考资料，拿来就用，简单而方便。

本书作为：

（1）企业内训时的教材或可供参考的资料。

（2）职业素养提升自修读物。

（3）管理类专业辅助读本。

我们真诚希望本书能帮助企业员工的整体素养得到跃升；同进也期望您阅读此书后，能够真正从这些方法中获益，并充分地将所学知识运用到您的工作上，成为一个乐观进取、勇于接受挑战的企业人。您可以将您的学习心得或培训体验与我们分享，我们的电子邮箱是：eastsanda@163.com.

编　者

目　录

CONTENTS

下部　职业能力篇

CONTENTS

阅读指导

　　你给自己拟订了一个有规划的人生吗？这个人生是否充分突出了你的优势，实现了你的潜能呢？一流企业员工的专业质素所带来的信任度与好感给你很大的冲击力吗？你在表达自己的想法时，是否很难找到准确恰当的词汇呢？你的判断力能令自己满意吗？你是否常常易受挫折的困扰呢？

　　成功需要认清自己并改善自己。

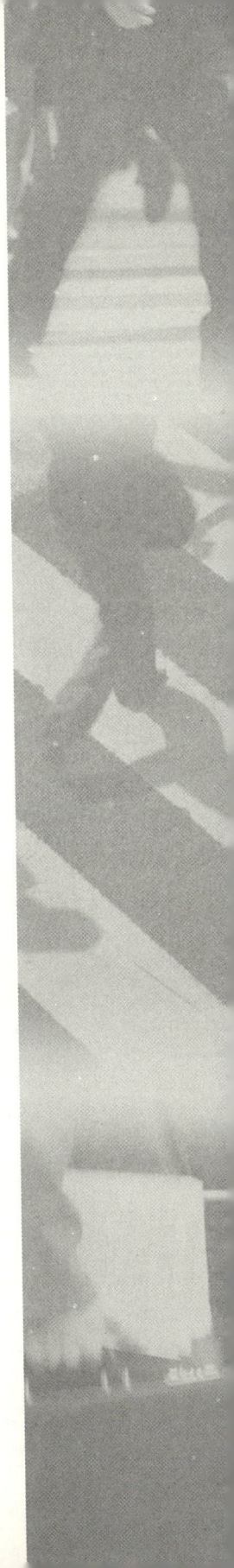

自　　查

夜深人静时，细细想想，你给自己拟订了一个有规划的人生吗？这个人生规划是否充分突出了你的优势，挖掘出你的潜能呢？

某一天，偶遇来自于不同企业的员工，你是否留意到每个企业员工的精神面貌有所不同呢？从仪表、语言交流、表情，到交换名片、自我介绍等各种礼仪，你是否立刻意识到你和一流企业员工的差距，并暗暗下决心要重塑一个全新的自己呢？

你在表达自己的想法时，是否很难找到准确恰当的词汇，别人也很难了解你的意思，以至于在需要沟通或说服别人的时候总是感到有困难呢？

你分析复杂问题的方法是否远不如你想像得那样有条理，不是抓不住重点，就是推理不准确、归纳不完整，从而判断力总不令自己满意呢？

你是否常常易受挫折的困扰？在工作碰壁时，意志消沉，以各种借口逃避、拖延，内心极为痛苦但又无法达成目标呢？

每天你都在尽力协调与上司、同事、部属的关系，但是常常感到力不从心，寻找不到有效的方法呢？

你是否常常忙得焦头烂额，没有富余时间，但细细想想，都是一些杂事、琐事，而真正重要的工作却没有做呢？

你是否常常感到创造力枯竭，做事因循守旧，别人新想法不断，自己却总是欠缺呢？

……

认清自己并改善自己

乔·哈理斯曾将人的心灵分为下图1的四个窗子。

	自己知道	自己不知道
别人知道	（1）已开的窗户	（3）盲目的窗户
别人不知道	（2）隐蔽的窗户	（4）黑暗的窗户

图1　乔·哈理斯的四个窗子

（1）已开的窗户——自己能坦然让别人知道的领域。

（2）隐蔽的窗户——自己刻意隐蔽，不让别人知道的领域。

（3）盲目的窗户——别人看得很清楚，自己却全然不知的领域。

（4）黑暗的窗户——自己和别人都不知道的无意识领域，暗藏未知的可能性，也是人们潜力所在的地方。

一个人要能成长，就需扩大已开的窗户，缩小隐闭的窗户，靠着自我洞察开发黑暗的窗户，及透过别人的影响打开盲目的窗户，循着这种途径即可认清自己，并改善自己。

提高职业素养的目标与架构

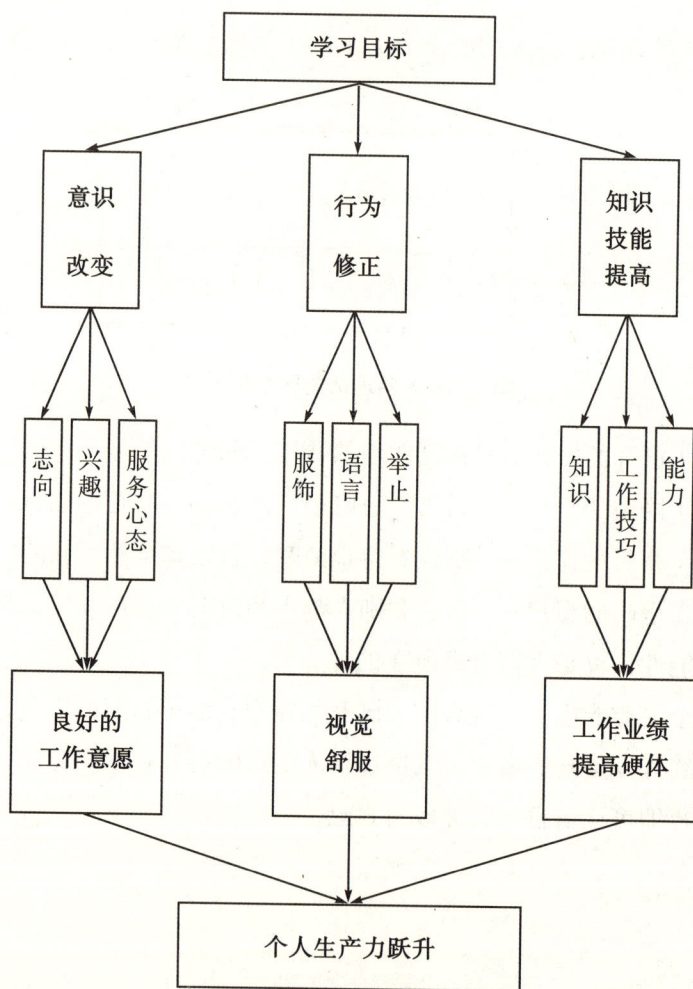

```
                        ┌──────────────┐
                        │   学习目标    │
                        └──────────────┘
             ┌───────────────┼───────────────┐
             ▼               ▼               ▼
        ┌────────┐      ┌────────┐      ┌────────┐
        │  意识  │      │  行为  │      │  知识  │
        │  改变  │      │  修正  │      │  技能  │
        │        │      │        │      │  提高  │
        └────────┘      └────────┘      └────────┘
      ┌──┬──┬──┐      ┌──┬──┬──┐      ┌──┬──┬──┐
      │志│兴│服│      │服│语│举│      │知│工│能│
      │向│趣│务│      │饰│言│止│      │识│作│力│
      │  │  │心│      │  │  │  │      │  │技│  │
      │  │  │态│      │  │  │  │      │  │巧│  │
      └──┴──┴──┘      └──┴──┴──┘      └──┴──┴──┘
      ┌────────┐      ┌────────┐      ┌────────┐
      │ 良好的 │      │ 视觉  │      │工作业绩│
      │工作意愿│      │ 舒服  │      │提高硬体│
      └────────┘      └────────┘      └────────┘
             └───────────────┼───────────────┘
                             ▼
                    ┌──────────────────┐
                    │  个人生产力跃升  │
                    └──────────────────┘
```

图 2　职业素养学习目标示意图

良性的自我暗示：成就欲

追求卓越：专业精神

战胜自己：挫折承受力 ── 职业意识

成大事者的关键：讲求诚信

工作必需：团队精神

仪表规范

谈话的礼貌

表情规范

职业礼仪 ── 举止行为规范

交换名片规范

介绍的方式

礼仪集成

工作开展必备：应掌握的知识

有效沟通的基础：语言表达能力 ── 职业行动力 ── 赢得合作：人际交往能力

明智的决策：问题解决能力

提高时间的使用质量：时间管理

追求竞争力的飞跃：创造能力

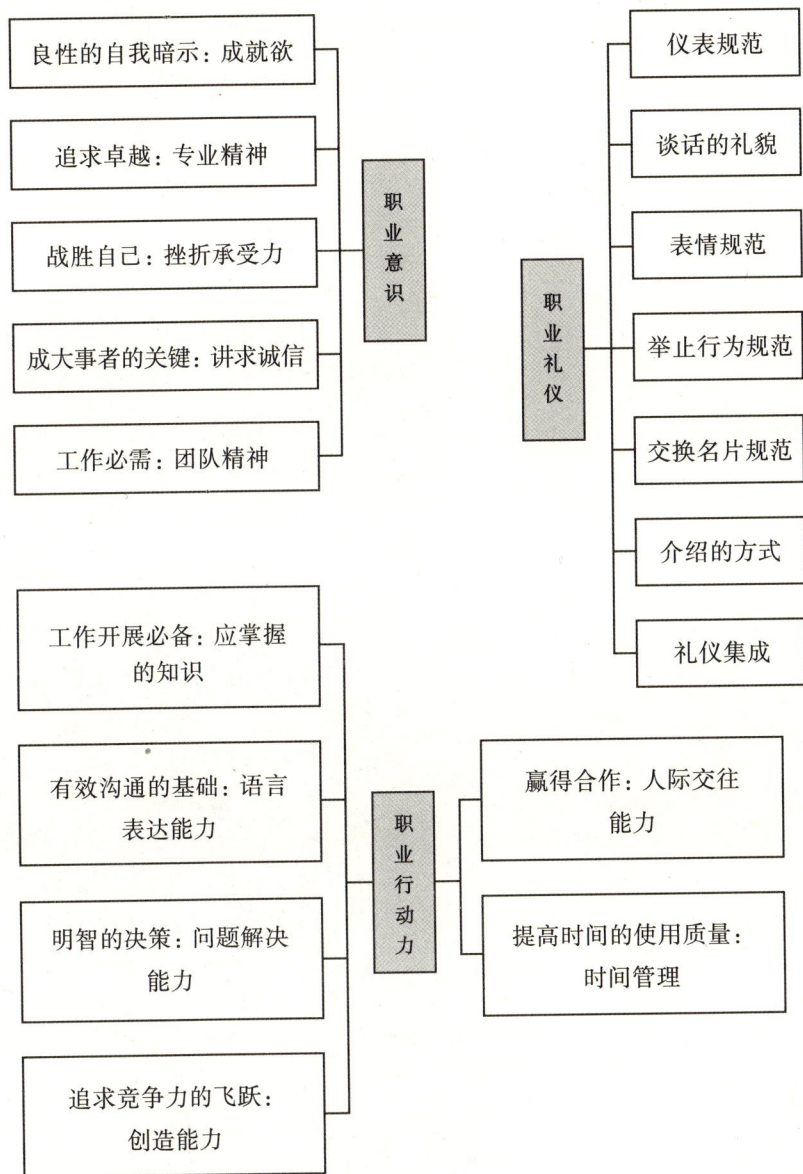

图3　职业素养架构图

上部

职业意识篇

一个在事业上立志进取的人，就有可能开拓工作的新局面；一个在学业上持之以恒、刻苦努力的人，就有希望达到科学的巅峰。

在工作中，一个人要获得成功，60%取决于职业意识，30%取决于职业技能，10%靠运气。

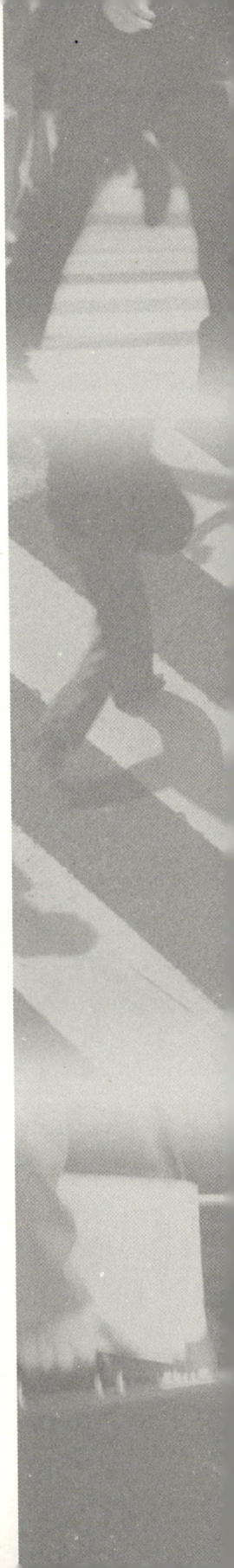

1

关于职业意识

人们经常在谈论有关意识的问题，那么究竟什么样的意识是好的意识，什么样的意识又是不好的意识呢？意识在不同的情况下有不同的表现，此处所要讲的是不同的职业意识。你是用怎样的职业意识来对待你的工作呢？

4 种职业意识

一般来说，职场中有以下 4 种不同的职业意识。

1. 第一种人：工作仅为了满足个人的需求

对这种人来说，工作就是获得收入、取得成就感、提高个人的社会地位。他在对待工作时过多考虑的是自己，没有与企业的需求相结合，也没有与社会的需求彼此结合，这就表明了他工作的目的仅是为了满足个人的需求。

2. 第二种人：只满足于安全需求的层次

对于第二种人，工作对他来说就是出卖体力和时间，赚点钱来养家糊口，像这样的人他不会特别主动地工作，他只满足于安全需求的层次，他只要安全了，能活下来就可以了，至于其他的任何东西也就不争了。

3. 第三种人：考虑的完全是企业的要求

对于第三种人，工作对他来讲就是按照企业的期望来实现企业的目标，他考虑的完全是企业的要求，而没有自己的需求。感觉自己像个奴隶，越干越被动，整天撅着嘴，因为他从来没有深切考虑过自己的需求。

4. 第四种人：把工作跟自己的事业紧密地结合起来

对于第四种人，就像一位西餐店的厨师，他觉得他的工作就是让中国人有机会品尝到西餐，也让外国朋友有机会在异国他乡能吃到家乡的菜肴。他用非常积极的态度来对待他的工作，把工作跟自己的事业紧密地结合起来。

总括起来，这四种职业意识的不同之处在于：前三种人的职业意识是工作就是工作，虽然把自己的工作看得特别地重要，但是却没有随时提醒自己在干着一项非常重要的工作，这项工作跟自己的事业目标有密切的关系。而第四种人的职业意识是工作是与个人的目标结合在一起的。

每个人的职业意识不同就会有各自不同的发展，也势必会有不同的结果。好的职业意识就是设立一个好的目标，用目标来指引工作，这对个人的发展会有很大的帮助。工作价值观定位见图1-1。

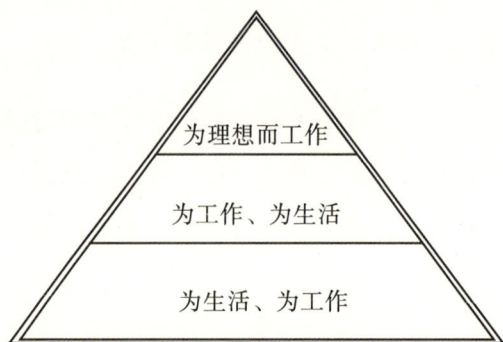

图1-1　工作价值观定位

正确职业意识的力量

有关学者对国内外一些在事业上有突出成就的人进行调查研究，了解影响他们成功的心理因素都有哪些，结果发现，他们成就的取得大多不是由于智力的高低，而是由于意志、性格上的特点。一个在事业上立志进取的人，就有可能开拓工作的新局面；一个在学业上持之以恒、刻苦努力的人，总有希望达到科学的巅峰。即便习武练功，要想达到强身治病的目的，也离不开顽强的意志和不怕困难的精神。

在工作中，有很多影响个人发展的因素：职业技能是一方面，即以往经历过的学习和工作的背景会影响个人的发展；职业运气是另一方面，也就是你有没有好的运气进入一家好的公司；最后一个非常关键的方面就是职业意识。一个人获得成功，60%取决于职业意识，30%取决于职业技能，而10%则靠运气。好的技能和运气固然重要，但是如果没有良好的职业意识作为支撑，成功的机会势必会很少。

正确的职业意识可以产生以下三方面的正面影响：

（1）改变工作原动力。正确的职业可以改变自身工作的原动力，使人可以更主动、更努力地去工作。

（2）提高个人绩效。当你更努力、更主动地去工作时，个人的业绩也会相应地得到极大地提高。

（3）促进职业生涯的成功。研究表明，一个人职业生涯的成败60%取决于他的职业意识。成功的职场人士所共有的一个显著特点就是有相当积极的职业意识。

职业意识自检

目前我在职场中的工作意识及工作价值观：

_____

_____

_____

_____

我的人生目标：

_____

_____

_____

_____

为了达成我的人生目标，我希望改进如下职业意识：

_____

_____

_____

_____

如何建立正确的职业意识

如何建立正确的职业意识呢？你可以根据图 1-2 中职业意识的各个方面逐一对照学习，逐步提高自己的职业素养。

1．提高成就欲
2．打造专业精神
3．培养真正的责任感
4．提高挫折承受力
5．塑造诚信形象
6．树立团队精神

图 1-2　职业意识的 6 个方面

2

良性的自我暗示：提高成就欲

> 成就欲：克服困难，追求卓越，有事业心，对工作积极主动。
>
> 未来属于相信梦想之美丽的人。

相信自己，人生有梦，逐梦踏实

正如哈佛大学的心理学家威廉·詹姆斯所说："很多时候，人们想像自己是什么样子，现实中就真是什么样子。"如何规划你的人生是完全由你自己掌握的，就如同你如何看待半杯水，它是半满还是半空完全由你决定。正确的人生观虽然不一定能保证你的人生与事业一定成功，但是不正确的态度却肯定会导致失败或造成停滞不前、固步自封的后果。例如，如果你认为自己不会被录用或获得升迁，那么可能真的如此。就算真的获得工作或升迁，你可能认为那只是运气好或是别人出了差错而从天上掉下来的奇迹。结果你不但没有培养出迈向成功必备的自信，反而随时得提心吊胆，担心自己会穿帮出糗，这样可想而知你真的会搞砸。而积极的人生观、较高的成就欲却能达成良性的自我暗示，使你更热爱工作、全力以赴并坚持不懈。

在如今激烈的竞争环境中，工作总是充满着挑战、让人饱含艰辛或充满喜悦，这些让多少有上进心的人们交集在兴奋与疲惫之中。如果没有对工作的热爱，没有全力以赴并坚持不懈地投入工作并要在此领域取得成功的欲望，做好一项工作是很困难的。所以成功的职业人总是抱持着乐观的人生态度，心怀强烈的成就欲，因此他们在工作时就会坚持得久一点，更刻苦一点。况且，一项事业的成功是无止境的，一项长远性的事业，如果拥有权宜、过渡的心理是不可能取得长久的成功的。我们都不想活在自己的局限里，我们的人生经历就是一次品牌营销，我们都想成为第一。

人类因有梦想而伟大，相信自己，人生有梦，逐梦踏实！

成就欲自测

你是否有强烈的成就欲？你可以做以下自测。将下列各句所述情况与自己的实际状况比较，符合程度越高，你的成就欲就越强烈，符合程度越低，则你的成就欲越弱。

符合程度

高 ←————→ 低

1. 我总是根据工作的要求来安排个人的生活。 □ □ □ □ □

2. 就我的潜能而言，我认为自己会比同能力的人取得的成就高。 □ □ □ □ □

3. 我一般每天工作 8 小时以上，并有过一天工作 10 小时的经历。 □ □ □ □ □

4. 我不认为高于平均水平就是成功，我的成功标准是追求卓越与杰出。 □ □ □ □ □

5. 我曾在某个群体中成为最优秀的几个人之一。 □ □ □ □ □

6. 当我完成一件工作后，很希望上司知道，并给予表扬。 □ □ □ □ □

7. 当别人在业绩超过我时，我会当面或心里向他提出挑战。 □ □ □ □ □

8. 我经常感到很自信。 □ □ □ □ □

9. 当工作不如想像的那样顺利，我感到很不满意。 □ □ □ □ □

10. 我很清楚自己以后人生的发展方向是什么。 □ □ □ □ □

11. 当我碰到一个我真正想要的机会时，我通常表现出强烈的兴趣。 □ □ □ □ □

12. 我不会担心如果我的能力太好了，上级就会加重我的工作负担。 □ □ □ □ □

13. 在多数情况下，当大家意见不一致时，我通常都会有自己的主张。 □ □ □ □ □

成功者与失败者的成就欲特征

有人将人生的成功和失败归因于"运气好、运气不好"。虽然那些成大功、立大业的人，多半是走好运或时势所趋，但终究一句话，他们都是非常努力的人，因此，他们彼此相通之点，就是表现在生活态度上的乐观性。

成功者的成就欲表现见图 1-3。

高度敬业	• 不满现状、追求卓越和自我完善 • 有很高倾向的事业心，比别人干得多并自得其乐 • 积极主动地接受挑战。在有困难、有压力的情况下也能尽职尽责
具有强烈的竞争性	• 完美的应对能力、感觉很好 • 体力充沛 • 自信心强 • 力争优胜、不甘人下 • 开拓进取、敢想敢干、勇往直前 • 彻底做好别人不做的事
忘我地投入	• 忍耐力 • 持续不断地学习 • 彻底地遵守基本规则
对未来的热情	• 对人生抱着积极的态度 • 具备战略与强烈的目的意识 • 对于过去成功的超然感 • 积极性（打破安于现状的观念）

图 1-3　成功者的成就欲特征

失败者的成就欲特征见图 1-4。

• 安于现状 • 无事业心，对工作敷衍 • 工作欠积极主动，遇到困难就停滞不前 • 缺乏自信心，追求安逸，没上进心 • 畏怯退缩，凡事采取观望态度，不积极参与 • 凡事都抱"无所谓"的态度

图 1-4　失败者的成就欲特征

在职场中至少存在两种成就动机，一种围绕着躲避失败，另一种围绕着达到成功。有意识地培养自己的成就目标，并使自己形成与之相适应的动机模式，这在个人成长中显得尤为重要。

发现你的优势，挖掘你的潜能，进行科学的人生设计

何谓优势？就是你天生拥有的、在某一方面不用太费劲就比其他人做得好的能力。

迈克尔·柯达说："人们成功的几率和他们从工作中获得的乐趣成正比；如果你痛恨自己所从事的工作，那么最好认清事实，赶紧脱身。"

有句古老的谚语是这么说的："如果你骑的是头死马，那就赶紧下马吧！"不过，在脱身下马之前，你可以想一想，如果你无法从工作中获得启发、满足或是充沛的精力，说不定有个简单的办法可以解决这个问题。也许，你不用急着"下马"，你可以这样想一想：如果你把对人生的看法加以调整的话，会不会重新点燃热情的火苗呢？

怎样发现你的优势呢？

途径：明确阶段性人生目标与计划，见图1-5。

1. 自我评估：正确认识自己

我们大多数人都会认为对自己有足够的了解，但是许多错误的职业生涯选择就是因为对自己认识不清。自我评估的目的在于认识自己、了解自己。因为只有认识了自己，才能对自己的职业做出正确的选择，才能选定适合自己发展的职业生涯路线，职业生涯设计才能给你的人生之路点燃一盏明灯。自我评估的各要素都是与事业发展息息相关的各个方面，它们如下所示。

（1）个人品质类。社会阶层的影响、教育、负担、自我观、地理因素、健康状况、性别、年龄、兴趣、性格、学识、价值、天赋、技能、智商、情商、思维方式、道德水准、生活状态、就业机会、职业选择、家庭及社会等方面的职业环境。

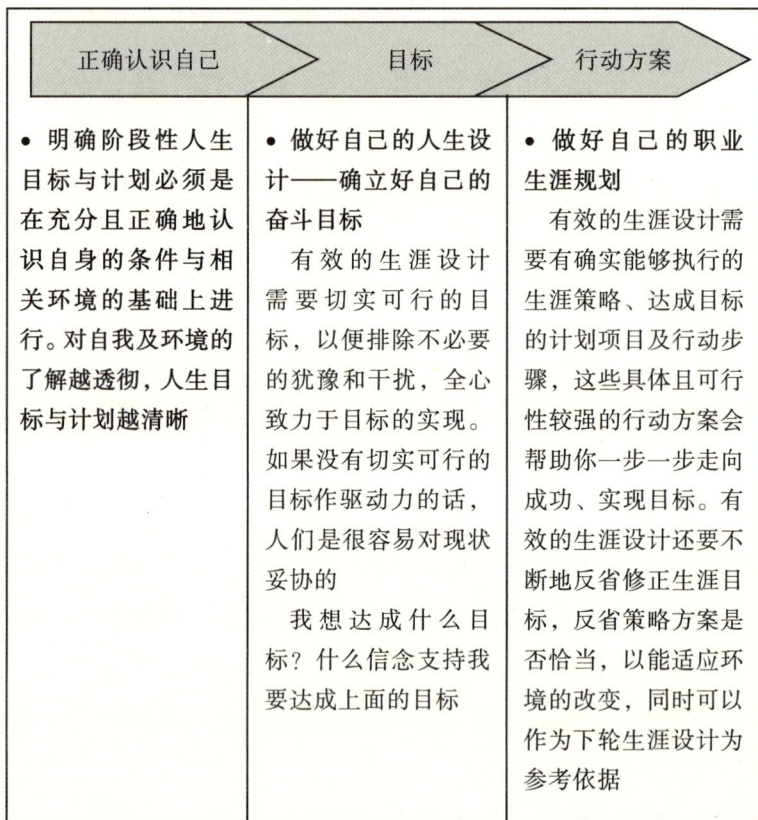

正确认识自己	目标	行动方案
• 明确阶段性人生目标与计划必须是在充分且正确地认识自身的条件与相关环境的基础上进行。对自我及环境的了解越透彻，人生目标与计划越清晰	• 做好自己的人生设计——确立好自己的奋斗目标 有效的生涯设计需要切实可行的目标，以便排除不必要的犹豫和干扰，全心致力于目标的实现。如果没有切实可行的目标作驱动力的话，人们是很容易对现状妥协的 我想达成什么目标？什么信念支持我要达成上面的目标	• 做好自己的职业生涯规划 有效的生涯设计需要有确实能够执行的生涯策略、达成目标的计划项目及行动步骤，这些具体且可行性较强的行动方案会帮助你一步一步走向成功、实现目标。有效的生涯设计还要不断地反省修正生涯目标，反省策略方案是否恰当，以能适应环境的改变，同时可以作为下轮生涯设计为参考依据

图 1-5　明确人生目标与计划

（2）动机类。动机来自自己本身，它是一种志向，是生活的目的（安全感、信心和希望）。比如：自己喜欢的工作到底是什么？现有工作对自己的重要性是什么？与工作有关的其他考虑是什么？

（3）特长类。全方位分析自身的优势、弱势、机会和威胁。对自己评价一番，了解自己的力量。比如：自己的专长是什么？有哪些工作机会可供选择？什么要素束缚了你？这些束缚怎么影响你的职业生涯？哪个束缚对你影响最大？你曾否尝试把某一束缚转变成力量？

你可以用 SWOT 图将你的优势、弱势、机会、威胁进行归类，使思路更清晰，便于分析。如图 1-6 所示。

优　势	弱　势
机　会	威　胁

图 1-6　SWOT 分析

2. 做好自己的人生设计——确立好自己的奋斗目标

你在事业上能否获得成功，很大程度上取决于你选择的目标。如果你欠缺目标，你的工作不是让你精疲力竭，就是让你觉得无聊透顶。志向是事业成功的基本前提，没有志向，事业的成功也就无从谈起。俗话说："志不立，天下无可成之事。"立志是人生的起跑点，反映着一个人的理想、胸怀、情趣和价值观，影响着一个人的奋斗目标及成就的大小。每个人都要认真做好自己的人生设计——确立好自己的奋斗目标。

确立目标时你要注意，目标设定过高固然不切实际，但是目标千万不可定得太低。在 21 世纪，竞争已经没有疆界，你应该放开思维，站在一个更高的起点，给自己设定一个更具挑战性的标准，才会有准确的努力方向和广阔的前景，切不可做"井底之蛙"。要知道，山外有山，人上有人，而且，不同地方的衡量标准又不一样。所以，在订立目标方面，千万不要有"宁为鸡首，不为牛后"的思想。一个一流的人与一个一般的人在一般问题上的表现可能一样，但是在一流问题上的表现则会有天壤之别。

美国著名作家威廉·福克纳说过："不要竭尽全力去和你的同僚竞争，你更应该在乎的是：你要比现在的你更强。"

你应该永远给自己设立一些很具挑战性、但并非不可及的目标。

在确立将来事业的目标时，不要忘了扪心自问："这是不是我最热爱的专业？我是否愿意全力投入？"你们最好能够对自己选择并所从事的工作充满激情和想像力，对前进途中可能出现的各种艰难险阻无所畏惧。

一般来说，奋斗目标大致可以分为以下三类。

（1）终生奋斗目标。它是每个人都必须面对的问题。或许有人会说，这并不难，你学什么专业，就干什么工作吧。但是，事实上许多人并非如此，多数人都是所学非所干，他们甚至没有想过这一生要获得什么样的成就。尽管他们也十分努力，但最终还是碌碌无为、一事无成。所以在人生道路上，要想获得成功，首先要把自己的终生目标确定下来。

确立终生目标，应该慎重考虑，一旦最终的目标确立，就应像大海中的航船一样，坚定地按罗盘指示的方向前进，否则，你永远无法取得成功。

（2）长期奋斗目标。这是为达到终身目标而准备的，也可以说是终生目标的最重要组成部分，没有这类目标，终生目标也只能落空。有许多人虽然确立了终生奋斗目标，但最终并没有多大成就，原因就在于他没有对自己的终生目标进行分解，没有将终生目标具体到一个个阶段性的奋斗目标上，使终生目标成了纸上谈兵。

长期目标必须在预测的基础上，根据一定的环境和条件，对希望实现目标的时间、地点、数量进行一个大体的确定。一般人的长期奋斗目标定为10~15年比较合适，在内容上也要尽可能明确一些，使这个目标不仅写在纸上，而且铭记在心中，使自己时时不忘对它的追求。长期目标是阶段性的，一个目标完成之后，不要满足于已有的成就，要及时地再实现另一个长期奋斗目标，这样才能够一步步地接近自己的终生目标。

根据格林豪斯（J.G.Greenhaus）的职业发展理论，职业生涯各期的主要任务如下。

职业生涯初期的主要任务为：学习职业技术，提高工作能力，学习组织规范，逐步适应职业与组织，期望未来职业成功。

职业生涯中期的主要任务为：对早期职业生涯重新评估，强化或转变职业理想，对中年生活作适当选择，在工作中再接再厉。

职业生涯后期的主要任务为：继续保持职业成就，维持自尊，准备光荣引退。

（3）短期目标。这类目标是对长期目标的分解。把长期目标分成许多阶段来实施是必要的，否则就会因目标遥不可及而令人焦灼和失望。分成短期目标之后，每完成一个目标你便会产生一种满足感。这种满足感可以刺激人更快达到自己树立的长期目标。

没有短期目标的长期目标就是纸上谈兵，没有什么实际意义。相反，只有短期目标而没有长期目标，人的行动就缺乏强大而持久的动力。实践证明，具体、明确的短期目标是实现长期目标的可靠保证。

为达成目标而奋斗要做到的几点

□ 确信自己的优点并确实发挥长处。

　　成功的秘诀，在于不变的目的。勿迷惑于眼前的变化，应不断地累积达成职业生涯目标所必须的知识、技能和资历，使其成为社会竞争中自己的优势。

□ 不随便地经常尝试新的东西。

　　依循一个战略彻底行动，直到出现成果为止。

□ 不要像降落伞一般随便着地。

　　不要随便往完全没有经验的领域发展。

□ 勿迷惑于眼前的利益。

　　战略性地掌握住概况，而且不要被微小的状况变化所左右。

　　应先有长期的预测之后再付诸行动。

□ 需具备以战略为基础的热情、精力、行动能力、个性。

　　目光一定要炯炯有神，想到工作时，便要高兴得不得了。

□ 对成功抱着强烈的信念。

　　韧性特强，为达成目标能咬紧牙关忍耐下去。在境遇困窘时仍泰然自若，不失去自我。也不会因生气而采取不合战略的行动，或者放弃战略。务必成功的信念是最重要的，但值得注意的一点是：接二连三失败时，坚持的信念便会跟着软弱下来。大人物与小人物的差别，就在于是否有下定决心、至死仍不停止的觉悟。

3. 做好与人生目标相协调的个人职业生涯规划

明确目标无疑是最为关键的因素，但有了目标你还得有计划地做事情。如果你认为确实需要一个计划来引导你，如果你想人生有意义，你就必须制定某种程度的计划，让计划中切实的、明确的行动步骤指引你努力的方向。

成功的人生是需要正确的规划的，其中选择职业是人生大事，因为职业决定了一个人的未来。选择和人生目标与计划相符的职业可以借助于"职业生涯规划"这一工具。

职业生涯规划

职业生涯规划包括以下几个步骤。

步骤一：职业生涯机会的评估

职业生涯机会的评估，主要是评估各种环境因素对自己职业生涯发展的影响。每个人都处在一定的环境之中，离开了这个环境便无法生存与成长，所以在制定个人的职业生涯规划时，要分析环境条件的特点、环境的发展变化情况、自己与环境的关系、自己在这个环境中的地位、环境对自己提出的要求，以及环境对自己有利的条件与不利的条件等等。只有对这些环境因素充分了解，才能做到在复杂的环境中避害趋利，使你的职业生涯规划具有实际意义。

步骤二：设定职业生涯目标

职业生涯目标的设定是职业生涯规划的核心。一个人事业的成败很大程度上取决于有无正确适当的目标。没有目标如同驶入大海的孤船，不知道自己驶向何方。只有树立了目标，才能明确奋斗方向、走向成功。

目标的设定是以自己的最佳才能、最优性格、最大兴趣、最有利的环境等信息为依据的。通常目标分短期目标、长期目标和人生目标。短期目标一般为1~2年，短期目标又分为日目标、周目标、月目标、年目标；长期目标一般为5~10年。

步骤三：职业生涯选择

在目标确定后，向哪一路线发展，此时要做出选择。由于发展路线不同，对职业发展的要求也不相同。因此，在职业生涯规划中需做出抉择，以便使自己的学习、工作以及各种行动措施沿着你的职业生涯路线或预定的方向前进。职业选择是人们实现职业期望的过程，职业期望与择业行为有一定的逻辑关系。究竟从事哪一项职业，并没有固定的模式，但对于"哪类人最有可能与哪种类型的职业相结合"，或"哪类人最适合从事哪类职业"的问题，还是有答案可寻的。

通常职业生涯路线的选择须考虑以下三个问题：

（1）我想往哪一路线发展?

（2）我能往哪一路线发展?

（3）我可以往哪一路线发展?

对以上三个问题进行综合分析，以此确定自己的最佳职业生涯路线。

职业选择还和人的兴趣有关：兴趣可以激发人的积极性和能动性，使人能够创造性地完成所感兴趣的工作。如果一个人所具有的兴趣和爱好同工作内容和活动相一致的话，那么他会在工作中表现出强烈的工作动机，从而在工作中获得成功的可能性将大大增强。因此，一个人能否在他从事的职业和工作上获得成功，与他对这种职业本身的兴趣大小有很大的关系。

步骤四：职业的选择

职业选择正确与否，直接关系到人生事业的成功与失败。据统计，在选错职业的人当中，有80%的人在事业上是失败者。由此可见，职业选择对人生事业发展是何等重要。如何才能选择正确的职业呢？至少应考虑性格、兴趣、特长、内外环境与职业是否相适应。表1-1是一个职业生涯规划表，它将有助于你理清思路，做好职业生涯规划。

表1-1　　　　　　　　　　职业生涯规划表

1．本人情况自我评估
<ul><li>个性：</li><li>专长：</li><li>兴趣、爱好：</li><li>至今为止你的工作经验和知识、能力：</li><li>你在工作中哪些方面有信心，哪些方面信心不足：</li><li>你的健康状况：</li></ul>
2．你的未来计划打算
<ul><li>你的计划和生活工作目标：</li><li>为了实现目标，你特别应该注意做些什么工作：</li></ul>
3．职业状况评估
<ul><li>现在的职务情况：</li></ul>工作的适应性：非常适应、适应、一般、不太适应、很不适应 工作量：过重、稍重、正合适、较少、太少 工作能力：很不够、不太够、还可以、有些富余、很富余

在职务变更方面的要求与希望，今后希望从事的领域与职务，理由：

- 综合本人的能力、适应性和未来发展前途等因素，今后 1~2 年内进行工作调动的意愿如何

  希望能调动、能调动也行、尽量予以调动、不希望调动，理由是什么

- 如果打算工作调动，什么领域、什么时间、什么职务、什么地域、调动的理由是什么

  评估企业内、外可供选择的路径：

  随着职业和生命阶段的变化而在目标方面的变化：

4. 今后职业生涯方面的综合计划

5. 关于能力开发

- 你掌握并擅长的专业、知识、技术、技巧是什么

- 在哪些方面有所研究、有些什么学习方面的兴趣

- 取得了哪些证书、资格，以及参加过哪些讲座、学习班

- 你认为本人有哪些方面值得开发（知识、工作能力、性格、态度，以及各种职称、学历方面的资格）

- 具体有什么对策和打算（包括今后打算取得什么证书、资格以及参加什么讲座、学习班）

　　若你能找出你的潜能，培养建立在能发挥你潜能上的专业素养，全心全力地迎向挑战，必然能达成你期望的未来。

　　要记住："你的过去不等于你的未来"。

以榜样为参照进行自我激励

1. 以榜样为参照

榜样的力量是无穷的，成功人士的行为方式提供了一种成功的模式，形象地向你演示了什么是正确的，怎样做是最好的，在他们身上，你可以得到很多的启迪，并激发出和他们一样通过努力获取成功的激情。

比如：如果你希望成为一位成功的业务代表，那么就假想一下吧！尽管你不是公司中业绩最好的那一位（毕竟一家公司只能有一位），但是你仍有可能跻身顶尖之列，所以想像你自己已经是一位顶尖的业务代表，然后问自己一个问题："那些顶尖业务代表的穿着如何？他们在客户、同事及主管面前的行为举止又是如何？"有个大体轮廓吗？很好，现在你可以开始身体力行，照着你原先所描绘的理想行为模式，大胆实践。

2. 自我激励

（1）信念——我必定成功。把握你的事业，认识到只要付出足够的努力，没有不能胜任的工作。也许需要进一步深造，多一点耐心，但是只要你具有锲而不舍的精神，就能达到期望的目标。

相信自己，你具有更高的自我价值！

（2）每天把你的梦想写在纸上，放在看得见的地方。

□ 仔细地决定好你现在想要达成的事项，把它写下来。

□ 逐一找出你要进行的步骤。

□ 拖延是最大的敌人，立刻行动。

每天至少花 20 分钟做些实质性的努力。潜移默化之下，梦想便会转化为内心的动力，从而帮助你更快地达到目标。

（3）要激发自己追求梦想的强烈愿望，并注意捕捉那些具有特殊意义的"光辉时刻"或"转折点"。无论是作为一个普通人还是一位专业人士，你都是独一无二的。你有权得到一份有意义的工作和事业，成功和快乐都掌握在你自己的手中。留心一下，在成功路上，你已取得了哪些初步的成果？是否通过自己的努力晋升到一个自己向往已久的职位？小小的成果和大的成功一样是值得细细品味的，在追求更长远的目标和梦想的道路上，它们都是不可缺少的里程碑，是努力前进的动力。

保持自信而健康的心态

1. 要有自信

一般说来，成功者一般满怀自信。有人认为，成功了当然就有信心，但在尚未成功之前，是否有信心倒是个疑问。不过，总归一句话，信心是完成大事的最重要因素，想要成功便必须抱着充分的信心，同时也别忘了要谦虚地聆听他人的宝贵意见。

一个人的信心来源有以下几项：

（1）持有王牌绝招。要有到处都行得通、别人所不能的独门绝活。

（2）勇敢面对棘手的问题。越逃避问题便越棘手，成功的希望也越加渺茫。

（3）不断鲜明地描绘成功的印象。从未体验成功滋味（全部失败）的人，一碰到紧急状况时，就会不安："是不是又失败了"。结果选择逃避，则连原本会成功的，也成功不了。经常成功的人，他的脑海里会鲜明地印着成功时的印象，而这些印象能鼓舞他为下次的胜利而努力不懈，所以最好在心理上回忆成功的经验而不是失败的经验，并不断从小事中获得成功的经验，并彻底活用它。

（4）艰苦卓绝，不到最后绝不罢手。安于现状不肯努力的人绝不会成功。

（5）从自卑感中解脱出来。必须了解到人各有所长，别人有他拿手的一面，自己应该也有某方面的专长才对。不要夸大地评价别人的能力，而心生恐惧裹足不前，不输人于后，在自己拿手的领域内决胜负。

自信要点

- □ 勿养成逃避的习惯。
- □ 多接触优秀的人，然后以他为目标来激励自己。
- □ 在相同的领域内，发挥自己与众不同的能力。
- □ 正面向棘手的问题挑战。

2. 保持心态健康

健康心态是成功的基石，健康心态包括：

（1）快乐。

（短期）给自己快乐——给别人快乐（助人梦想成真）。

（长期）快乐（自己）——快乐——健康——长寿。

（2）充实自己的内涵。

吸纳新知，超越自我。

理论素质的提高：相关书籍、内部会议研讨、总结研讨经验、向资深人员学习。

（3）凡事经我手，必使它更美好。

一个没有成就欲的人不会热爱自己的本职工作，在现职位上拿工资、磨洋工，耗费的是自己的青春和时间，与其漫不经心，倒不如认认真真，做出一番成绩。同时，只有把工作当做自己的事业来做，才能永远立于不败之地。换句话说，要对自己的职业保障负责，不断关注你的哪些技能可以用到别处，怎么使自己的技术永远保持最先进的水平。

? 本章思考

　　根据职业生涯规划的 4 个步骤结合本书的示范表格，拟订一个自己的职业生涯规划。

3

追求卓越：打造专业精神

> 追求卓越的专业精神：就是需要长时间集中精力努力地工作；就是暂时把问题放在一边，进行松弛的能力；就是不断正视困难；就是高标准、顽强地工作等。
>
> 不管做什么事情，都要全力以赴。成功的秘诀无他，不过是凡事都自我要求达到极致的表现而已。

看看下面的表现：

□ 我总是对自己的职业没有足够的认识，对职业没有感情。

□ 我总是苟且敷衍，不能对工作尽心尽力。

□ 我总是不愿为工作技能的提高而付出努力。

□ 我的心不能踏踏实实地安于自己的生活与工作之中，好高骛远、心思飘忽、烦躁不安。

如果你工作的实际状况与上面所述的其中一条相符，那么就太糟糕了，你专业精神很差。如果你一直抱着以上苟且敷衍的心态，我们可以试着设想一下，你的未来是怎样呢？

我的未来假想图

我会不断地在跳槽，做着各种各样的工作，但每一份工作都不能唤起我内心的激情。我总停留在低阶的职位，可和自己起点差不多的朋友在不断进步；我总在感叹命运的不济，内心极度不平衡，心有不甘，但又不愿积极地去直面自己命运不济的真正原因。

我不断重复着同样的工作，有可能一生都停留在某一企业的某一低阶职位，看着年华渐渐逝去；竞争越来越激烈，我却感到要做改变是如此力不从心，我越来越战战兢兢，嘴里却不断地报怨成功与机会从来没有青睐过自己。当岁月无情地流逝，白发苍苍时，蓦然回首，一生一无所获，事业一无所成，痛楚只有自知。我坦然地对自己说：我已经尽力了，我已经竭尽全力去做我想做的了，我真的可以坦然吗？没有，过去的懈怠疏懒让我根本无法正视痛苦的现状，那句老话会重新浮现在心头：少壮不努力，老大徒伤悲。

专业精神自检

我的工作内容及职责范围：

_____

_____

_____

_____

我目前的工作绩效：

_____

_____

_____

_____

我目前正在通过下列途径主动钻研业务，不断地提高自己的工作技能：

_____

_____

_____

_____

仔细想一想，如果满分为 100 分，你给自己打多少分呢？

"跳蚤"的症结

在生活中，我们常发现身边有许多这样的人，勤奋、忠诚、热情、努力，有着远大的梦想，但是工作七八年了，薪水越挣越低。他们总是从这家公司跳槽到其他公司，换了很多家，如跳蚤一般跳来跳去，却都是干不了多久就辞职或被解雇了。他们越来越不快乐了，越来越抱怨、忧郁、惊恐、不安。他们并不是那种人品不好的人，但是工作就是没有成效，这些"跳蚤"的症结何在呢？

第一种原因：工作没有突显你的优势，充分实现你的潜能，你不能从工作中获得乐趣，痛恨自己所从事的工作，所以产生工作懈怠疏懒的情绪。

解决之道：正确认识自己，做好职业生涯规划，这在上一节中已经详细讲解。

第二种原因：把工作看做是简单的雇佣关系，认为工作是为老板打工，只要做好本职工作达到老板要求即可。更有甚者认为做多一点就吃亏多点，所以这种意识导致的工作状态就是工作主动性不够，得过且过。

解决之道：拿破仑·希尔说过："提供超出你所得酬劳的服务，很快酬劳就将超出你所提供的服务。"不要抱怨生活给你的不多，你应该自问你付出了多少。卡内基·安德鲁认为人们的工作状态有三类：第一类连分内的工作也不做，第二类只做分内的工作，第三类是做比分内的工作再多做一点。"得胜就是靠这一点。"他说："做你的工作，再加上一点，前途无量。"无论你从事什么样的职业，你都全心全意地去做，不断累积工作经验，精进工作知识与技能，你给生活一个微笑，生活也会回报你一片阳光。慢慢地，你会从工作中得到更多的乐趣和收益。

关 键 点

对于自己的工作岗位要有使命感，工作是为了自己。熟悉并热爱你的工作。

第三种原因：挫折承受力低，常常将引起挫折的原因归咎于客观原因，比如抱怨工作条件不好，客户信誉不好，行业不景气，老板不

认真，自己多么倒霉……当工作碰壁时常产生逃避的心理，经常如此导致意志消沉，工作质量不高。

解决之道：做人做事首先少埋怨客观的障碍，多从改正自己缺点入手才是正道，因为客观世界总不是十全十美的，人只有在不断改造世界与完善自己中才能进步。

第四种原因：成就欲不足、天性懒散、从不严格要求自己。

解决之道：是成为走到哪里都是香饽饽的极具可雇用性的员工，还是成为被立刻剔除的烂苹果员工？不能敬业乐业的人绝对属于弱势群体。和自然界中的弱肉强食不同的是，他们的弱势地位完全是自己选择的结果。想想吧，成功的人绝对不会以平庸的表现自满，而且他们不管做什么事情，必然都会全力以赴。如果你想改变自己的弱势地位，从现在起认认真真做事，不断提升自己的标准，注重细节的部分，不断地驱策自己摆脱平庸的桎梏。

关 键 点

专心致志做事的人，是惟一能够真正取得成就的人。

能让工作变得完美的人，需要极高的品质。高品质不是从天上掉下来的偶然，这是人们抱持高昂的企图心、诚心诚意地努力、投入心血、智慧以及技能后所得到的结果。它代表的是众多选择当中的明智抉择，因此你做出抉择之后，就会倾注全力达到这样的标准。首先，社会在进步，企业在发展，个人的职责范围也在随之不断扩大，不要总是以这不是我分内的工作为由来逃避责任。做自己职责范围之外的事，虽然不是你应尽的义务，但却是你为了驱策自己快速前进所做的自愿选择。率先主动是一种极其珍贵、备受看重的品质素养，它能使人变得更加敏捷、更加积极。无论是管理者，还是普通职员都可以使他从竞争中脱颖而出，赢得良好的声誉、受到同事的尊重、得到老板的赏识。所以，当一些额外的工作分配到你头上时，不妨视之为一种机遇，这些机遇也许会为你带来意想不到的效果。付出多少，得到多

少，这是一个众所周知的因果法则。也许你的投入无法立刻得到相应的回报，不过你不要气馁，应该一如既往地多付出一点，回报可能会在不经意间，以出人意料的方式出现，最常见的回报就是晋升和加薪。

学会掌控自己的情绪

1. 拥有良好的精神状态

尽管良好的精神状态并不是财富，但它却能给你带来财富，也会让你得到更多成功的机会，增加在同事中脱颖而出的几率。因为在激烈竞争的职场中，在以成败论英雄的工作中，谁能自始至终陪伴你、鼓励你、帮助你呢？不是老板、不是同事、不是下属、也不是朋友，他们都无法做到这一点，惟有你自己才能激励自己更好地迎接每一次挑战。因此，每天精神饱满地去迎接工作的挑战，以最佳的精神状态去发挥自己的才能就能充分发掘自己的潜能，你的内心同时也会发生变化，变得越发有信心，越发自信，别人也会越发认识你的价值。

良好的精神状态是责任心和上进心的外在表现，所以就算工作不尽如人意，也不要愁眉不展、无所事事，要学会掌控自己的情绪，让一切都变得积极起来。

可是面对忙不完的工作，面对复杂的人际关系，你的压力无处不在。也许你一天在办公室内最少8小时，办公室的气氛让你经常感到透不过气来；也许你时常因为工作上的小事而心生不满，影响上班的心情。在激烈的竞争中，很多人面对压力不会很好地化解和释放。

刘菲大学毕业就到一家企业做销售工作，在工作了三年多以后刘菲怀疑自己得了心理疾病，"我现在满脑子都是工作，其余什么心思都没有，连出去玩玩都会有负罪感"。刘菲说："末位淘汰"像幽灵一样占据我的脑子，有时一听到手机响心里就会紧张，我不知道自己还能挺多久。现在有事没事都想在办公室里坐一坐，连星期天也不例外。看到同事在忙活，我的心里就会恐慌。

一些在职场冲杀的白领面对压力不会很好地化解和释放，而是逃避和恐惧，最终导致职业倦怠，身心俱疲，有的甚至想通过自杀来解脱。显然，减轻职场压力已成为当务之急，否则，拥有良好的精神状态就是一句空话。下面，具体介绍职场解压的方法。

（1）8小时之内。

职场减压第一招：支解法

把生活中的压力罗列出来，一、二、三、四……制定一个计划表，你一旦写出来以后，就会惊人地发现，当你有一个完美的计划表，只要你逐步实施、个个击破，一次只担心一件事情，这些所谓的压力便可以逐渐化解。因为，一切尽在掌握之中。计划表是一个很好的"监督者"，它不断叮嘱你每一个目标的实现；计划表又是一个软性的压力，你只有跳起来才能够得着。当你心里有底时，也就没有了压力。

职场减压第二招：勇于做个"挑战者"

有时压力的产生很大程度上来自于你对某些事情的逃避。但当你挑战了自己的极限，或者哪怕是走出小小的一步而获得成功，你都会信心倍增。于是，不妨每天尝试新的工作方法，甚至尝试一些极限运动等，都能帮你减轻压力。如果你认为是对的事，千万不要迟疑，勇敢去做吧！

职场减压第三招：通过沟通释放压力

敞开心扉，多与亲朋好友聊天，必要时还可以与上司谈心。当你将工作中的压力抒发出来的时候，必然得到了对方的关爱、回应和鼓励，甚至会给你提出很好的建议，这样压力自然就被化解了。

说出或写出你的担忧。写日记或与朋友谈一谈，至少你不会感觉孤独而且无助。

（2）8小时之外。

职场减压第四招：想哭就哭

医学心理学家认为，哭能缓解压力。心理学家曾给一些成年人测量血压，结果87%的血压正常的人都说他们偶尔有过哭泣，而那些高血压患者却大多数说从不流泪。看来，让情感抒发出来要比深深埋在心里有益得多。

职场减压第五招：看恐怖片

英国有专家建议，人们感到工作有压力，是源于他们对工作的责任感。此时他们需要的是鼓励，是打起精神。所以与其通过放松技巧来克服压力，倒不如激励自己去面对充满压力的情况，例如去看一场恐怖电影。

职场减压第六招：去 SPA 听流水、鸟鸣

走进 SPA（水疗）的理疗间，闻着芳香油精散发的味道，先来一杯热饮，让身体温暖起来，把老化的皮肤角质交给牛奶、燕麦和海盐，在宽大的按摩浴缸中放松每一根神经，把压力和污垢一并赶出体外。SPA 是一种不错的减压方式。或者，你也可以在工作时点上一些植物精华油，例如鼠尾草或熏衣草，都能改善工作气氛。

职场减压第七招：运用想像放松

发呆吧！你知道你已经心不在焉很久了，那就干脆停下来做白日梦吧！事实上，做白日梦也不全是坏事，至少这样可以让你一直保持一种愉悦的心情，不过要尽量把发呆时间控制在5分钟之内。在发呆时，你可以通过想像训练思维"游逛"，如"蓝天白云下，我坐在平坦绿茵的草地上"，"我舒适地泡在浴缸里，听着优美的轻音乐"。在短时间内放松、休息，让自己得到精神小憩，你会觉得安详、宁静与平和。

职场减压第八招：笑口常开

不要太严肃。不妨和朋友一起说个小笑话，气氛活跃了，自己也放松了。保持乐观的态度去面对所有事情，并切记要笑口常开，一笑解千愁，微笑可是治疗工作倦怠的强心剂。

职场减压第九招：宣泄

很生气吗？别客气，用力打你的毛娃娃和靠垫出气吧！如此一来，你的怒气就有宣泄的渠道，你也可以借此重振低落的心情。

职场减压第十招：注意饮食

大脑是"高压"的最先受害者。过度的脑部"运动"消耗极大能量，人脑的重量虽然只占人体重量的 2%左右，但大脑消耗的能量却占全身消耗能量的 20%。大脑对血糖极为敏感，血糖浓度降低时，脑的耗氧量也下降，轻者感到头昏、疲倦，重者则会发生昏迷。高速运转之后，给大脑及时输送养料非常重要，所以一日三餐不可或缺。如果身体的状态不好，也会影响情绪，压力和焦虑也会随之而来了。同时不要再吃垃圾食物了，它们只会让你的脑筋变得迟钝，而且对任何生理或心理的不适都没有帮助。想吃就选一些健康食品吧。

职场减压第十一招：劳逸结合、多锻炼

每工作一段时间就要休息一下，从事一些可以娱乐精神和放松身体的活动，如参加事一些有氧的运动可以缓解紧张的情绪。另外，每三个月或半年就出去旅行一趟，你的工作态度一定会截然不同。

2. 保持对工作的新鲜感

保持对工作的新鲜感是保证工作激情的有效方法，也是赢得脱颖而出机会的必要条件。一旦新鲜感消失，工作驾轻就熟，激情也往往会随之而熄灭。昔日那种充满创意的想法也会随之消失，甚至每天的工作仅仅是为了应付而已。这样下去，你也会由一个前途无量的员工变成一个勉强称职的员工。

保持工作新鲜感的几条建议：

（1）首先必须改变将工作仅仅视为一种谋生手段的观念，把自己的事业、成功和目前的工作连接起来。

（2）打破"例行公事"的框框，也是维持工作新鲜感的要诀。你可以要求上司让你经手新的工作计划，或只要在一两个小时内做完全

不一样的工作内容，就能有不同的启发。

（3）你必须不断为自己树立新的目标，挖掘新鲜感，经常审视自己的工作，看看究竟是哪些事情一直拖着而没有处理，然后尽快将其做完……。在你解决了一个又一个问题之后，自然就会产生一种成就感，这种新鲜的感觉就是让激情每天都陪伴自己的最佳良药。

（4）尝试打破现状。当你觉得日子一成不变时，应设法改善工作方法和尝试新的工作，你也可以主动要求多负担一些责任，或者自己去充电。如果可能的话，你也可以考虑转调部门，或者换个环境或工作方式等。总之，要对自己的状态进行调试，但关键还是要保持发现工作中的乐趣和发现未知的心态，永远拥有孩童般的好奇心和热情。

你觉得你的工作单调极了、你的身心倦怠极了吗？以下这两位不同行业的上班族，上班时间可能比你还长，每天要做的事可能比你还千篇一律、日复一日，他们的工作可以如此地平凡，却也可以如此地好玩。

新鲜感，靠自己创造

"欢迎各位乘客搭乘客运公车，我们在景区设有服务中心，备有茶水、雨伞……祝大家身体健康、万事如意。"司机先生用车上的麦克风，流畅地念着既定的服务项目。车上有些乘客开始鼓起掌了。"掌声似乎少了一点，"这位司机马上接着说。这下子整个车厢的人都鼓起了掌，大家被司机的话逗乐了。这位喜欢用麦克风和乘客讲笑话的司机是客运驾驶员林为凯。为了打破自己学生时代时公交司机都很凶的职业形象，他立志当个服务周到又幽默的公交司机。

林为凯每个月只有4天休假，每天来回开5趟，来回一趟至少要两个多小时。"当公交司机是非常枯燥无味的。"林为凯也承认，重复的路线、重复的景物一直循环，"讲夸张一点，真的是闭着眼就知道哪里有坑坑洞洞。"但喜欢和人互动的林为凯，硬是能从规律性这么高的工作中找到乐趣。因为长期开同一条路线，林为凯和许多乘客都变成好朋友。像打零工的工人，即使坐公交回家时早就累坏了，但一听到林为凯一句"下班啦！"，就又开启了话匣子，讲起工作上的不如意，下车前还会分送一包菜给他。不时地，饮食店的老板会送小吃给他，面包店的店员送面包给他，大家都像一家人一样。

问他为什么都不会有倦怠感？"想保持对工作的新鲜感，自己要想办法创造开心的事。"林为凯说，"当然一定也会有低潮的时候，但要自己想办法把低潮的时间缩短。"

林为凯说，大约有十几个公交迷特别喜欢坐他的车，看他如何服务乘客，问他如何处理各种状况。每隔几个礼拜，他们还会约林为凯去聚餐、唱歌，甚至还会拿课业上的问题问他。"他们真的让人满感动的，而且只要和他们聊聊天，他们就很快乐，我来这里当司机也真的很快乐。"林为凯满意地说，"如果有机会，我想开到退休为止。"

做到让人怀念，才对得起自己

在建华金控安静的办公室，电话声从2楼开始，一层接一层地响到10楼，只见接起电话的员工很快放下听筒，大声嚷起："牛哥说外面下雨了，大家出去要记得带伞！"

"牛哥"是建华金控警卫张光亚的绰号，单眼皮，永远站得直挺挺的他，显然有着标准的"警卫相"。他不甘于站着发愣等下班，他宁愿多花点心思、多做点事，忙碌地度过每天16个小时的值班时间。面对前来询问的访客，张光亚可以马上背出每个员工的楼层、号码、负责的工作，完全不需要花时间翻分机号码表。此外，除了每天的"气象报告"外，张光亚还提供各式各样的附加服务。他的抽屉里总是准备着各种药丸，柜子里总是整整齐齐收着十几把爱心伞，还有零钱罐和现钞，让员工随时可以临时换钱、借钱。他还会把报纸和信件分好，放电梯里送上楼，再拨个电话告诉员工："放在左边电梯"，员工只要等着左边电梯开门，就可以轻松地在10秒内快速取件。

张光亚当警卫8年了，一个月只休假4天，却每天都精神饱满、声如洪钟地对待经过他柜台前的每一个人，从不曾露出一点疲倦或不耐。很多人都问他为什么可以每天都笑容满面？"我就是来卖笑的嘛！"张光亚俏皮地笑笑说，"其实这没有什么，就是尊重工作、投入工作、享受工作，我最喜欢最后那句'enjoy my work'，不管时间长短。"

和员工开玩笑是张光亚享受工作的方式之一。例如，他会跟不同的人约好不同的打招呼方式，和A员工是击掌，和B员工是击拳，十足嘻哈路线。"你不能要求别人让你很快乐，在工作做好之余，自己要想办法去找乐子。"他说。

其实，当初张光亚的父亲认为警卫的工作只在看门，所以不赞成张光亚当警卫。但张光亚从来不曾看轻自己的工作，而且还常常劝新进的人员不可好高骛远，"如果你连这个简单的工作都做不好，那你做什么都不会成功。""我很自豪我把这份工作做到不只是看门而已，"张光亚相信，"不管做什么工作，都要做到当你走的时候，人家会怀念你，这样才对得起自己。"

每天多做一点

坦白地说，很多职员大多属于比较内向的类型，在工作中还不够主动。他们常常要等上司吩咐做什么事、怎么做之后，才开始工作。但是，在瞬息万变的竞争环境中，要想在现代企业中出类拔萃，惟有积极主动。身为员工，你必须努力培养自己的主动意识：在工作中勇于承担责任，主动为自己设定工作目标，不断改进方式和方法。你不应该抱有我必须做什么的想法，也不应该只是被动地等待别人告诉你应该做什么，而应该主动去了解自己要做什么，多想想我还能做些什么，然后规划它们并全力以赴地去完成。看看今天世界上最成功的那些人，有几个是唯唯诺诺、等人吩咐的人呢？所以在工作中仅仅尽职尽责是根本不够的，你还必须做得比自己分内的工作多一点点。比如每天提前一点上班，对一天的工作简单地做个规划，这样，当别人还在考虑当天该做什么时，你已经走在别人的前面了！

一个人在养成了"每天多做一点事"的好习惯之后，与四周那些尚未养成这种习惯的人相比已经具有了很大的优势。这种习惯会使你无论从事什么行业，都会有更多的人指名道姓地要求你来提供服务，这将为你的生存消除后顾之忧，而且只有这样才可以吸引更多的注意，为自我的提升创造更好的机会。

以下是一些消极的工作状态，自检一下你是否也有类似的行为出现：

☐ 经常迟到，在无形间已成了个人的缺点。

☐ 一加班就一脸不情愿的表情。

☐ 上班致命伤是用很多理由来推脱工作责任。

☐ 只会问"这该怎么办"的人是消极的工作者。

☐ "一个命令一个动作"的员工是上司的"包袱"。

朱军的艺术人生

《艺术人生》可以说是中央电视台的一个招牌栏目，节目播出的成功，让人们把《艺术人生》和朱军这个名字紧紧连在了一起。但在成功的背后，朱军为了工作所付出的努力，却是鲜为人知的。

朱军以前在甘肃电视台做栏目主持人，有一次，杨澜与朱军合作完后对他说："朱军，你有没有想过到外面去走走？"听杨澜这么一说，朱军就动心了，琢磨着：若真如此，我确实应该出去走一走。于是，不甘于现状的朱军决定到外面去看一看。初到北京，杨澜让他去住燕京饭店，说那儿挺好的，离台里又近，也不贵。朱军拎着包去了燕京饭店。可一天370元的房价让朱军吓了一跳，差点没把舌头伸出来，扭头就往外走。从燕京饭店出来，朱军到了沙滩老文化部，那儿有个防空洞改建的地下招待所，很便宜，只是没有洗澡的地方，每天只能去公用的水房洗漱。那里男女都有，还不能脱光了洗，最多能打赤膊，只能用毛巾把能擦着的地方擦擦。几天后，朱军自己也觉得不可忍受了。在北京过着如此艰苦的生活，是朱军来之前没预料到的。

年过完了，该上班的都上班了，朱军经与《东西南北中》栏目的朋友联系后，以实习者的身份走进了这个栏目。初来乍到的朱军，在栏目组里并未引起人们的注意。在这里，他只能像实习生一样一切从头做起。他进门后就没人理他，也没人给他分配工作，大家都忙各自的事。这让被誉为甘肃电视台当家小生的朱军感到了从未有过的失落。后来，他看到办公室的电话响了没人接，就去接电话。第一天，朱军就是在电话机旁度过的。他觉得怪不舒服的，没干什么事，坐着还挺紧张。但他下定了决心：既然我已经到这儿来了，而且是自己选择的，我就要坚持下去，如果连这都扛不下去，那我还能干什么呢？就这样，初到中央电视台的朱军，从刚开始接电话，到后来早晨起来打扫办公室，中午去打盒饭，什么鸡零狗碎的事，他都干。朱军打盒饭挺有服务质量的。他把盒饭从食堂打回来，把筷子夹在盒饭中，挨个地送到办公室的每个人眼前。大伙吃完后，他再用报纸将饭盒一个个装进塑料袋里，送到倒垃圾的地方，回来把桌子擦干净。

打了一个星期的盒饭后，朱军等待的机会终于来到了。那天，《东西南北中》制片人说有一期节目要做，朱军问我干吗？制片人说，你跟着吧，听听我们怎么说节目。朱军说好，就听他们怎么策划节目。突然有一天，制片人对朱军说："你把咱们节目策划的内容给主任汇报一下。"朱军好像没听清，问："让我汇报？"制片人肯定地说："你汇报。"朱军说："好，我向主任汇报。"制片人提醒他拿本子去。朱军说："我不用本子。"这回轮到制片人没听清了："你不用本子？"朱军说："是，我基本记住了。"于是他从第一天策划的内容说起，一直到最后节目成型，整个给主任汇报了一遍。汇报完，他回头看到制片人看他的眼神好像挺欣赏。过了两天，制片人对朱军说：这期节目你跟许戈辉一起主持。朱军又像没听清，问："是我吗？"制片人肯定地说："是你。"朱军心中大喜。其实，那次本是让朱军配合许戈辉做一期嘉宾主持，但在后期编片子时，导演问制片人：字幕怎么打？制片人说：主持人朱军、许戈辉。就是这第一次主持《东西南北中》节目的成功，让朱军在北京的实习生活有了起色。

如今，当朱军回头看看自己那几年走过的路时，他最深的感触就是：一撇一捺好好撑着是人字。他想只要是一个正常的人，谁都想出头，谁都想有出头的那一天。也就是说：人，要么你好好活着，要么你努力出头。要出头就要多做一点事，多做一点自己该做的事。

高效工作的技巧

作为员工，要有意识地培养自己工作的高效，同时学会改善那些使自己缺乏效率的习惯。高效地工作、熟练的工作技能可以体现一个人良好的工作素养，不论在上司、客户、同事面前都可留下良好的形象；高效地工作还可增强自信心，一个有自信的人精神是愉悦的，这将能更进一步使你以饱满的状态投入工作中，高质高效地完成工作；高效地工作还使你与同事相比在同等的时间内能做更多的事情，可以游刃有余地安排自己的工作。如果你的工作能力已经明显超过你的同事，晋升也就离你不远了。那么，高效工作有什么窍门呢？

1. 工作时，一次只关注一件事

释迦牟尼说道："我一时专致于一件事。当我用斋时，我用斋；当我睡觉时，我睡觉；当我谈话时，我谈话；当我坐禅时，我入定。这就是我的实践。"

"不是你一个人这样，我一时也只做一件事。"

释迦牟尼马上反驳道："不，先生，你和我在讲话，但你却怒气冲冲，你憎恨、恼怒。你使自己激动不安。不要这样，安静下来吧，心平气和地和我谈话。"

在工作时，请工作，不要用抱怨、挑剔、计较、叫苦来折磨自己。一心扑在工作上，心无旁逸，专心致志，一时只关心一个主题——工作，此时你的心会很安定。这就是中国禅宗的平常心，也是儒家讲的："知止而后有定，定而后能静，静而后能安，安而后能虑，虑而后能得。"谁不懂得把握现在，谁就无法依靠未来，所以要关注当下这一秒钟。

一秒钟秘诀

这一秒钟只考虑这一秒钟的问题；

这一秒钟只做这一秒钟的事情；

这一秒钟只迎接这一秒钟应有的挑战；

这一秒钟只付出这一秒钟应该付出的能量；

……

这就是所谓的"一秒"的秘诀。

对自己所面对的事认真负责，就是"回归当下"，回归到这"一秒"，这意味着将注意力固定于现时，每一个瞬间都应该是一个"平等的瞬间"，都同样的重要和神圣。你无须为了以后的任何事情，就随随便便地赶快把碗洗掉。因为，每一个时刻都有同等价值，就连你洗碗时，都是生活的一部分。现在，眼前的时刻，是你的生活。现在的一秒钟，现在的这一天，才是最重要的。你生活在当前，你不要把未来视为固定的目的地。相反，未来是你在现有选择的基础上创造出来的。因此，你可以通过选择逐一发现你的未来。

2. 想到就做

做事拖拉是很多人的毛病，"明日复明日，明日何其多。"因为年轻，时间多，拖拉一下也就不以为然。但是要提高工作效率，干出一番事业，就要尽早克服拖拉这个坏习惯。因为拖拉会使人：

（1）陷入焦虑。拖拖拉拉，自以为"临时突击是完成任务的妙法"，结果，时间压力给人带来一个又一个焦虑，让你天天在着急上火中生活。

（2）计划失败。一些人表面上也像个实干家，为自己确立目标设立计划，但很少去落实，这漂亮美好的计划，令人毫无作为。

（3）问题成堆。明日复明日，本来不过是举手之劳的事，可总是拖延，最终会酿成一个紧迫的问题，在你最紧张的时候，来抢夺你宝贵的时间。

养成想到就做的习惯之后，你就会发现自已已有了新的成绩：问题随手解决，事务即可办妥。这种爽利的感觉，会使你觉得生活充实，心情愉快。拖延的习惯，不但耽搁工作的进行，而且在自己精神上也是一种负担。事情没有随到随做，随做随了，却都堆在心上，既不去做，又不敢忘，实在比多做事情更加疲劳。

3. 运用最佳模式

一个人做事情，可以采用不同的方法，不能用一个模式一套到底。有一些工作作风是十分有效的，例如，办事果断利索、善于与别人合作、真诚坦率、能够积极倾听他人的意见等。运用最佳模式，比如对待不同的同事、顾客、供应商和老板，采用各不相同的工作方式，不要以为任何人都是一种类型。你需要善于察言观色、洞察事态。只要你能发现哪里做得不够，并及时加以弥补，你就是相当了不起的。

选择与客户建立联盟的最佳模式

通用塑料公司作为一个专门销售消耗品的公司，却派遣技术支持小组到客户的工厂去教授如何节约该消耗品的消耗。这是不是反常呢？可是实施此销售法仅仅一年，通用塑料公司就为客户们节约了近6800万美元，同时也为自己增加了11%的收益。

美国尼普公司作为一个小型塑料模具制造商，却决定放弃几家名老顾客，只保留了其中几个追求尖端产品的顾客，并为他们量身定制新的生产工艺，甚至与客户的技术和市场小组一起合作，从而使顾客以更低的价格、更短的周期得到更合适的产品，同时也使自己的年利润在10年中从不到100万美元增加到超过1300万美元。

通用塑料和尼普两个公司获得成功的共同之处在于他们在对待客户的问题上，以帮助客户解决存在的难题，挖掘客户的潜能，创造出与客户互动的合作关系为目标，选择了与客户建立联盟的最佳模式。

凡事经我手，必使它更美好

1. 有责任感

你应该：

□ 上司不在的时候更要认真工作。

□ 不单是把事情做完，同时也注重其中的过程及成果的展现。

□ 把事情做对，愿意为了满足客户的需求而承担风险。

□ 一旦"失败"就要立刻由衷地表示歉意。

你不应该：

□ 使用一些未经确认的资讯。

□ 不注意、草率、马虎。

□ 不遵守作业规定。

□ 容易受环境的影响，在失败时总找借口推诿责任。

□ 怕承担额外的风险与责任而不做分外之事。

□ 凡事照本宣科，没有例外且绝不通融。

2．具有顽强品质

无论做任何事情，在步入正轨之前，总会遇到许多的障碍和挫折，特别是在无法得到上司的认可和其他人的协助时，尤其会觉得痛苦，所以工作中顽强、不屈不挠的品质是必不可少的。许多人却贪图享受、好逸恶劳，当疲倦、不能集中心力时，当情绪低潮、不稳定时，他们常常就会意志薄弱，背弃了将本职工作做得完美无缺的基本原则，无法做到一丝不苟的工作，所以工作质量堪忧。

顽强是一种不管在奋斗的过程中要忍受什么样的艰难险阻都下决心要取得结果的精神，以及为之奋斗不已的行为。做你应该做的事，而且尽量把它做好，最后你会惊讶地发现，这种不屈不挠的精神会使你创造惊人的成就。

3．不断地学习和提高

你是否工作上不具备充分的专业知识或技巧？在工作中你是否经常出现联络错误、协调不足的情况？你是否把一知半解当做全部知道？你是否有成见、做事专断？不再学习的员工更容易在职业上碰到麻烦，不断提高意味着需要不断学习。优秀的员工似乎始终在不断提高自己，他们观察、倾听、学习优秀员工的经验，以便把工作做得更好。你最好完成每件工作都比上司期待的工作成果做得更好，这样上司必然很快地对你产生信赖感，能放心地把更重要的工作交给你，你将有更多的机会学习更多的经验，扩充更多的能力，成为上司值得倚赖的左右手。

4．勿以事小而不为

生命中的大事皆由小事累积而成，没有小事的累积，也就成就不了大事。任何人在取得成就之前，都需要花费很多的时间去努力，不断做好各种小事，才会达到既定的目标。人们只有了解到这一点，才会开始关注那些以往无关紧要的小事，培养做事一丝不苟的美德，成为深具影响力的人。

成功的员工一般都把一切做得最完美，而且不留任何借口。做事一丝不苟就意味着对待小事和对待大事一样谨慎。许多小事中都蕴涵着令人不容忽视的道理。那种认为小事可以被忽略、置之不理的想法，正是我们做事不能善始善终的根源，它只会导致工作不完美，生活不快乐。为了使你的构想和计划能够得以落实，从小事做起吧。

创新地工作

专业精神还表现在你善于创造性地、高质量地完成任务。怎样创造性地完成上级交给的各项任务呢？

1. 有创新的意识

首先要从控制你的态度开始，不断提醒自己要创新。不是为了创新而创新，而是为了使你的思想、工作和改善的过程不断持续下去而创新。

2. 善于变通

创新地工作意味着你要善于变通，但变通绝非乱变，要变得合理、变得有据、变得有效，既要按上司的意图正确发挥，又不能自作聪明，越俎代庖。

3. 创新过程中保持与上司良好的互动

创新地工作需要你在接受任务时认真领会上司的意图；执行计划的过程中随时将工作进度和有关情况向上司汇报；发现上司的提示有

误时委婉地向上司反映或提出建议；一时难以协调时暂时保留意见、不采取消极态度或拒绝执行任务等行为。

4. 能承受失败的创新并坚持不懈地努力

不管是要完成一件事情，还是改善、改革一件事，都必须以好奇心为先决条件，但是这种具有好奇心的人，在现今社会里毕竟是属于少数派，甚至很可能是孤独的。因此当有一个员工产生某种构想时，其观念越新，则外来的抵抗力就会越大。所以如果你有新奇的构想，就必须有一定的思想准备和勇气。如果一些事情没有成功，不要大惊小怪，并因失败而一蹶不振。即使不成功，你可以扪心自问：这对我或他人是否有好处？事情是不是有所改变？是否有所改进？这时你应该继续努力，不要放弃，不要失望，顽强地坚持下去，结果会在你最意想不到、也可能最需要的时候出现突破。

5. 鼓励他人创新

要意识到，别人也在努力提出新的思想，不要挫伤别人的积极性。积极地支持他人，将会赢得他人对你的支持，启发你的一些思路，彼此均会受益匪浅。

？ 本章思考

1．你对目前所任职的工作满意吗？如果不满意，为什么？是否有解决之道？

2．列出工作中专业精神好的与不好的事例，分析原因，写下改进措施。

4

成功必备：培养真正的责任感

> 责任：是一个成熟的人对自己的内心和环境完全承当的能力和行为。
>
> 责任感：明确权利与义务，对自己的工作和行为勇于负责。
>
> 独自承担自己行为的责任，独自承担这些行为的哪怕是最沉重的后果，正是这种素质构成了伟大人格的关键。

我们经常可以见到这样的员工，他们在谈到自己的公司时，使用的代名词通常都是"他们"而不是"我们"，这是一种缺乏责任感的典型表现，这样的员工至少没有一种"我们就是一体"的认同感。

不管在什么行业，不管在什么地方，我们也总能遇到一些投机取巧、逃避责任之人。他们习惯于等候和按照主管的吩咐做事，似乎这样就可以不负责任，即使出了错也不会受到谴责。责任赋予生活一定的"沉重感"——人们有时更喜欢轻松一些，让别人为自己做出决定。因此，他们会经常说："领导将会关注这件事的。""我只管干活。"如果事情进展不顺利，那就全是别人的责任。不过，这样的心态只能让人觉得你目光短浅，不可能获得同事的信任和支持，也不可能获得上司的信赖和尊重。一个没有责任感的员工，将永远不会被列为升迁人选的。有些人明明能力比他人强，但是成就却远远落后于他人就是如此。面对这种情况，最好不要乱发牢骚、四处排泄心中的不满，而应该先认真地自我反思，仔细想想自己的工作是否已经到位，是否真正有着不断前进的激情，是否仔细研究过职业领域的每一个细节，是否为了取得成就而在不断充实自己，是否确实尽职尽责了？

责任感是人走向社会的关键品质，是一个人在社会上立足的重要资本。工作就意味着责任。在这个世界上，没有不需承担责任的工作，相反，你的职位越高、权力越大，你肩负的责任就越重。主动要求承担更多的责任或自动承担责任，是我们成功的必备素质。尽职尽责不仅仅有益于公司、有益于老板，而且最终受益的是员工自己。

主动承担责任是为自己负责

有些人把工作当成谋求生计的一种手段，参加工作的目的仅仅是为了生计，他们把对工作的认真负责看成是一种极其愚蠢的行为，看成是老板为了剥削员工而推行的一个策略和号召。事实上，一个人要选择一项自己所热爱的事业，并全身心地投入，做到勇敢和负责才能真正掌握自己的命运。你需要敬重自己的工作，需要在工作中认真负责、一丝不苟、善始善终，这是一种最基本的为人之道，同时也是成就事业的重要条件。或许一个勤奋敬业的人并不一定能博得老板的赏识，但至少可以赢得他人的尊重。而那些投机倒把的人，即便利用某种卑鄙手段博得老板的一时信任，也会被旁人所轻视，无形之中阻碍了自己的成功，结果只会自毁前程，得不偿失。也许不劳而获非常具有诱惑力，但不劳而获者很快就会付出极其沉重的代价——他们将会为此而失去自身的名誉。不论你的工作现状如何，只要你能够忠于职守，将自己所有的精力和热情倾注到工作当中去，渐渐地就会为自己的工作感到骄傲和自豪，也会赢得他人的尊重。以主人公的心态去对待工作，工作自然而然就能做得更好。

　　承担责任十分艰难，许多人对承担责任感到非常畏惧，但是，如果你一旦突破这样的障碍，却能够为你的人生不断带来崭新的契机。无论责任多大，都不要害怕承担责任，要给自己制定目标。我一定可以承担任何正常职业生涯中的任何责任，我一定可以比前人完成得更出色。你若把责任的"沉重感"与训练哑铃比较一下，哑铃的重量虽然沉重，但它不是为你所谓肌肉的健美提供了更多的机会吗？生活是艰难的——只要你接受一切，生活反而会容易起来。

责任感自测

员工职业素养培训

　　你是否有责任感？你可以做以下自测：将下列各句所述情况与自己的实际状况比较，符合程度越高，你的责任感就越高，符合程度越低，则你的责任感越低。

符合程度

高 ←——→ 低

1. 在某些心境下，我常会因困惑引起的幻想而将工作 □ □ □ □ □
   搁置下来。

2. 事情结局的好坏完全取决于自己的所作所为。 □ □ □ □

3. 从根本上讲，员工对公司的成败负有责任。 □ □ □ □

4. 当工作不如我想像的那样顺利，我感到很不满意。 □ □ □ □

5. 无论从事什么工作，我总了解其职责范围是什么。 □ □ □ □

6. 下级主动为上级承担部分责任是理所当然的事情。 □ □ □ □

7. 对于我所做的事情无论结局如何，我都愿意承担责 □ □ □ □
   任。

8. 对于绝大部分我从事的工作，我都有胜任的把握。 □ □ □ □ □

责任感评估

高分倾向：了解本职工作的权利与义务；无论工作的结果如何，都勇于承担责任；不推诿。

低分倾向：对本职工作了解不清；将工作失误归罪他人。

责任感是一种习惯。一个人如果在学生时代养成了半途而废、心不在焉、懒懒散散的坏习惯，喜欢运用一些小伎俩来蒙混过关，那么，等到将来步入社会，他就将很难出色地完成任务。比如：参加会晤经常迟到因而让对方感觉不受重视；会见客户时不整洁因而会让客户失去合作的信心；办公桌与垃圾站没有两样；将大量宝贵的办公时间浪费在寻找东西上；久而久之，老板对其就会失去信心，你也很难有所成就。所以责任感需要在平时一点一滴积累加以培养。

对结果负责

小王是公司的文员，她的职责之一就是打印上司的文稿。她打印文稿的通常做法是在尽快的时间内按上司的草稿一字不差地打印，再排好版，她认为至此她的工作已完成，她是尽职而负责的。

小张是另一公司的文员，她打印文稿的通常做法是在尽快的时间内按上司的草稿打印并排好版之后，再检查原草稿中是否有错别字，语句是否通顺，语法是否正确，她认为这样她的这项工作才算完成了。

从以上两个例子可以看出小王没有负责到底，而小张却对结果负责，她不但完成了打印工作，还保证了工作的质量，这是她的职责。

大多数人自认是负责任的。然而，不太有责任感的人往往会为行为承担责任，比如前例小王一样，他们会准时出现在一些场合、竭尽全力地完成任务等，但是他们并不会为自己的行为产生的结果负责。这种行为的外在表现是工作不积极，生活中有一个形象地形容此类行为是"像青蛙一样，碰一下，跳一下。"实质上这种行为是缺乏主人翁意识，事不关己，只要做了，做得好不好就不关自己的事了。对于此类人，其工作成效与工作质量一定不佳，对工作结果不负责任的态度其上司也是直摇头。

而那些更负责任的人，往往是对结果负责。他们为自己的行为产生的结果负责，即使结果并不令人愉快。比如前例的小张，工作态度积极，把工作当作自己的事来做，做事的前提和标准就是怎样尽善尽美地完成工作，确保工作结果的高质量。像这类员工，上司通常很放心地交办任务，相信其能从头至尾地负责把工作完成到底。

通过以上案例，你可以发现为什么有些员工工作出色而有些员工工作质量一般的区别在哪里了？那就是，成功的职场人士一定是负责任的，他们关注于结果，并想尽一切办法去获得结果。因为，决定一次航行是否成功，不是离港起航，而是归航入海，真正的责任感是对结果负责。

没有任何借口

在连锁行业中，每一个特许经营授权人都会告诉你，连锁经营这种模式最令人不可思议的一点就是虽然每个连锁店有着同样的设备、人员、资金投入和操作流程，但是每个连锁店的经营状况都不一样。造成连锁店之间业绩差异的原因在哪里呢？其中一个重要的原因就是各个连锁店的管理者和员工对"责任"的看法不一样。表现最好的连锁店是由责任感强的管理者领导的，而其他店则不是。表现最出色的连锁店管理者的责任观是：无论发生什么问题，都要达到预期的结果。而表现不佳的连锁店管理者却总是急于寻找借口："店面所在位置不好！"或者是"我们不能从供应中心得到需要的货品"等。实际上，这些借口都是站不住脚的，表现优秀的人总是能够找到令表现恶劣者头痛不已的所有问题的解决方法。他们只关心结果，对找借口不感兴趣。他们只在意是否做了正确的事情，而不愿意为花了精力和资源没能带来积极结果的事情找理由。

1. 借口——侵蚀责任感的毒药

（1）许多借口总是把"不"、"不是"、"没有"与"我"紧密联系在一起，其潜台词就是"这事与我无关"——不愿承担责任，把本应自己承担的责任推卸给别人。要明白，一个团队中是不应该有"我"与"别人"的区别的。如果人人都寻找借口，无形中会提高沟通成本，削弱团队协调作战的能力。

（2）找借口的一个直接后果就是容易让人养成懒惰的坏习惯。寻找借口的人都是因循守旧的人，他们缺乏一种创新精神和自动自发的能力，因此期许他们在工作中做出创造性的成绩是徒劳的。借口会让他们躺在以前的经验、规则和思维惯性上舒服地睡大觉。寻找借口就是向懒惰低头，向怯懦投降，把脸把心别过去，不去面对真实的自我欺骗与麻痹。"我们从没想过赶上竞争对手，在许多方面人家都超出我们一大截。"当人们为不思进取寻找借口时，往往会这样表白。

（3）借口给人带来的严重危害是让人消极颓废。如果养成了寻找借口的习惯，当遇到困难和挫折时，不是积极地去想办法克服，而是去找各种各样的借口。这种消极心态剥夺了个人成功的机会，最终让人一事无成。找借口的习惯塑造了一批对自己的无助和受害者命运"坚信不移"的人。如果让他们承担责任，那么就只限于那些容易控制的因素和事情，比如接受命令、填充表格或者按照书本操作。借口、悲观主义和无助感总是与其相伴而行。找借口也许是一种症状，悲观和无助则是潜在的习惯和感觉。无论它们之间的关系如何，这些要素总是会在一起出现，它们是个人责任感的敌人，也是成功的敌人。其实，这些悲观、无助、恐惧的感觉，都是一些虚幻。我们恐惧的对象并不是那些工作中的困难本身，而是我们在自己头脑里架构的那个悲剧，它像个脑海里的鬼影，令我们忧虑、胆怯、止步。而每当事实真的发生时，我们以勤勉的努力战胜它，以平静的心承担它。我们为自己编造出来虚幻的心理消耗着我们的心力与精神，吓唬自己、困扰自己、折磨自己，终使我们一事无成。

人们必须付出巨大的心力才能成为卓越的人，但是大多数人都想要找些借口来搪塞，而不是努力寻找把事情做好的方法。如果只是找个借口搪塞为什么自己不全力以赴的理由，那真是不用费什么力气。不过你若总是寻找借口，那也要付出代价的。只要你把责任推给别人而不是在自己身上找原因，失败和低水平的表现就会变成理所当然的事实。如果你想要在事业生涯上出类拔萃，那是没有什么捷径可走的。改变对借口的态度，把寻找借口的时间和精力用到努力工作中来。因为工作中没有借口，人生中没有借口，成功也不属于那些寻找借口的人。

2. 没有任何借口

任何借口都是不负责任的，它会给对方和你自己带来莫大的伤害。如果是为了敷衍别人、为自己开脱的话，那寻找借口更是不诚实的行为。真诚地对待自己和他人是明智和理智的行为。有些时候，为了寻找借口而绞尽脑汁，不如对自己或他人说"我不知道"，这是诚实的表现，也是对自己和他人负责的表现。这在某些方面也恰恰是自信的表现。一个人在失去了自信的时候，容易为自己找到很多借口，这其实是一种逃避行为。自信的人从来不为自己找借口，任何借口都是懦弱的表现。有的人为了达到自己的人生理想而愿意全力以赴，有的人则只会成天把"那不是我的工作"挂在嘴边。尽自己的本分就要求我们勇于承担责任，承担与面对是一对姐妹，面对是敢于正视问题，而承担意味着解决问题的责任，让自己担当起来。没有面对力，承担就没有基础；没有承担力，面对就没有价值。放弃承担，就是放弃一切。假如一个人除了为自己承担之外，还能为他人承担，他就会无往而不胜。

勇于负责并不是"盲目负责"，如果你一点信心都没有，谁又敢让你负责呢？勇于负责需要使自己切实地投入到工作中去，而且要有足够的信心确信目前的工作会有一定的影响力。如果连你自己都不相信对方、某个部门或是整个组织会看好你的工作，那你就不可能有动力使自己全力以赴，在工作中发挥最大的潜能。从人品上讲，勇于负责的是英雄，盲目负责的是蠢货，不负责的是平庸之辈。

著名的美国西点军校有一个久远的传统，遇到学长或军官问话，新生只能有四种回答："报告长官，是"；"报告长官，不是"；"报告长官，没有任何借口"；"报告长官，我不知道"。除此之外，不能多说一个字。新生可能会觉得这个制度不尽公平。例如，军官问你："你的腰带这样算擦亮了吗？"你当然希望为自己辩解，如"报告长官，排队的时候有位同学不小心撞到了我"。但是，你只能有四种回答，别无其他选择，在这种情况下你也许只能说："报告长官，不是。"如果学长再问为什么，惟一的适当回答只有："报告长官，没有任何借口。"这既是要新生学习如何忍受不公平——人生并不是永远公平的，同时也是让新生们学习必须承担的道理：现在他们只是军校学生，恪尽职责可能只要做到服装仪容的要求，但是日后他们肩负的却是其他人的生死存亡。因此，从西点军校出来的学生许多后来都成为杰出将领或商界奇才，不能不说这是"没有任何借口"的功劳。

没有任何借口的行为要点：
- 当自己负责的工作出现问题，首先勇于承认错误，要学会说："对不起，我错了。"
- 分析错误原因。
- 找出解决问题的方法。

□ 只解决问题，不找任何借口。

3. 不找借口地去执行

能够证明你的能力的东西只有一样：行动。一支部队、一个团队，或者是一名战士、员工，要完成上级交付的任务，就必须具有强有力的执行力。接受了任务就意味着做出了承诺，而完成不了自己的承诺是不应该找任何借口的。不找借口是执行力的表现，这是一种很重要的思想，体现了一个人对自己的职责和使命的态度。思想影响态度，态度影响行动，一个不找借口的员工，肯定是一个执行力很强的员工。优秀员工总是把每一项工作尽力做到超出客户的预期，最大限度地满足客户提出的要求，而不是寻找各种借口推诿；他们总是出色地完成上级安排的任务，替上级解决问题；他们总是尽全力配合同事的工作，对同事提出的帮助要求，从不找任何借口推托或延迟。

可以说，工作就是不找借口地去执行。不管做什么工作都需要这种不找任何借口去执行的人。对我们而言，无论做什么事情，都要记住自己的责任，无论在什么样的工作岗位上，都要对自己的工作负责。要彻底摒弃借口，借口对我们没有任何益处。不要用借口来为自己开脱或搪塞，完美的执行是不需要任何借口的。

从细节处做起

因为责任感由许多细节处构成，所以最基本的责任意识就是做事成熟，无论多小的事，都能够比任何人做得都好。

1. 遵守规定

□ 遵守公司的规则、规定、标准。

□ 遵守上班、会议等规定时间。

□ 按时完成接手的工作任务。

□ 遵守上司指令。

□ 服从公司方针。

2. 凭良心工作

□ 对结果负责到底的精神。

□ 经常自我反省，工作精益求精。

□ 胸怀宽广，有容人之量。

□ 无论是别人监督与否都恪尽职守。

3. 善始善终地工作

□ 做好准备工作和计划。

□ 准确理解命令和工作内容。

□ 做事做到底，不半途而废。

□ 不要忘了汇报。

4. 自觉主动地工作

□ 即使没有接到指示，也要自己找事情做。

□ 积极主动地辅佐上司。

□ 思考更进一步的问题。

□ 做别人不愿做的工作。

□ 做事出色，超过上司所望。

5. 创新和研究工作方法

□ 注意情况变化。

□ 在工作中发挥卓越才智，改革创新。

□ 注意学习、吸收新事物、新方法、新观念、新思想。

□ 追求改善，提高业绩。

6. 超越上司要求的工作

自觉、积极的态度：

□ 不说也能做。

□ 理解上司命令、意图后再去做。

□ 根据变化的情况采取相应对策。

□ 通过有创意的研究，达到比要求更好的效果。

被动、消极的态度：

□ 不说就不做。

□ 机械地按吩咐的内容做。

□ 对变化情况无动于衷。

□ 只做指出的事，应付了事。

7. 注意岗位责任与全局责任兼顾

□ 明确岗位责任要求，掌握责任中的重点，一定要知道你该做的是什么，你的工作重点究竟是哪一部分。

□ 全局责任要注重组织的目标是什么。

□ 领会上司的真正意图，特别是需要有很多相关人员的支持时，一定要确认这项工作是否真有这么重要，一定要问清楚上司真正想要的是什么。

□ 当某个突发事件影响到你的某个计划时，当外界因素发生变化时，你的计划一定也要及时地随之改变。

□ 岗位的工作要服从全局的工作。当全局的形势发生变化时，个人的工作要进行相应的调整和变化。

? 本章思考

1．请列举工作中你曾最有责任感的几件事。

2．请列举工作中你曾最不负责任的几件事，当时你是怎样推诿的？经过学习，现在你认为最正确的处理态度和处理方法是什么？

5

战胜自己：提高挫折承受力

> 挫折承受力：吃苦耐劳，能够忍受并尽快排解挫折的能力。
>
> 世界上没有什么东西可以代替坚持。才能不能代替坚持，有才能却没有成功的人到处都是；天才不能代替坚持，壮志未酬的天才几乎就是一个格言；教育不能代替坚持，世界上充满了被遗弃的受过教育的人。只有坚持和有决心就无所不能，这个口号已经解决了和将会解决人类所有的问题。

挫折并不可怕

人人都有过说不尽的雄心壮志，但是很难事事如意，总是有成功也有失败。古人说"百年人生，逆境十之八九"，在工作和生活中，你不可避免地会遇到各种障碍，受到各种挫折。成功了固然应高高兴兴的，失败了也并非完全没有益处。每个人都希望能从失败中吸取教训并及时地总结经验，利用失败的经验来武装自己，使自己具备更多的经验以有效地应对将来的种种新挑战。但是，并不是每一个人都能从失败中学到那些应该学到的东西，因为并不是每一个人都能正确地面对失败。挫折和失败本身是不好的，但是挫折和失败也有好的一面：它可以给人们提供很多可以借鉴的东西，从而避免以后的失败。实际上，正因为遭遇到种种挫折，才更能磨炼人的意志，从失败中吸取经验教训，以增强其克服困难和适应环境、战胜挫折的能力。

让我们看看成功人士是如何看待挫折的吧。从他们面对挫折不屈不挠的态度，你能慢慢感受到一种强大的精神力量，正是这是力量铸就了他们一个又一个的成功。这种力量就是：坚强的意志力和在困难面前的乐观精神。

失败是加在成功上面的调味剂。

——杜鲁门·卡波特

生命就是一系列的经历，每一个经历都会使人们成熟一些，虽然我们有时很难认识到这一点。因为世界存在的目的就是发展个性，所以我们必须认识到，挫折和痛苦有助于我们的前进。

——亨利·福特

这个世界要摧毁每一个人，之后，许多人在废墟中日益坚强起来。

——海明威

如果你想获得成功的话，直面失败是至关重要的。大多数成功之士都经历过反复的失败，失败推动他们进行新的成功尝试，而且这也是对他们意志的考验。

——米歇尔·科达

如果你爽快地承认所犯的错误，你就不会因为错误而过多地痛苦。但是那是一个需要很大痛苦才能学会的教训。

——李·艾科卡

犯错误的是人，承认错误的是超人。

——道格·拉森

不犯错误的人通常也不会成就任何事情。

——费尔普斯

那些有成功欲望的人——无论胜利还是失败——都会说：再来一次！

——菲尔·奈特

一定记住，成功的决心比任何其他事情都重要。

1．成功人士强大的精神力量

- 不怕吃苦，经得起打击和压力，有坚强的意志和信念。
- 为人乐观，开朗，对人对事总有一种积极的态度。
- 能在短时间内用积极的方式排解挫折。
- 可长时间从事压力大的工作。
- 最高意识和改善意识。

2．成功人士面对挫折时的态度

- 当遇到困难、危险、挫折和失败时，不灰心丧气，不怨天尤人，而能挺身而出，信心十足地迎接挑战。
- 能独立思考，有自己的见解。能根据自己的认识和想法独立地采取行动，自觉地排除各种干扰和诱惑，不屈服于舆论的压力，不随波逐流。
- 他们能正确对待自己，不轻易接受外界的影响，但是也不随便地拒绝有益的意见。
- 在工作中，不避重就轻，不推卸责任，主动积极地承担任务，尽职尽责。

3．失败人物的态度

- 我已经尽力了，这次就算了。
- 有什么事明天再说吧。
- 易于满足，缺乏彻底执行的毅力。
- 碰壁时马上意志消沉。
- 碰壁时，不愿再挑战，而以借口逃避。
- 无法专心一致，而流于涣散。
- 时常做到一半便撒手去追逐新的东西。

□ 知道事情很重要，却经常极力辩解以逃避责任。

□ 没有成功的信心，一旦不如所愿时，便会马上投降败下阵来。

结果：对事情的困难估计不足，没有吃苦耐劳的顽强意志，因害怕挫折而怨天尤人，不能战胜困难而导致失败。

成功并不表示你对任何事都不会害怕，不会紧张。即使成功之后，有时难免也会对自己失去信心。但成功的人却有勇气接受真实的自我，对自己的想法和行为有足够信心，不半途而废，不因困难而产生犹豫，不否定当初自己所下的决心并努力提升自我。只要你朝成功路上多进一步，恐惧便会减少一分。挫折并不可怕，人生的成功和失败是交相出现的连续剧。最后成功的人，一定不会在失败时宣告放弃，而是一直咬紧牙关，往成功之途奋进。这种人，只会将失败当做一种教训，从失败中，让自己在战略上更接近成功。此外他并不会因失败而把思路局限起来，反倒将它当做一种激励，使自己更具弹性。

□ 你是否心理和行为的平衡很易受挫折的破坏？

□ 你是否长时间受挫折的困扰而无法摆脱？

□ 你是否为人孤僻、封闭，总以消极态度对待人生？

□ 你是否贪图安逸、享乐？

这些都和你的挫折承受力有关。

挫折承受力自测

你的挫折承受力如何？你可以做以下自测：将下列各句所述情况与自己的实际状况比较，符合程度越高，你的挫折承受力就越强，符合程度越低，则挫折承受力越弱。

符合程度

高 ◀━━━━▶ 低

1. 白天工作虽不顺利，但不会影响我整个晚上的心情。 □ □ □ □ □

2. 我很少心灰意冷。 □ □ □ □ □

3. 如果某人擅自动用我的东西，我不会气上一段时间。 □ □ □ □ □

4. 虽然在竞赛中落在最后，但并没让我提不起竞争心。 □ □ □ □ □

5. 如果向我所爱的人求婚被拒绝，我一定会再接再厉。 □ □ □ □ □

6. 我对侮辱不是很在意。 □ □ □ □ □

7. 我的生活中，令人沮丧的日子不多。 □ □ □ □ □

8. 我已达到能够不介意大多数事情的地步。 □ □ □ □ □

9. 当我得知我被派往物质生活条件很差的地区做销售， □ □ □ □ □
   我会态度积极、乐观，并且着手准备。

10. 想到可能无法按时完成某项重要的事情，不会使我 □ □ □ □ □
    不寒而栗。

从心理学上来分析，人如果在通向目标的道路上遇到了障碍就会产生以下三种情况：1）改变行为，绕过障碍，达到目的。2）如果障碍不可逾越，可以改变目标，从而改变行为的方向。3）在障碍面前无路可走，不能达到目标。正是在这种情况下人们才会产生挫折感。

人为什么会有挫折感

心理学将挫折定义为：一个人在实现有目的的活动过程受到阻碍，使其需要得不到满足，引起内心剧烈冲突时的情绪状态。

需要不是任何时候都能够满足的，在环境中遇到阻碍，动机和行为也不一定实现，不能实现，就会产生挫折现象，带来消极心理（通常表现为焦虑、紧张、不安、愤怒、失望等情绪状态），影响后续目标的产生和实现。挫折的本质就是动机不能满足。动机的重要性因人而异，因时境而异。所以挫折可以说是一种主观的感受。

引起挫折的因素是多种多样的，但可分为以下两类。

1. 外在因素

外在因素又称客观因素或外因，是指那些让动机或行为不得实现的实际存在的外部环境因素。包括人的能力无法克服的自然灾害；虽能够克服但因疏忽、时间精力顾不上造成的损失或达不到；社会生活中的政治、经济、军事、宗教、风俗习惯、道德观念等等对人的限制或他人的失误等。

2. 内在因素

内在因素来自挫折者自身，包括个人的能力、知识和经验不足，或个性心理品质太差，如缺乏韧性、过分轻信、不稳定、急躁、不自信，以及动机斗争状态等。

一个人在心理上是否体验到挫折，这是同他的抱负水平密切相关的。抱负水平是指一个人对自己所要达到的目标规定的标准。一个人的自我估计、期望水平常常是造成挫折的重要原因。个人的重要动机受到阻碍时，其所感受的挫折较大；如果一个人自我估计过高，期望水平常常是超出了个人的实际水平，就会出现目空一切，自不量力，追求一些根本无法实现的目的，这就必然会造成挫折。而较不重要的动机受到阻碍时，则易被克服或被别的动机的满足所取代，因此只构成一种丧失的心理感受，对个人的挫折不大。挫折还与努力程度有重要关系。如果真的很用心，认为自己能成功，又花了大量心血，即使是短暂的受阻，也会产生强烈的挫折感。

人受挫折时典型的行为反应

态度积极与态度消极的人受到挫折后会产生两种完全不同的反应，一种是富有建设性的，别一程是极具破坏性的。

态度消极的人在遭遇挫折时的心路历程见图1-7。

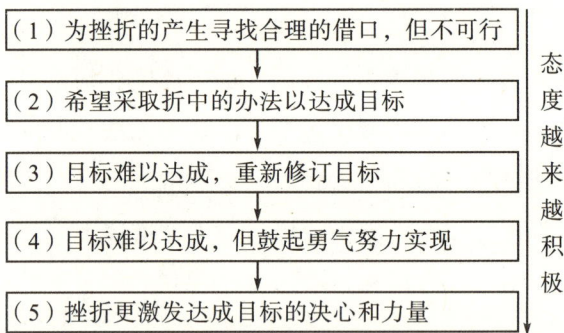

```
┌─────────────────────────────────┐      态
│（1）为挫折的产生寻找合理的借口，但不可行│      度
└─────────────────────────────────┘      越
┌─────────────────────────────────┐      来
│（2）希望采取折中的办法以达成目标      │      越
└─────────────────────────────────┘      积
┌─────────────────────────────────┐      极
│（3）目标难以达成，重新修订目标       │
└─────────────────────────────────┘
┌─────────────────────────────────┐
│（4）目标难以达成，但鼓起勇气努力实现  │
└─────────────────────────────────┘
┌─────────────────────────────────┐
│（5）挫折更激发达成目标的决心和力量    │
└─────────────────────────────────┘
```

图1-7　态度积极的人遇到挫折时的心路历程

态度消极的人在遭遇挫折时的心路历程见图1-8。

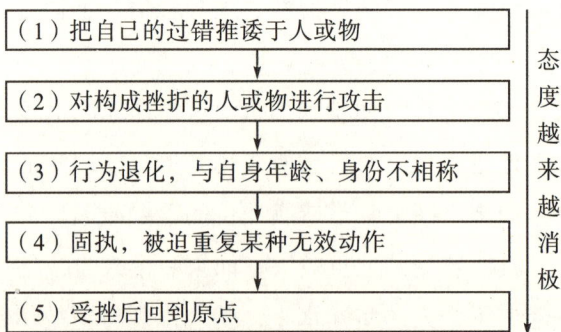

```
┌─────────────────────────────────┐      态
│（1）把自己的过错推诿于人或物        │      度
└─────────────────────────────────┘      越
┌─────────────────────────────────┐      来
│（2）对构成挫折的人或物进行攻击      │      越
└─────────────────────────────────┘      消
┌─────────────────────────────────┐      极
│（3）行为退化，与自身年龄、身份不相称  │
└─────────────────────────────────┘
┌─────────────────────────────────┐
│（4）固执，被迫重复某种无效动作      │
└─────────────────────────────────┘
┌─────────────────────────────────┐
│（5）受挫后回到原点               │
└─────────────────────────────────┘
```

图1-8　态度消极的人在遭遇挫折时的心路历程

由上可见，挫折会使人的心理活动发生一系列变化，是人们在通向目标的道路上遇到障碍而又不能克服时产生的紧张状态或情绪反应。人们往往对社会所给予他们的有利条件容易估计过多，面对可能遇到的挫折估计不足。一遇到挫折往往措手不及、惊慌失措，在行为上表现出失常。以利而言，它能够磨炼一个人的意志，给人以丰富的经验，增强性格的坚韧性和提高解决问题的能力，引导一个人产生创造性变迁，寻找到更好的人生道路。以弊而言，挫折会造成个人心理上的伤痕，导致行为上的缺陷，甚至会导致人格分裂，形成行为失常或心理疾病。要承受挫折、抵抗挫折并战胜挫折，首先要发展积极和建设性的反应，减少破坏性的消极反应。下面，我们将继续对人们在遭遇挫折时的消极反应进一步详细分析，以利于有的放矢地寻求战胜挫折的方法。

消极反应一：把自己的过错推诿于人或物

人们在受到挫折后会将过错合理化，想出各种理由原谅自己，或者为自己的失败辩解，这就是所谓的找借品，怨天尤人，"自我解嘲"，把自己的不良行为推诿于人。他们以为这样做就会减轻自己的不安、内疚和焦虑。例如，企业中的员工由于自己的过失而产生了次品，事后他却将责任推诿于别人行为的过失。再如，一个人因工作马虎不负责任出了事故，他却推说是机器陈旧所造成的，并非他的责任。一个人因工作表现不好没能得到奖金，他却说："我根本不在乎这几块钱的奖金"，想以此来为自己的表现差劲而辩解。合理化实质上是一种文饰作用，其作用是自我安慰，这有点像平常所说的"阿Q精神"，即精神胜利法。

消极反应二：对构成挫折的人或物进行攻击

个体受到挫折后，引起愤怒的情绪，会对构成挫折的人或物进行攻击。因攻击的对象不同，可以分为直接攻击和转向攻击。比如一个人受到同事无故的谴责，他可能会"以牙还牙"，怒目而视，反唇相讥，这种表现就为直接攻击。如果他把愤怒的情绪发泄到其他的人或物上去，即迁怒于人或物，这种表现就为转向攻击。

消极反应三：行为退化，与自身年龄、身份不相称

这种情况是指，当一个人受挫折时，会表现出一种与自己的年龄、身份很不相称的幼稚行为。这种幼稚行为通常表现为三种形式：

第一种粗暴地对待别人，如一个领导因自身受到挫折而对下级大发脾气，或为一点小事而暴跳如雷。

第二种判断力下降，盲从别人。如在受到挫折后会盲目地相信别人，盲从地执行某个人的指示，盲目地追随某个领导人。

第三种工作质量下降。如缺乏责任心，无理取闹，毫无理由的担心，轻信谣言等。

消极反应四：固执，被迫重复某种无效动作

固执通常是指被迫重复某种无效的动作，尽管反复进行某种动作并无任何结果，但仍要继续这种动作。

表面上看，固执与正常习惯非常相似，但当设法改变固执和正常习惯时会看出它们之间的明显区别。如果习惯的行为不能满足人的需要，或者受到惩罚时，会改变习惯的行为。相反，在这种情况下固执行为不仅不会改变，而且会更加强烈。

消极反应五：受挫后回到原点

人们长期处于过度应激状态会引起各种疾病，因此当目标难以达成时，出于自我保护意识，人们常常需要采取妥协性的措施以减轻应激状态，这种妥协就是不通过调整措施以完成任务，彻底放弃当初设定的目标，也不重新设定目标，重新回归到原点。

注意：这些消极反应往往是以综合的形式出现，把它们分开只是

为了更清楚地进行分析。

通常并不是每个人都能对挫折采取正确的态度，你应摒弃以上不正确的态度。

战胜挫折的态度

很多人面对挫折时都消极地采取了躲避的态度。殊不知躲过了挫折也就恰好错过了锻炼自己的难得的机会，况且挫折是躲不过的。一次的知难而退也就意味着以后更多的挫折。挫折也是不可预防的，我们应该勇于面对挫折，更重要的是会从挫折中学习，明白只有从挫折中学得更多才能变得坚强，才能走向成功。还有一种情况是：当一个人受到挫折之后，用意志力量压抑住愤怒、焦虑的情绪反应，表现出正常情况的谈笑自若的情绪状态。这种想法虽然可以减轻焦虑，获得暂时的安静，但并不能根本解决问题。这是因为压抑情绪的过程对人的身心健康有极大的伤害。

挫折是难以避免的客观事实，不如意是人生路上自我反省的一面镜子，是每一个生活在现实社会中的人必有的经历。只要有了正确的思想方法，烦恼自然就会离你而去。问题是应该怎样认识挫折、对待挫折。首先，要战胜挫折就要面对现实，承认挫折、正视挫折。其次要认真、冷静、客观地分析主观和客观上的各种因素，找出出现挫折的关键。绝不能因为遇到挫折而产生消极情绪。相反，为了战胜挫折要有明显的激情状态，要依靠坚强的意志力量，面对挫折所造成的一切不幸，把挫折对个人的打击，当成磨炼自己的最好机会。有了成就欲，再具百折不挠的精神，科学的方法、自信心，你会成功的。

> 我毕生努力把困难转化为机会。
>
> ——约翰·洛克菲勒

战胜挫折的态度与方法见表 1-2 所示。

表 1-2	战胜挫折的态度与正确方法
以正确的态度面对挫折	□ 不必惧怕 □ 要训练自我意志的坚韧性 □ 保持良好的精神状态 □ 以自信、积极的态度承担风险 □ 采取行动
战胜挫折的正确方法	（1）在行动上需： □ 总结经验 □ 建立自信 □ 争取新的机会 （2）找出困境的原因，理出一条改善之道和所需的时间： □ 冷静检讨碰壁的原因、问题点 □ 三思而后行 □ 改善处理问题的方式，变换视角和出发点 □ 杜绝拖延

从挫折中吸取失败的教训，及时地总结经验，在职业生涯中是很重要的。那么如何能真正地做到这一点呢？首先，当挫折来临时，以正确的态度面对挫折，承受挫折。

1. 不必惧怕

人们多数害怕的是未知，不知道以后会怎样而害怕，或者不真正了解真实情况和自我实力，把事情想得很难办，而有畏难情绪，找出很多例子否定自己。恐惧并不代表失败，它只是害怕的征兆而已；它不是一种行为，只是情绪的反映，所以不要逃避它，相反，要接受它的挑战。轻微的恐惧是有助于你迈向成功之途的。如果你害怕，可能真的有让你害怕的理由。与其从你现处的立场来看任何可能发生的不幸，不如当做它已经发生了。从最糟的地方往回看，所以，不妨问问自己："最糟糕的结果会是什么？""假使最糟的事情真的发生了，我该怎么办？"这会让你对这些不幸的结果早有心理准备，且能预做防范。不要束手无策、不要被紧急状况所吓慌，尽早预测下一次的状况，并做好缜密的布局。换句话说，你的解决之道将成为你迈向成功之途的重要基础；而且，随着问题的克服，你的恐惧会愈来愈少。从失败中学来的东西远超过成功所学的。勿怪罪于失败。人生是一连串的成功和失败所构成的，不以失败终结一生，而能反败为胜的人必是成功的人。

—— 关 键 点 ——

人们多数害怕的是未知，不知道以后会怎样，把事情想得很难办而有畏难情绪，对最不幸的结果早有心理准备并做好防范计划，既然最坏的情况已经心里有数，你就不会害怕了。

---

2. 要训练自我意志的坚韧性

从容，勿流于惊慌，惊慌失措是无法完成工作的，所以平常就要多磨炼意志的坚韧性。意志坚韧性是指以坚韧的毅力、顽强的精神为实现目标而努力奋斗，不达目的誓不罢休。具有意志坚韧性的人在困难面前不退缩，在压力面前不屈服，在诱惑面前不动摇。他们具有明确的奋斗方向，即使遭遇失败也决不泄气。坚韧性特别表现在艰巨、困难、枯燥乏味的工作当中，只有在这样的工作中才会显示出坚韧性的意志品质。居里夫人说："我从来不曾有过幸运，将来也永远不指望幸运。我的最高原则是：不论对任何困难，都决不屈服。"锲而不舍，金石可镂，任何领域中的丰硕成果都是长期顽强奋战的结果。缺乏坚韧性的人一旦遇到困难，就会束手无策，丧失信心，因此极大地影响了工作效果。

锲而不舍，金石可镂，任何领域中的丰硕成果都是长期顽强奋战的结果。

3. 保持良好的精神状态

要承受挫折首先需要良好的精神状态，怎样保持呢？首先需要维持适当的体力，而不要浪费体力，勿因睡眠不足、过度紧张而罹患感冒等疾病，注意平均饮食的量与营养。其次，注意心理健康，保持幽默感，不要把自己弄得太严肃，开怀一笑可以征服生命中所有的难题。你也可以主动找朋友或陌生人倾吐心声、减轻心理压力，或者你可以采取精神发泄的方式，在限制环境下自由发泄受压抑的、非理智的情感，以达心理平衡及早恢复理智的状态。再次，你可以想像成功的远景，如此可帮助你从抗拒改变的旧习中挣脱出来，并有更多机会能了解新事物所带来的益处，使其成为你新道路上的指引明灯。最后，在工作中你需要专心于所能掌握的事物，若只担心你无法掌握的事，只会徒增挫折、失落感。

4. 以自信、积极的态度承担风险

在遭遇挫折时，人们都不愿意承认失败而采取逃避的态度，殊不知逃避反而会使事情更困难。逃避困难的心态，会衍生新的困难，惟有试图超越困难，方能有所成长。抛开旧有包袱，勇敢地正面迎之。不要因害怕失败、不好意思，而限制住一切行动。人生难免会经历失败，若想成功，不可能不承担任何风险。了解自己的优点，改善缺点，并奖励自己的成就。向困难挑战，勿自暴自弃，不要勉强，将困境当做是自我充实的准备期，完成它，便会有所进步。

5. 采取行动

　　与其认为："这件事情竟然发生在我身上。"不如换个想法："这是一个可以尝试新事物的大好机会。"假使新的方法行不通，再试试看别的。再来一遍，要有耐心，不要轻言放弃。一时的停滞不前并不是失败，只是暂时休息，放慢脚步而已，把它们视为另一阶段的开始，而非结束。不要什么事都不要只做一半，最好一个一个完全解决，尽量尝试所有可能的方法，总会找到解决之道的。

------ 关 键 点 ------

　　一时的停滞不前并不是失败，要有耐心，不要轻言放弃，采取行动，总会找到解决之道。

战胜挫折的行动

　　挫折是难以避免的客观事实，不如意是人生路上自我反省的一面镜子，是每一个生活在现实社会中的人必有的经历。在战胜挫折时，人不总是靠顽强与之抗争和坚持不懈来克服困难的，还要有正确方法，以下所列的具体应付挫折的方法，可以根据具体的生活环境进行对参考，对于避免挫折带来的烦恼，尽快让自己渡过难关，也有一定帮助。

1. 战胜挫折的行动

（1）总结经验。对遭受挫折的整个过程进行考察，认真分析使自己遭受挫折的原因究竟是不可抗的外力因素还是自己本身的原因。

（2）建立自信。了解了遭受挫折的原因后，要针对自身的不足之处进行改进，加强学习和自身的修正。认识到经过学习之后，再遇到类似的情况是可以很好地处理的。

（3）争取新的机会。在以后的工作中，努力争取新的可以证明自己能够成功的机会，尤其是与使自己遭受的挫折类似的机会千万不要放过。不仅是亲身经历过的挫折使自己有更多做好类似的项目的经验，而且通过别人的挫折可以对自己总结的经验进行再次地检验，不断地完善它，将更有助于获得成功。

关 键 点

遭遇挫折时，抱持积极主动的态度行动起来，行动，你就迈开了战胜困难的第一步。

---

2. 找出困境的原因，理出一条改善之道和所需的时间

（1）冷静检讨碰壁的原因、问题点。碰壁时，不要匆匆忙忙而做出错误判断，要仔细看清状况的变化情形，冷静想清楚原因。可能想得出来，也有可能想不出来，但是，如果能认清自己以及自己目前所处的状况，便有助于自我的成长。此外亦可由此抽丝剥茧，慢慢找出问题的解决办法。

关 键 点

遭遇挫折时，不要匆忙进行判断，做出决定，要冷静下来先想清楚原因。

（2）三思而后行。如果所面对的问题非常重要，便要好好想一想解决方法，若不很重要，则可适当处理，或者中止。当问题复杂，无

法理出思路时，将状况写在纸片上，并将它图形化，以便容易地抓住整体的概貌。要从战略的角度来看，是好是坏？必须要有这种观念，战略是最根本而崇高的，千万不可动摇。同时，也应该从更宽广的立场来判断问题。要充分发挥收集情报的能力。确定情报收集网，掌握关键性的情报来源，以及可以用来维持情报可信度及其来源。要思考是否根据确定的事实来确认，执行后的结果，其他人如何不断推出等，多角度思考后再付诸行动。

——— 关 键 点 ———

当无法理出解决问题的思路时，从战略的角度看更容易抓住问题的实质。

（3）改善处理问题的方式，变换视角和出发点。有时，某些人和某些事务需要从某一角度着手才能解决。首先判断是否可以引用过去的做法来解决。不能解决时，跳出现实的范围，自由思考，试试看完全不同的思考方式。你可以通过致力于与其相近的问题来克服这个困难，也可以试试反面的解决方法，或者向他人求取建议，学习他人成功的模式。在困境中，你要注意求快的重要性，不能按照平常慢工细活的工作态度。记住要转换一下头脑，不要墨守成规，灵活应付各种变化。同时你不单是要紧急处理，同时还要找出根本原因之所在，永远地解决。

——— 关 键 点 ———

当问题不能得到解决时，跳出现实的范围，自由思考，试试看完全不同的思考方式。

（4）杜绝拖延。拖延，凡事都留待明天处理的态度，不但是阻碍进步的恶习，也会加深生活的压力。对某些人而言，拖延是一种心病，它使人生充满了挫折、不满与失落感。

虽然大多数人拖延的主要原因只有一个，如害怕失败。但是喜欢拖延的人总是有许多借口：工作太无聊、太辛苦；工作环境不好、老板脑筋有问题。拒绝拖延，从现在开始直面挫折，开始行动，战胜挫折。

关 键 点

拖延是一种心病，它使人生充满了挫折、不满与失落感。拒绝拖延，从现在开始行动起来。

优秀员工具有顽强的精神意志

销售世界里，没有不做就成功的事，也没有做了也没成功的事。可是，经常有些人，面对新的挑战时，试也不试，就以困难为理由放弃了，这种情况是很多的。有这样一句话，叫做"到阿拉斯加卖电冰箱"这句话虽然是不可能的事情，但并非是一定无法完成的命令。我们经常被束缚在固定的观念中，断定像阿拉斯加那样冷的地方，可能不会有人买冰箱，从未想过去那里进行销售。但具有商业精神的人一定会去尝试一下，他们定会观察当地人的生活方式，找出有什么地方需要电冰箱的依据。在零下 40 摄氏度的严寒气温条件下，食品冷冻得很厉害，使之溶化，并烹调，所用的燃料费用和时间都很多。但是，如果将食品保存于室内，即使是在冰屋中，室内温度也在零上，由于气温的变化，食品就会变质。所以为了在适当的温度下保鲜，并保存食品，电冰箱是十分必要的，并非别人都看好的地方才是市场，在那里，由于许多人的介入，竞争更为激烈，因此，销售也更为困难。别人认为不行，没有注意的地方反而有更大的需求。销售精神与商业精神，或是企业家精神，可以说是一脉相通的。无论多么困难的市场，多么困难的客户，只要立下恒心，坚持不懈地努力，就必然会获得成功。许多实例表明，优秀的推销员都具有顽强的精神意志。

? 本章思考

1. 你认为到目前为止经历过的最大挫折是什么?

2. 面对这一挫折，当时你是如何处理的?

3. 你面对挫折时有什么样的消极反应?

4. 你是怎样将消极反应转变为积极反应的?

5. 当时的处理方法有无不妥之处? 应如何进一步改进?

6

成大事者的关键：塑造诚信形象

> 诚信：既要诚实，也要信守承诺。
> 没有任何东西比信任更具有重大的实用价值。

人无信而不立

1. 没有诚信，就没有取得永久成功的基础

在当今社会信用机制匮乏时代，人们信用习惯淡漠，投机和失信现象普遍存在，老实或讲究信用在竞争中会使人处于劣势的意识充斥着人们的思想，有些人错误地认为生活中以奸诈之道而发家致富者不乏其人，从而对诚信产生质疑。其实，我们只要仔细看一看，就会发现，上述此类致富者往往犹如昙花一现、转瞬即逝。最后取得成功的人，还是那些恪守诚信者。而且，随着社会的进步，社会信用体系的建立，信用意识的觉醒，信用在人生成功路上也越来越重要。如在美国，如果一个人出现一次信用卡的恶意透支，那么所有的单位都会拒绝为你提供贷款等需要讲信誉的帮助。

很多成大事者靠的就是获得他人的信任。但到今天仍然有许多人对获得他人的信任一事不以为然，不肯在这一方面花些心血和精力。这种人肯定不会长久地发达，可能用不了多久就要失败。一个毫无诚信的人，无论他身居怎样的高位，也不论他是怎样英武不凡，最终只能以小人而论。虽然他勤奋地、有干劲地工作，他试图以人际感化术来使他人为我所用，但是他的品质却存在着基本的缺陷，充斥着欺诈和伪善，那么从长远看，他是不能取得成功的。

缺乏诚信的人的典型特征

虚伪，不能坚守承诺；没有个人原则，易随波逐流。

一个人的口是心非会酿成不信任，他所做的一切，即使使用所谓的睦邻术，也将被人视为玩弄权术。不管他的话讲得如何动听，甚至他的意图是如何善良，均一点都不起作用；有时候可以勉强地蒙混过关，或许甚至会取得短暂的利益，一旦谎言被识破，他的信誉将面临破产。一个人失了信誉，所受的损失是无以估量的。在人的行为上，在人际关系上，这一原则最终也是千真万确的。它们也是基于收获法则之上的自然规律。就短期而言，在一个诸如学校的人为社会系统内，只要你学会了如何巧妙地应付人为的规则，"按规矩做"，你就可以蒙混过关。在大多数一次性交易或短期的人际交往中，你可以以性格伦理学来侥幸取胜，可以以魅力、技巧和佯装对他人的嗜好感兴趣而给别人留下良好的印象。你可以拣起一些在短期场合有效的便捷技巧。但仅有这种次要的品质在长期的关系中不会产生永久的价值，如果没有内心的正直和基本的品格力量，生活的挑战最终会使真正的动机暴露出来，人际关系失败最终将取代短暂的成功。如果缺乏信任或没有信任，就没有取得永久成功的基础。

2. 诚信是一生最重要的资本

无论你从事何种职业，都必须讲求诚信。人无信而不立，糟蹋自己的信用无异于在拿自己的诚信做典当。不讲诚信无异于只顾眼前利益、杀鸡取卵。而智者往往眼光长远，从诚信着手，最终可以厚德载物，获利丰厚。

诚信是一生最重要的资本。一个人凭着自己良好的品性，能让众人认可你、尊敬你良好的品性，能让众人认可你、尊敬你，那么你就有了一项成就大业的资本。信誉问题也关系到一个人的职业生涯乃至一个公司的生存和发展。要想在职业生涯中良好的发展，你就得永远讲信誉。一个人如果学会了如何获得他人信任的方法，要比获得千万财富更足以自豪。

任何人都应该努力培植自己良好的信誉，使人们愿意与你深交，愿意竭力帮助你。一个明智的员工一定要把自己训练得十分出色，在为人处世方面做到十分诚实和坦率，以此来赢得更多的发展机会，赢得同事与他人的尊重。

陈嘉庚的故事

正直刚毅的爱国华侨陈嘉庚富于传奇色彩的人生经历留下了无数传诵八闽的故事。在众多的故事中，最令人感动、赞叹的可能是他初涉商界便代父还债的故事。

1903年7月，回乡结婚后重返新加坡的陈嘉庚方知父亲已经破产，债主盈门。他的父亲将全部房产物业抵债，尚欠印度债主哈利10万元巨款。陈嘉庚挺身而出，向哈利承诺代还这笔债务。南洋和西方诸国从无"父债子还"的先例，况且陈父当年便因破产而抑郁成疾不幸去世，所以谁也不相信陈嘉庚会代父还债。白手创业的陈嘉庚艰苦奋斗了4年时间，终于赚到了十几万元，连本带利还清了父亲所欠的债务。陈嘉庚"一诺万金"的信誉传遍东南亚。此后，人们十分相信陈嘉庚的商业道德和信誉，都愿意与他做生意。可以说，陈嘉庚之所以能白手起家并且在不太长的时间内成为亿万富翁，与他"一诺万金"的诚信商誉有着密不可分的关系。

诚信是陈嘉庚众多优良品德中非常突出的一项。他的一生是爱国爱乡的一生，更是诚信坚毅、公忠坦直的一生。他代父还债后，曾有人说他"傻"，但他说："中国人取信于世界，决不能把脸丢在外国人面前！""我们中国人一向言必信，行必果。"他创办厦门大学，订校训为"诚毅"。他解释说："诚为做人的基本原则，毅为坚忍不拔的意志。"他在《南侨回忆录》的"前言"中希望华侨能"轻金钱，重义务，诚信坚毅，嫉恶好善，爱乡爱国"。1947 年有国民党大员将他与蒋介石、毛泽东并列为中国三大伟人，对此他在答《南侨日报》记者问时说："人生的一大病在于不自知，我虽年老尚有自知之明。""我自信所能者仅为'诚信公忠'四字。"他认为蒋介石言而无信，最终必败，毛泽东言信行果，终必成功。1946 年 3 月，尼赫鲁访问新加坡，陈嘉庚在欢迎会上致词，题为《领袖与诚信》，指出无论商界政界，"诚信"都是无价之宝，是成功的保证。1949 年 5 月，陈嘉庚应毛主席邀请回国筹组政协，在欢送大会上他说："余无所谓先见之明，只有辨明真伪是非而已。欲辨明真伪是非，自己必须忠诚公正。"

　　诚信是陈嘉庚一生始终坚持的做人的基本原则，是他之所以能在商界获得巨大成功的根本原因。诚信是人生的无价之宝，无论商界还是政界，诚信都是成功的基础。

3. GE 给人的启示

　　GE（通用电气）是全球最伟大的公司之一，也是把诚信作为公司第一传统的一家公司。100 多年来 GE 赖以成功的基础和最大的无形资产，就是对诚信的承诺——"它使我们的产品和服务胜人一筹，使我们与客户和供应商能够坦诚相待，并在业务上保持长胜记录"。诚信永远比业务成果重要，这是 GE 的信条。下面，让我们看看董事长兼首席执行官杰夫·伊梅尔特致员工的一封信。

伊梅尔特致员工的信

　　随着 GE 在 21 世纪的学习和发展，我们公司的三个传统变得更加重要。除了注重业绩和渴求变革，我们必须始终表现出坚定不移的诚信。

这是一个注重诚信的公司，一个强调水准的公司。我们在全世界进行诚实可靠商业行为的声誉是由许许多多的人历经多年建立起来的，并且在我们开展的每一笔商业交易中得到检验和证实。

今天的 GE 比以往都更具活力、更全球化并且更加以客户为中心。我们正积极进取不断尝试新的事物取得业务的成功——我们优质的产品和服务，与客户、供货商和彼此之间坦诚的关系，和最终在竞争中获胜的记录。但是，GE 在竞争中取得的成功自始至终都以合乎法律和道德为原则。作为一家全球性的公司，我们必须建立并遵循一套全球性的准则。

GE 社区中的每个人均对遵守我们的道德准则做出承诺。GE 在关键诚信问题方面的政策对我们坚持道德承诺起到了指导作用。全体 GE 雇员不仅必须在文字上遵守这些政策，而且必须遵守其精神。

我和所有 GE 领导者们都负有培养 GE 文化的额外责任，在该文化中，遵守 GE 政策和适用法律是我们业务活动的核心。这就是，而且必须是我们工作的方式。

当今的商业环境中，特别是在对公司业务仍有怀疑的状况下，存在较高的风险。所以我们更应该满足并超越人们的要求和期望。

对于我们的后继者，我们必须保持并加强 100 多年来 GE 赖以成功的基础——GE 对诚信的承诺。

此致

杰夫·伊梅尔特

董事会主席兼首席执行官

什么是诚信

对"诚信"两字怎么理解？以下是联想集团总裁杨元庆先生，正泰集团董事长南存辉先生，爱立信中国公司张醒生先生，北京金色世纪网络订房公司董事长李梓正先生，从多方面谈自己对诚信问题的理解和感受。

> 杨元庆：诚信是一个人乃至一家企业生存的根本。诚信的意义不仅在于一笔交易的成败赚赔，而在于它标志着一个企业的品质。诚信共享是联想文化的根本。"诚实做人，注重信誉；坦诚相待，开诚布公"是联想人最基本的道德准则。诚信成为制度规范、流程透明的最佳土壤，滋养了联想宽宏刚健的文化品格。同时，作为一家"以人为本"的公司，联想集团把为员工"创造发展空间，提升员工价值，提高工作生活质量"作为企业的使命，员工也"把个人追求融入到企业的长远发展之中"。

> 南存辉：诚信，就是对承诺负责。

> 张醒生："诚信"是企业核心竞争力的一个组成部分，是一个公司长期发展的基石，也是企业文化的一个重要体现，应该成为一个企业长期战略发展的有机组成部分。不守"诚信"，也许可"赢一时之利"，但一定会"失长久之利"。对于爱立信这样一家高科技公司，"诚信"尤为重要，因为电信行业的特点是高新科技，高速发展，风险也特别高，因此实现自己的承诺，取得客户的信任是重中之重。

> 李梓正："诚信"，顾名思义是诚实和守信。"诚信"乃做人之原则，做企业之必须，也是社会文明程度的一个标志。不讲诚信的人，无人愿与其打交道，不讲诚信的企业，没有人和组织愿意和它共事。成为孤家寡人，还做什么生意？

1. 诚信既要诚实对人，也要信任别人

（1）诚实对人。

□ 实事求是、正直诚实、履行诺言。

□ 言行一致、表里如一，不通过欺骗手段使对方相信那些你本来

并没有做过的事情。

- 做事有自己的原则，即使面对反对意见，也不改变。

（2）信任别人。

- 相信那些自己判断为真实的言辞。
- 相信他人和他们的组织会言出必行，即"行为的可信性"！
- 不会轻信任何人说的任何话，想当然地认为别人所说的都是对的。

2. 诚信既要有守信的心态，也要有守信的能力

（1）既有信守承诺的愿望，又要有履行承诺的能力，这才有诚信。

（2）虽然有信守承诺的愿望，但没有履行承诺的能力，最终也没有诚信。

（3）既没有信守承诺的愿望，又没有履行承诺的能力而随便许诺，那就是在欺骗对方。

（4）虽然有履行承诺的能力，但是没有履行承诺的愿望，那这就是一种欺诈。

所以，要做一个有诚信的人你还得在许诺时衡量一下你是否有这个能力履行你的承诺，否则只有良好的心态也守不了诚信。

3. 诚信与变通

在激烈的市场竞争中，有时讲究谋略与变通是否就是没有诚信呢？其实这并不矛盾。诚信是一种承诺，坚持承诺的原则，谋略与变通是做事的技巧和方法，这两者并不是对立的。在保持原则的前提下，并不排斥灵活，因为原则保证了方法的方向，反过来如果你对对方的诚信有足够的了解，在执行的时候就可以灵活变通，这里也看到了诚信的力量；反之，无论何种高明的谋略，如果不是建立在真实的、值得信任的基础上，都只能得一时之利，不能长久。

4. 在商业行为中的坦诚行为

不说竞争同行的坏话。在销售推介时，力求客观，不攻击同业或其商品，因为这样，客户会认为你缺乏商业道德。

如诚实、正直是销售人员须具备的首要素质。成功的销售人员应是值得信赖的、是有原则的，是按原则办事的。销售人员如果出现以下行为是很严重的事情，而且其中某些行为还将触犯法律，如：非法使用企业的备用金；窜改和伪造企业的记录和报告；参与拿或将企业的财务占为己有；将别人的财物占为己有；用企业的财产进行兜揽的行为等。

微软公司对应聘者的诚信要求

一个人的人品如何直接决定了这个人对于社会的价值。而在与人品相关的各种因素之中，诚信又是最为重要的一点。微软公司在用人时非常强调诚信，"我们只雇佣那些最值得信赖的人"。当微软列出对员工期望的"核心价值观"时，诚信（honesty and integrity）被列为第一位。作为第一"核心价值"，诚信是微软公司对员工最基本的要求。微软根本不会去雇佣没有诚信的人。如果一个员工发生了严重的诚信问题，他会被立刻解雇。

为什么一个公司要涉入员工的道德呢？一位微软公司的高级经理这样答道："这是为了公司自己的利益。例如，一位应聘者在面试时曾对我说，如果他能加入微软公司，他就可以把他在前一家公司所做的发明成果带过来。对这样的人，无论他的技术水平如何，我都不会雇佣他。他既然可以在加入微软时损害先前公司的利益，那他也一定会在加入微软后损害微软公司的利益。"

如果一个公司这么重视诚信，那么员工一定更值得信赖。因此，公司对员工也能够完全信任，让他们发挥自己的才能。在微软公司，公司的各级管理者都会给员工较大的自由和空间发展他们的事业，并在工作和生活上充分信任、支持和帮助员工。只要是微软录用的人，微软就会百分之百地信任他。和一些软件企业对员工处处提防的做法不同，微软公司内的员工可以看到许多源代码，接触到很多技术或商业方面的机密。正因为如此得到公司的信任，微软的员工对公司才有更强的责任心和更高的工作热情。

塑造诚信形象

一个人要想加强自己的信用，除了一定要有坚强的决心，还要付之于实际的行动才能实现，也只有实际的行动才能使他有所成就。任何一个人在刚跨入社会时，绝对不会无缘无故立即得到别人的信任。他必须发挥出所有力量，在财力上建立坚固的基础，在事业上有所成就，然后他那优良的品行、美好的人格才会被人所发现，才会使人对他产生完全的信任，他也才能走上成大事者之路。当你与一个人的交往开始的时候，也就是你在他人心中的信誉开始建立的时刻。每一个人除对自己的亲人有一种天生的信任度之外，对其他人的信任都是在长时间的交往中，用信誉来作为保障的。所以我们必须严格要求自己，甚至在一些微小的细节上也必须做到"说到做到，讲信用，守诺言。"

柯维认为，性格伦理学的以下基本内容，即性格成长、交际才能培训、影响策略和积极开动脑筋方面的培养等是有益处的，在某些情况下，它们是成功的关键。但这些要素是次要的品质，而不是首要的品质。或许，在动用我们人类的能力在祖先的基业上建造大厦时，我们已不知不觉地变得如此关注我们的大厦，竟忘了承载大厦的基础——诚信。

许多具备了次要的优秀品质——即以其才能获得社会公认的人却在品格上缺乏首要的品质和长处。或早或迟，你会在他们与人所处的每一个长期关系中看到这一点，无论这一关系是与一个生意伙伴，是与配偶、朋友，还是与一个正在成长的十几岁孩子。在交往中，最有说服力的是品性。正如爱默生曾说过的那样，"对我来说，你的为人胜过你的雄辩"。当然，也有这种情况，有的人品格不错，但缺乏交际的技能，那当然也会影响到关系的质量。不过这种影响还是次要的。归根结底，我们的为人比我们的任何言行都更具有说服力。我们都知道这一点。有些人我们绝对相信他们，因为我们了解他们的品性。无论他们是否能言善辩，无论他们是否掌握了交际技能，我们都相信他们，而且与他们一起成功地共事。这就证明："永放光芒的是人的真正面目而不是他的假相。"

注重从细节处建立良好的信誉

每个人都应该随时纠正自己的缺点，越是细小的事情，越容易给人留下深刻的印象。行动要踏实可靠，做到言出必有信，这是获得他人信任的最重要条件。注重从细小事情中完善自我，提高自我修养，诚实认真，建立起良好的信誉。

1. 信守约定

（1）及早、正确地履行约定，不欺骗。

（2）不要不守信用，自食其言。

2. 不轻诺、不浮夸

（1）不要不负责任地信口开河，说出与事实不符的话，别人以后便不会相信你。

（2）不要有意识地误导或说假话。要记住，不管你多么周密地掩盖真相，总会被揭露的，那会使你尴尬。

（3）不要采取摇摆不定的骑墙态度。

（4）不要浮夸。

3．迅速行动

（1）要准确、干脆、果敢地行动。喋喋不休的解释会带给你麻烦。

（2）受人拜托，但知道没办法马上得到结果时，一定据实以报。

4．诚心和人接触

（1）要诚实，表里如一。要记住，你不信任人家，往往也会使人家不信任你；如果对方不了解你的态度，也不会信任你。

（2）与人接触时应了解对方的立场。确认彼此在战略上都抱着一致的希望。

（3）把难办的问题摆在桌面上。

（4）当你不小心犯了某种大的错误，最好的办法是坦率地承认和检讨，并尽可能地对事情进行补救。

（5）对别人的误解给予谅解。

（6）要有自信，学会利用态度、服装、表情、说话的样子让对方安心。

在最小的地方造成最大的差别——一位用户对海尔的评价

有人说，在最小的地方造成最大的差别。一个品牌的信誉，就是一两个安装工人确立或者毁坏的，甚至某种信念，也是从细小处确立或者毁坏的。我们就相信自己亲身感受到的。

以前给单位买空调的时候，领导嘱咐一定要买海尔的。他说，海尔的质量好、服务好。那是我第一次和海尔打交道。第二次和海尔打交道，我注意到，他们很注重工作的条理和细节，任何一件事情，他们都知道自己的目的和方式。第三次和海尔打交道是我自己家里安装空调。我以前一直很相信日本电器，所以买空调时，想都不想就买了日本某品牌。货是按时送到了，但他们不能按我的要求安装，却建议我重新打孔，在他们方便安装的地方安装。我也想让步，体谅他们的难处。但那样，房间里就会出现一段很长的安装管道。后来，我决定放弃在卧室安装空调的打算，花时间跑了老远去办理退货。我想起海尔来，海尔好像说过，用户永远是对的。我决定试试。我打通海尔北京的服务电话，他们立即表示可以直接送一台我需要的空调来。我的确不想再跑路了，就从网上查到我要的型号，很快就有海尔人和海尔空调出现在我家的客厅里。系上安全带，轻巧地跨过原先那台空调外机，他们就开始在我们需要的位置打孔。我还说，安全第一，不能安装，我们就不安装。但从他们的表情看来，我的体谅，有点小看他们呢。

很想告诉张瑞敏，他的每一个员工，都在给海尔增光添彩，甚至是在给我们的国家品牌建立信誉！我从此相信了海尔，我在需要的时候，就会想到它和它的所有产品。这就是，在最小的地方造成最大的差别。

培养良好的习惯

习惯决定性格，性格决定命运。一个人的习惯会影响到他的性格，从而影响他日后的发展。有些青年原来品格优良，但后来因为沾染了一种恶习，结果再也没有出头之日。很多年轻人一开始很不注意自己的习惯，觉得那只是暂时的小事。但是，久而久之，他可能会因为一些恶习而为人所排挤，到时候他可能会懊悔，开始反思：真没想到那样随便玩玩也会成为改不了的陋习。但是，到时再懊悔又有什么用呢？如果你因为有一些不良的习惯，使得他人始终不敢对你抱以信任，你的事业就会因此而受阻于中途。那些沾染了各种恶习的人，大概自己还不太清楚其原因，但那些与他发生交往、产生业务往来的人却看得很清楚，因为很多事情总是旁观者清。对于诚信也是这样，从工作中自觉培养良好的习惯，也能得到你周围人的信任。那么怎样培养这些良好的习惯呢？

1. 自觉养成节省费用的习惯

节省不等于吝啬或苛刻，节省是不浪费公司的资源，浪费公司的任何资源就等于是浪费公司的利润，企业人要养成节省公司费用的习惯。下列 8 个注意点，请你遵守：

（1）合理地使用电话。使用电话交谈公务时，先整理好要讲的重点，不但能节省电话使用时间，同时能提升工作效率。上班时间不要打私人电话，朋友打来，要简单、迅速讲完。长途电话最好使用传真机或信件代替，特别是电话较难充分表达或说明的事项。

（2）有效率地使用办公文具及复印机。节省使用办公文具，废弃不用的纸张空白面皆可当做草稿或打印用纸；正确使用复印机，避免误印；参考或存档的副本可将两张正本缩小复印至一张副本，以节省纸张及复印耗材。

（3）节省电费、水费。休息时间或离开办公室记得关灯，不要忘了将水龙头关牢。

（4）不要不当地加班。不当地加班，不但增加公司水、电的使用费用，也使公司多支付加班费，要尽量避免不必要的加班。

（5）做好避免不良品的措施。一旦产生不良品，必然造成材料、时间、人工费用的损失，因此要彻底做好避免不良品产生的措施。

（6）做好预算，控制预算。每项工作都精确地预估好预算，并控制在预算内进行。

（7）要有成本意识。企业在竞争的环境中求生存，每减少一分的成本，就能更增加公司一分的竞争力，能给公司带来更多的利润。

（8）爱惜公司的资产。爱惜使用公司一切的设备、工具、车辆、器具等资产，这些资产的更换、修理对公司的营运而言，都是一笔庞大的资金支出。你能爱惜它、珍惜它，它才能维持高效率地运转，公司才能正常的运转。

2．自觉遵守规则

（1）绝对不可以在工作场所内引起金钱纠纷。

（2）公物不得私用。

（3）身边的文件也是公司内部的机密。

踏踏实实做出业绩

——关 键 点——

> 敏捷、正确地做事，踏踏实实做出业绩来，证明你的确是判断敏锐、才学过人、富于实干精神的人。

1．要有所专长

在这样一个企业和职业都非常专业化的时代，一个无所专长的人，与那些在某一领域有所专长的人相比，总是缺乏竞争力。所以如果一个人身上有这样一笔最可靠的资本，那么无论他走到哪里，都将受到人们格外的重视。

2．取得资格

取得资格也是诚信于人的一种途径。取得资格，虽然未必是表示能力真的很高，但至少是一个证明，证明自己已达到某个一定的标准。反之，如果未能取得资格，即使能力真的很高，却未必能获得充分的认同。

3．从小事做出成绩

只有在自己的工作岗位上做出一定的成绩，取得骄人的成就，才可以向世人证明你的才干。

4. 忌优柔寡断

如果做事优柔寡断、头脑不清，缺乏敏捷的行动和果断的决策能力，那么他的信用仍然维持不住。

5. 不要失信于人

一个人一旦失信于人，别人就再也不愿意和他交往或发生贸易往来了。别人宁愿去找信用可靠的人，也不愿再找他，因为他的不守信用可能会生出许多麻烦来。

6. 要持之以恒

做任何事业都需要持之以恒，同样，要获得别人的信任也是如此。一个志向高远、意志坚定的人，做任何事情都会有始有终，不会半途而废，否则，绝难获得人们的信任。

1. 上司来你们部门指导工作时，对你们部门的工作以及你个人的领导工作提出了严厉的批评。向下级传达时，你将怎么办？

2. 为了公司的利益而对客户进行善意的欺骗，这样可行吗？

7

工作必需：树立团队精神

团队精神：群体成员互相提供帮助和鼓励，每个人都能贡献出他或她独特的技能，团队的一致性和认同感激励着团体成员为实现共同的目标而努力奋斗。

聚在一起，每个人都会得到更多。

团队精神对个人的发展与工作非常有利

通常，人们一听到团队精神总认为那是对组织和团队更有利，殊不知，团队精神对个人的发展与工作也是有利的。

1. 工作团队的作用

在很多公司时常有这样的现象：一项任务布置下来，大家明明知道无法完成，但都心照不宣，不告诉老板。因为反正也做不完，大家索性也不努力去做事，却花更多的时间去算计怎么把这项任务的失败怪罪到别人身上去。就是这些人和这样的工作作风几乎把这家公司拖垮。对于一个集体、一个公司甚至是一个国家，团队协作都是非常关键性的。微软公司在美国以特殊的团队精神著称。象 Windows 2000 这样产品的研发，微软公司有超过 3000 名开发工程师和测试人员参与，写出了 5000 万行代码。没有高度统一的团队精神，没有全部参与者的默契与分工合作，这项工程是根本不可能完成的。

一支优秀团队的潜力是不可估量的，当队员们接到一项看似他们能力之外的任务时，他们会在探索解决路径的途中互相增强信心。团队的创新力量远远超过任何个人的能力，因为"三个臭皮匠，赛过诸葛亮"。正是集体的力量，使得一支团队能够超越简单的、按部就班的进步，达到能力的飞跃。而对个人主义和竞争意识的过分强调，将导致整个工作既不适于员工开展工作，也不适于为客户提供良好的服务。

随着传统的公司等级结构的逐渐打破，企业越来越倾向于平等的、多技能的工作方式，团队工作方式迅速被各大公司所采用。

采用工作团队有以下作用：

（1）提出更多解决方案

一群人共事，通过相互的脑力激荡可产生更多解决办法和针对问题的各种预防措施，这远比单打独斗来得好。

（2）决策品质较佳

通常实际做事的人比下达命令的人懂得多。团队共同工作时，任何决定也都是集思广益的结果，保证了决策的正确性。

（3）增加向心力

如果工作团队达成一个决议，并需具体执行时，整个团队要共同承担风险，其结果是成员的凝聚力增加，愿意更加投入，以获得成功。

（4）责任分散

团队成员不像传统组织架构下的个人，他们不必单独负起责任，因此，他们也愿意承担更多风险。

（5）相互激励成长

团队成员会互相挑战、激励、争辩，把彼此最好的能力激发出来，他们不会再害怕采取行动。因为没有行动，可能失败，而这才是他们最害怕的事。

关 键 点

在企业内生存，你必须学会怎样与他人合作，怎样具有团队精神。

---

2. 与他人合作对于个人发展的好处

衡量一个人的工作表现优劣，有时并不仅仅只看个人的成绩。若你在工作中显得离经叛道、形只影单或与同事龃龉过多，也会成为你通往成功之路的暗礁。

与他人合作比单独工作有许多好处：

（1）群体成员具有不同的背景和兴趣，这可以产生多样化的观点，实际上，与他人合作可以产生出任何个人只靠自己所无法具有的创造性的思想。

（2）它能使每个人最大限度地实现自己。俗话说得好："人多力量大""众人拾柴火焰高"。一群人一起工作，如果全力以赴，组织有序，就能在有限的时间里取得引人注目的成就。在与他人分工合作、分享成果、互助互惠的过程中，你可以体会到团队精神的重要性。

（3）如果你能够忠诚于团队，并且愿意为此做出必要的奉献，那么你就能成为深受欢迎的团队成员，你的工作也将受到这个团队的协助而变得锦上添花。

团队的特征

一个真正的团队个人具有的特征如图 1-9 所示，一个虚假团队的特征如图 1-10 所示。

员工职业素养培训

成员们相互坦诚地交流，努力理解彼此的观点

成员们认识到彼此之间的相互依赖性，懂得有了相互的支持才能最好地实现个人和团队的目标，而不能把时间浪费在争夺地盘上，或通过牺牲他人来谋取个人利益

成员们对工作有一种主人翁感，因为他们忠于自己帮助设定的目标

成员们参与制定事关整个团队的决策，但也知道，一旦集体不能做出决定或出现危机，他们的领导就一定会做出最终裁决。他们的目标在于有益的结果而不在于服从

真正的团队

成员们认识到冲突只是人们相互作用的一种正常现象，他们会把冲突视为一种能够带来新思维和创造力的机会，并致力于迅速而建设性地解决冲突

成员们运用自己独一无二的智慧和知识去实现团队的目标，进而为整个组织的成功做出自己的贡献

成员们在彼此信任的氛围中工作，并受到鼓励去坦诚地交流自己的想法、观点、不同意见和情感。成员主动指出问题会受到大家的欢迎

成员们培养各种技能并把所学知识运用于工作，这会受到大家的鼓励，并会得到整个团队的支持

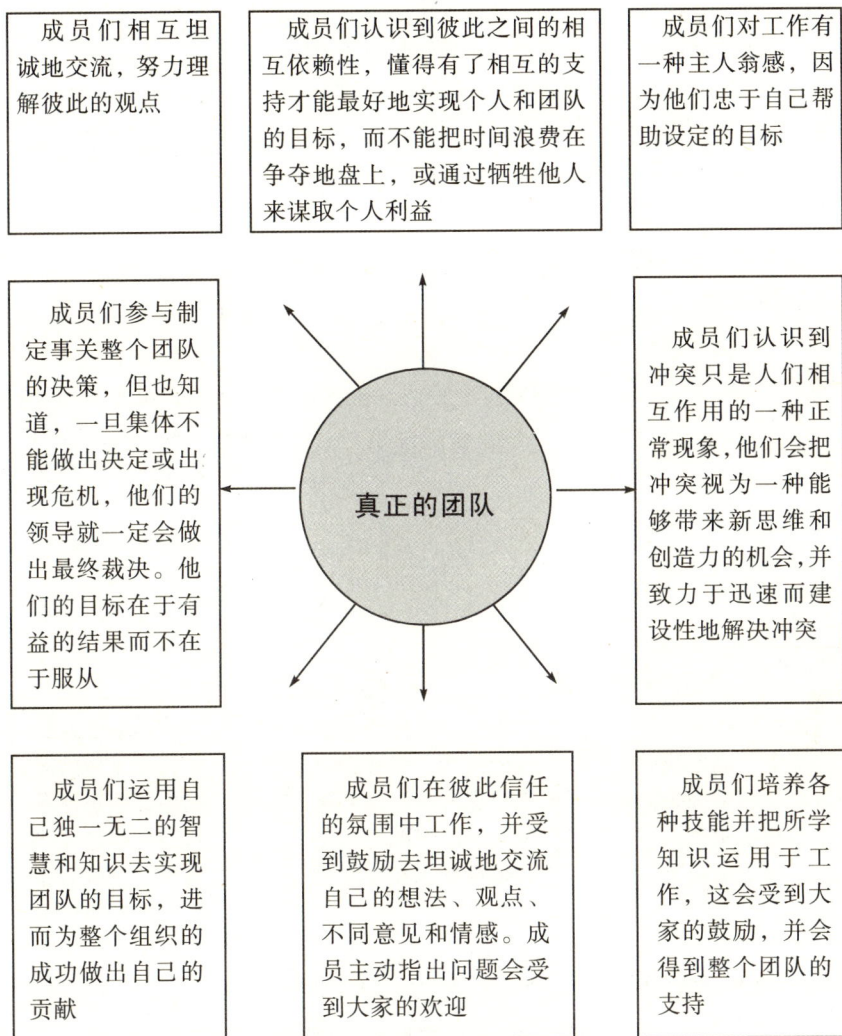

图 1-9　一个真正团队所具有的特征

成员们认为他们仅仅是出于某种管理的目的才被召集在一起。他们通常独立地开展工作

成员们只注重自己，以致难以做到彼此真正的理解。成员们可能会出现博弈行为，甚至还会有人故意设下陷阱以抓住其他人的把柄

成员们倾向于关注自己的工作，因为他们不能充分参与计划团队的目标。他们仅仅是以"一只受雇之手"来完成自己的工作

因为不了解其他人的作用，所以成员们自然也就互不相信彼此的动机。表达自己的观点和提出不同意见会被认为是造成不和或不支持他人工作的做法

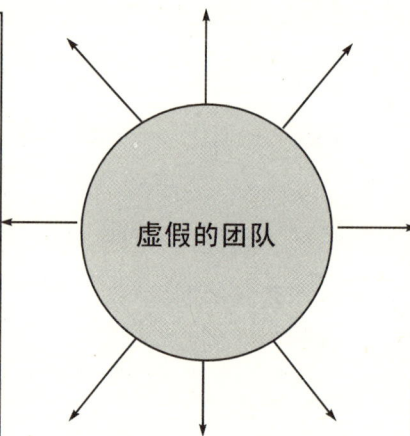

虚假的团队

成员们被告知需要做什么，而不是要他们决定什么才是最好的办法，甚至上级也不鼓励他们提建议

成员们不一定能够参与制定决策。比起积极地参与这些决策，服从通常显得更为重要

成员们可能具备良好的技能，但在没有团队支持甚至受到某种制约的情况下，他们很难在工作中运用这些知识

成员们发现经常处于矛盾的境况中，而这种矛盾通常是造成严重的危害后，才以上级出面干预的形式得到解决

图 1-10　一个虚假团队的特征

员工职业素养培训

团队协作是靠那些考虑集体利益和效率先于考虑个人利益的人形成的。这种团队协作也并非单纯的"和睦相处"，而是与达到团体目标、提高业绩相联系的。

> 个人团队意识强烈的行为表现：集体成就导向强，团体利益高于个人利益；在工作中高分倾向协调合作，不拆台，愿意与他人共同实现目标，分享成果；集体荣誉感高分倾向。
>
> 个人团队意识薄弱的行为表现：个人成就导向强，只追求个人利益；不愿与他人合作，喜欢独立工作；集体荣誉感弱。

团队成员的行为指导

1. 团队成员行为的基本要点

- □ 准确理解公司的目标、方针、计划等，团队成员应对目标达成共识。
- □ 正确领会自己的职责，尽力做好本职工作。
- □ 理解并尊重他人。
- □ 不吝惜对他人的协助。
- □ 相互之间要怀有善意和信任。

2. 遵从一定的规范

- □ 遵守组织纪律，如劳动纪律、财经纪律等；
- □ 严格按程序办事；
- □ 不仅在工作上，在私人交往时也不滥用交情和关系；
- □ 约会要准时，因为浪费别人的时间就是不尊重别人的时间。

3. 承担作为组织的一员应负的职责

（1）对外职责。

☐ 塑造公司形象。公司或产品的形象不是广告宣传塑造的，而是由员工的行为塑造的。

☐ 分担公司的信誉。不论是过去还是现在，公司的信誉决定着公司发展。而这种信誉又是通过员工平时的工作态度形成的，因为公司的客户或其他相关人员，是通过员工的态度和言行来判断公司好坏的。

（2）对内职责。

☐ 执行分担的业务。每个员工都分担着一定的业务并通过开展业务而获得成果。每个人的工作，一方面是对公司做出的贡献；另一方面，个人从工作中享受成功的快乐，并通过不断的改进提高工作效率，从而提升个人素质和能力。

☐ 对上司的辅佐。上司的工作有赖于下属的辅佐。下属对上司的辅佐，以主动、积极为上，避免被动、消极。

☐ 对同事的协助。公司的工作都是相互联系的，要做好一件工作离不开同事的协助，正确处理人事关系，将使你更加成功。

☐ 对后入公司员工的指导。每个员工有义务帮助后入公司的员工，帮助他们也就是帮助了公司。

4. 明确自己和他人在组织中的各自定位，竭力做好本职工作

（1）不同的人承担着不同的责任。不同的人在不同的层面承担着不同的责任，越往上层，承担监督和管理的责任就越多；越往下层则是实施的责任越来越多。所以，人们在工作中一定要给自己准确定位。技术非常好的人，不一定要当经理，他更适合在技术层、操作层工作，而且会做得更好。

（2）自己和他人在组织中的各自定位。个人与组织关系处理得好特别重要。在一个组织里你要给自己正确定位，明白自己是干什么的、

职责是什么，跟你合作的人又是干什么的，他们的职责是什么。彼此在组织中各有各的定位，按岗位责任要求去工作，就一定可以干好各自的本职工作。如果你不能设身处地地替别人着想，只是考虑你自己的利益，你部门的利益会出现什么样的问题呢？肯定会发生争执，而争执的结果不但是个人会受到影响，整个组织的业绩也势必因此而受到影响。

（3）每位员工都可能影响企业的成败。知道了自己在企业里的定位后，每个人都要在自己的工作岗位上竭尽全力地做好本职工作，这样企业就会发展得更好。作为一名最基层的员工，只不过是"沧海一粟"，对企业的作用能影响企业的成败吗？答案是非常肯定的。即便是一名最基层的员工都有这种机会，因为当你站在客户面前时，你不仅仅代表你自己，还代表整个公司。不管你是刚入职，还是已在公司工作 10 年了，在别人和外界面前都是代表整个公司的形象。所以每位员工都非常重要，能影响到一家企业的成败。

5. 积极地参与团队决策

在团体中，每个成员都应该具有奉献意识，并有责任做出自己应有的贡献。在许多公众场合，有的人喜欢让别人出头露面，或在讨论中首当其冲，而自己却静静地坐在那里，做一个感兴趣的旁观者。这样做的结果是，你无法培养自己的社交能力，赢得团体中其他成员对你的尊重，或者对团体的决定施加影响。既然你同样对团体的最终决策负有责任，无论你态度积极或保持沉默，你都可以贡献你的聪明才智。如果你不敢抛头露面，大胆地表述自己的观点，或觉得你的观点不如他人的有价值，那么，你需要认识到这些感情可能是具有破坏性的。你应该创造较积极的内心音信。第一步要意识到你的感情或许是不合理的，因为那些最担心"每个人将认为我是一个傻瓜，都会耻笑我"的人，一般来说是最有思想和见识的。实际上，往往是那些喜欢喋喋不休的人，他们缺乏自我意识，善于空谈，徒有热情而无建树。如果你感到忧虑和焦急，那么，你需要迫使自己迈出第一步。万事开头难，随着你不合理的怪念头的减退，以及你自信心的增强，你就能积极地参与到团体的活动中来，为团体的发展做出自己应有的贡献。

6. 做好辅佐上司的工作

（1）愉快地接受上司的命令和指示。

□ 要尊敬上司，正确掌握指示事项以后再开始工作。有疑问的话要尽早询问，确定无误后再开展工作，否则很可能事倍功半。

□ 有不同意见，要如实阐明自己的想法，但上司最后决定的指示，必须坚决执行。

□ 主动接受并完成他人不愿做的工作。

□ 领导交给的任务应尽力完成，并对自己的行动负责，下级的工作要尽量使上级满意。

（2）积极辅佐上司。

□ 站好自己的岗位，即使没有命令也要积极协助上司圆满完成任务。

□ 有好的建议要积极提出。

（3）及时、恰当地汇报工作。

□ 正确报告结果，不要怕暴露缺点，而应不断改进。遇到困难，应设法解决；个人解决不了的，要尽早请领导协助。

□ 汇报工作要注意简明扼要。

□ 失败时，尤其要迅速而实事求是地进行汇报。

□ 关键问题要详细汇报。

（4）愉快接受提醒。

□ 即使有理由，也要耐心倾听上司的提醒或批评，直至讲完。

□ 不卑不亢，虚心接受，充分自我反省。

□ 想做解释要听完上司讲话后进行，不要狡辩。

□ 清楚上司提醒式批评后，切记说一声"明白了，以后会多加注意。"并在以后不犯同样错误。

"达成一致"的要领

开诚布公的交流和沟通是团队合作中最重要的环节。人与人之间遮遮掩掩、言不由衷甚至挑拨是非的做法都会严重破坏团队中的工作氛围，阻碍团队成员间的正常交流，并最终导致项目或企业经营失败。比如，在开会讨论问题的时候，与会的所有人员都应当坦诚地交换意见，这样才能做出正确的决定。如果某个人因为考虑到某些其他因素（比如不愿反驳上级领导的意见）而在会议上不敢表达自己的观点，一味地唯唯诺诺，会后到了洗手间里再和别人说"其实我不同意他的观点"，这种戴着假面具工作的人不但不能坚持自己的观点，还会破坏公司内部的沟通和交流渠道，对工作产生负面的影响。

微软公司有一个非常好的文化叫"开放式交流"，它要求所有员工在任何交流或沟通的场合里都能敞开心扉，完整地表达自己的观点。在微软开会时，如果大家的意见不统一，一定要表达出来，否则公司可能错过良机。彻底的开放式交流也有缺点。开放式交流有时会造成激烈的辩论甚至是争吵，而吵到气头上有时会说出不尊重别人的语言，会破坏人与人之间的关系。因此，微软公司的总裁史蒂夫·鲍尔默曾在微软的核心价值观中提出，要把这种开放式交流文化改进成"开放并相互尊重"。要求在相互交流时充分尊重对方。当不同意对方的意见时，一定要用建设性的语言提出。

"达成一致"就是以开会的形式，团队成员在开放式交流的过程中对所面临的问题阐述个人观点、解决矛盾分歧、统一认识并做出最后决定的过程。因为团队中每一个成员都积极地参与此事情全过程，所以做出的决定应该是全体成员知识、经验、智慧和感觉的综合。

"达成一致"不是要达到绝对的一致（这是不可能的，或者是极难的），而是达到团队成员的意见大体上一致：他们都基本同意这一个决定，认可事情进行的优先次序，等等。因为只有每个成员都对团体的决定持某种程度上的赞同，才会使每一决定都得到每个成员在某种程度上的支持，才会使所有成员都按照共同接受的解决办法工作，而不是处于"你是你，我是我"，"跟我没有关系"的状态。

可以想像："达成一致"后再出决定可能会很困难，起码比诸如"投票"、"举手表决"、"折中"、"领导拍卖板"等简单做决定的办法费时间，但是这样做可以提高团队决定的质量，而且高质量的决定也促进团队的发展。

为了实现这一目的，在"达成一致"的过程中，你应该在参与团体的讨论时具备有效讨论的能力，这是与一对一的沟通相似的技能，只不过前者需要你应对更多的参与者。

达成一致的要领

（1）在团队聚会之前，尽可能准备好你自己对所有要讨论问题的看法和意见。（但要认识到：至此并不意味着你已经完成了任务，因为某些意见恐怕还不够客观、完善和周到。而且你要相信：自己未考虑到的部分将会由团队中其他成员来补充）。

（2）在会议上尽可能清楚、简洁地表达你自己的观点，并提供支持的理由和根据，以使团队其他成员得到启发并增益于他们自己的想法。除了提出你自己的观点外，你还应该鼓励他人提出多样化的观点。当他人提出自己的观点时，要做出积极的和建设性的反应，不要过早地对观点作判断。

（3）耐心聆听团队其他成员的观点和意见，努力了解他人的观点及其支撑的理由，在理解的基础上合乎逻辑地修改并完善自己的见解。提一些相关的问题，以便全面地探究所讨论的问题，然后设法去回答问题。把注意力放在增加了解上，而不要试图不计代价地去证明自己观点的正确性。直接地对他人提出的观点做出回答，而不要简单地试图阐述你自己的观点。

（4）讨论中要避免因个人争强好胜而引起的争论。团队作为一个整体，若能够从众说纷纭中辨明出正确的观点，集中最客观的意见并选择最合理的建议，才是团队工作的最理想效果。你应该客观

员工职业素养培训

地评价观点，而不意气用事。当对其他成员提出的观点进行评价时，应该运用批判思考的技能对它们进行评价。争论点或问题是什么？这个观点是如何说明问题的？提出这个观点的理由和根据是什么？它的风险和弊端是什么？重要的是要让团体的成员意识到评价的对象是观点，而不是提出观点的人。最常见的一种思考错误是，有的成员仅从个人的爱好或偏见出发，不是对人们提出的观点进行评价，而是把矛头指向个人。对有挑战性的观点应该做出这样的回答："我不同意你的看法，原因是……"，而不应该说："你真无知。"只有如此，才能进行良发的沟通，而不会造成恶语伤人。

（5）作为团队中的成员，你应该把讨论中出现的观点和方法的不一致或冲突看做是解决问题的动力，而不是"达成一致"过程中的拦阻。如果决议达成后，你依然对一个问题有很强的不同意见，不要简单地放弃，而可能作为一种参考意见保留；或者找到重新解决的途径。比如说：万一出现某某情况，是否可以考虑这一意见。

（6）要充分认识到轻松气氛在讨论中的重要作用，可以采取一些幽默的做法，如大笑、开玩笑、评论等方式活跃气氛。但要注意：不要因此而过早地忽略了有意义的冲突。

（7）不要用简单消灭冲突的办法来寻求一致，如：投票表决、折衷或取平均、交换条件或彻底放弃。

（8）观察人与人之间的相互作用：看一看团队作为一个整体，是怎样开始完成其任务和实现其目标的过程；以及是如何出现的问题展开讨论的。

最好的结果来自于信息、逻辑和情感的融合。"达成一致"的实施过程可以保证团队各方面潜在资源的最大限度有效利用，因为每个成员都有自己不同的强项和不足之处。团队工作就是产生一个协同作用，互相取长补短，以达到个人所达不到的结果。

学习协同工作

在群体中工作也有不利的一面。因为群体是由许多具有不同的、有时甚至是互相对立的需要的个体组成的，所以，群体要得出结论，往往比单独工作的个人要花费更多的时间。此外，为了与他人共事，你必须愿意牺牲一些个人的意志自由。为了达到群体的目标，如果必要，你也要善于聆听并做出妥协。在群体需要和个人需要之间总会有冲突和矛盾，每个群体必须在两者之间建立平衡。

那些在社交方面很成熟的人，能极容易适应任何的群体环境，能与许多不同的个体进行友好的交谈，与他人和谐地、富有成效地共事，用清楚的和有说服力的观点影响群体的思考，有效地克服群体的紧张和自我主义，鼓励群体成员守信、创造性的工作，并能使每一个人集中精力，朝共同的目标前进。

总之，注重工作中的人际关系，并不意味着你必须费尽心机与全公司的人打成一片。不过，不要抱怨他人，埋怨社会，不要使自己在怨恨中虚度，在游离群体和社会中孤立自己，要学会保持良好的心情与积极向上的态度与他人协同工作。

协同工作行为顺序如图 1-11 所示，协同工作行为尺度的七个关键点见图 1-12 所示。

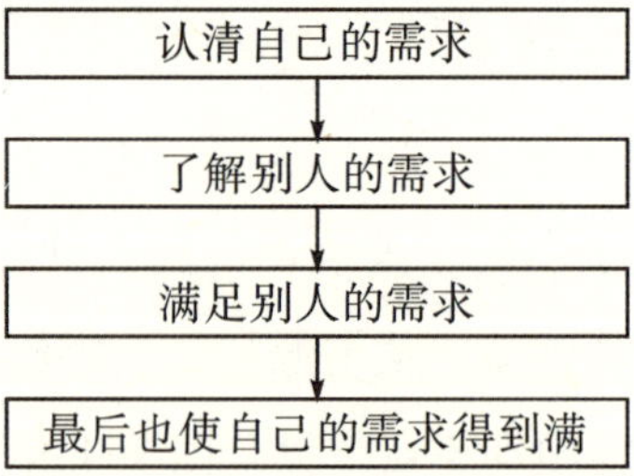

认清自己的需求

↓

了解别人的需求

↓

满足别人的需求

↓

最后也使自己的需求得到满

图 1-11　协同工作行为顺序

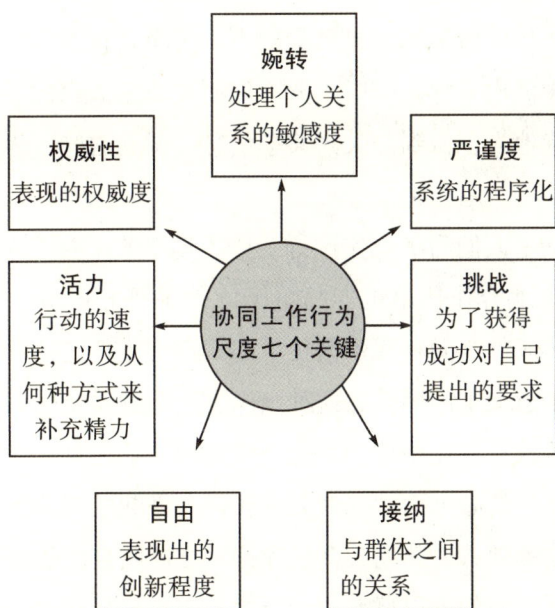

图 1-12　协同工作行为尺度的七个关键

1. 尊敬团队的每一位成员

（1）虽然团队里的成员价值观可能不一，但要有彼此尊重、彼此接受的大度。要从关心别人、体谅别人的角度出发，做事时为他人留下空间和余地，发生误会时要替他人着想，主动反省自己的过失，勇于承担责任。对待同事，应谦和有礼，要诚恳了解他人所需，扩张聆听与学习的能力。对于老同事，应虚心学习其经验和长处；对于新员工，应积极教授自己已掌握的知识和技能。忌粗暴怠慢，无论何时都要合作共事，贬低他人或拒不合作只会导致毫无意义的冲突，这是保证合作成功的基本准则。

（2）虽然你可能确信你比其他的参加者更有知识，但重要的是，你要让他人充分地表达自己的观点，而不要随意打断，或表现出不耐烦，做到这一点对于团体正常地发挥功能是很有必要的。也许在某些场合，其他成员不同意你的分析或结论，即使你确信你是正确的，当发生这种情况时，你需要做出必要的妥协和让步。如果做不到这一点，就接受现实，尽你所能阐述自己的观点，力争使他人能够接受。

（3）你在做出某项决策时不要忽视而要尊重大家的意见，或者你要坦诚地对待他人，做到与大家共享信息。做到这些，你就会得到大家的支持。

（4）团队是人们为了合作进行工作才建立的。为了达到共同的目标而齐心协力地合作比单枪匹马单干的效果要好得多，效率也高得多。如果团队成员之间相互不信任，那么不管你把它称做什么，它也不是一支真正意义上的团队，这种组织也达不到预定的目标。所以任何公司和团队，只有互相信任才能合作无间。信任是建立在对彼此的诚意、透明度与信心上面。要对方信赖从我做起的观念，你完全可以毫无条件地信赖他人。其他人多是等待对方证明自己值得信赖之后才愿意信赖对方，而你可以反其道而行之。如果你信赖他人，他人也会以信赖回报。如果你处处怀疑他人，他人也会以同样的态度来对待你，协助他人证明自己是值得信赖的最佳方法，就是先信任他们。

2. 不做以下损坏团队协作的行为

（1）对组织理解不够。不理解首先是公司发展，才有个人的发展。

（2）利己主义。只考虑个人利益，不顾集体和他人利益。

（3）自我意识太强。唯我独尊，不能正确对待自己。

（4）派别之争。任何派别都无益公司发展。

（5）对不良行为默认。对不良行为的默认，是企业的腐蚀剂。

（6）对思考方式差异的认识不充分。只站在主观立场，而不是客观立场看问题。

3. 解决冲突

我们总是用自己的价值观去衡量别人，用自己的行为去理解别人，误会是团队里的必然现象，冲突是来自团队成员之间没解决的误会。在工作环境中，冲突不可避免。

（1）受到伤害的几种可能。分析别人伤害你或你自己受到伤害的几种可能：

☐ 别人无意伤害你。

☐ 别人有意伤害你。

☐ 别人伤害你只是出于一时的情感失控。

☐ 别人伤害了你，但已经后悔，并向你道歉。

结论：所以我们没有任何理由不原谅别人。

我们为什么必须原谅？

因为，如果我们不原谅别人，真正受到伤害的必然是自己。

如果你还有疑问："对方真的会改变吗？如果我改变了，可是对方不改变怎么办？"

回答是：只有你变，对方一定会变，虽然表面不变，但内心一定会变。因为，这是惟一"双赢"的方法，否则必然是"两败俱伤"。

（2）解决冲突的选择。通常你解决冲突的选择是什么？

☐ 奋斗到胜利

结果：＿＿＿＿＿＿＿＿＿＿＿＿＿＿＿＿＿＿＿＿＿＿＿＿＿＿

＿＿＿＿＿＿＿＿＿＿＿＿＿＿＿＿＿＿＿＿＿＿＿＿＿＿＿＿＿＿

☐ 逃避

结果：＿＿＿＿＿＿＿＿＿＿＿＿＿＿＿＿＿＿＿＿＿＿＿＿＿＿

＿＿＿＿＿＿＿＿＿＿＿＿＿＿＿＿＿＿＿＿＿＿＿＿＿＿＿＿＿＿

☐ 妥协

结果：＿＿＿＿＿＿＿＿＿＿＿＿＿＿＿＿＿＿＿＿＿＿＿＿＿＿

＿＿＿＿＿＿＿＿＿＿＿＿＿＿＿＿＿＿＿＿＿＿＿＿＿＿＿＿＿＿

☐ 认真而建设性地面对

结果：＿＿＿＿＿＿＿＿＿＿＿＿＿＿＿＿＿＿＿＿＿＿＿＿＿＿

＿＿＿＿＿＿＿＿＿＿＿＿＿＿＿＿＿＿＿＿＿＿＿＿＿＿＿＿＿＿

（3）面对冲突的步骤。有效地面对冲突的步骤：

步骤一：察看动机；

步骤二：选择正确的时间和地点；

步骤三：和蔼亲切地说出实话。

（4）解决冲突。

<table>
<tr><td colspan="2" align="center">解决冲突"八要"、"八不要"</td></tr>
<tr><td>要针对一件事</td><td>而不要针对多件事</td></tr>
<tr><td>要针对问题</td><td>而不要针对人</td></tr>
<tr><td>要针对行为</td><td>而不要针对态度</td></tr>
<tr><td>要明确</td><td>而不要概括</td></tr>
<tr><td>要针对后果影响</td><td>而不要判断动机</td></tr>
<tr><td>要针对事实</td><td>而不要感情用事</td></tr>
<tr><td>只谈当前、最近</td><td>而不谈以前</td></tr>
<tr><td>目的是互相了解</td><td>而不是战胜对方</td></tr>
</table>

当冲突中伤害对方时，伤害别人的应该首先请求原谅。

□ 勇敢地为自己的错误行为负责"对不起，我错了。"

□ 承认自己的错误并且诚恳地请求对方原谅"我不该……，你能原谅我吗？"

□ 采取行动改变自己的行为并且/或者做出补救。

被伤害的人要给予别人原谅。

□ 放弃惩罚对方的权利。

□ 不计较过去。

📈 行动

你是否准备今后采取一些的具体行动来增进自己的弹性？如果是这样的话，请列举你将从哪几个方面开始做起，并写下如何实施的具体步骤：

a. _____

_____

_____

b. _____

_____

_____

c. _____

_____

_____

_____

团队建设的小游戏

1. 吸管和鸡蛋

你和你的团队成员一起要做一个可以承受最多半打（6 个）生鸡蛋重量的吸管结构。小组可以决定此结构能承受几个鸡蛋的重量。

可以提供给每个小组以下物品：

□ 100 根吸管；

□ 1个订书机；

□ 1把剪子；

□ 1卷不干胶带。

（1）游戏规则。

1）在最后的测试之前不能用鸡蛋进行测试。

2）结构中放置鸡蛋的高度不得低于一根吸管的长度。

3）只能使用所提供的材料，不许使用任何其他东西。

4）所提供的剪子和订书机不能作为结构的一部分。

5）剪刀只能用来剪胶带，而不能来剪断吸管。

6）游戏为45分钟，时间一到马上停止，并立即进行最后的测试。

7）结构不可用胶带固定在用于展示的桌子上。

（2）时间分配。

设计和建造结构	45分钟
测试	10分钟
询问	10分钟

（3）成功的标准。我们将按照结构的力度、高度、美观及材料利用的有效性来评判。每组的得分将用以下公式计算：

$$S = N \times (H + B + R)$$

其中：

S = 总得分

N = 吸管高度（在1分钟之内）承受的鸡蛋个数

H = 结构的美观（等级从1分到10分）

R = 材料利用的有效性

（4）使用吸管的根数及得分。

1~25根	20分
26~50根	15分
51~75根	10分
76~100根	5分

❓ 本章思考

1．在公司会议上，你的同事代表你所在的部门做报告时，意见与你不同，你会保持沉默还是当场表明立场？

2．当你在工作中遇到困难时，你会到哪里去寻求解决问题的方法？

3．你与别人共同合作完成一个项目，你认为是应该按照"多劳多得"的原则分配报酬，还是应该平均分配？

中部 职业礼仪篇

从仪表、语言交流、表情、到交换名片、介绍等各种礼仪，你是否立刻意识到你和一流企业员工的差距，并暗暗下决心要重塑一个全新的自己呢？现在，商务人员对交往对象的个人形象备加关注；同时也十分重视遵照规范的、得体的方式塑造、维护自己的个人形象。

8

关于职业礼仪

> 良好的职业礼仪体现出一个公司的面貌和文化。

随着企业之间的业务往来不断增加，作为一名商务人员，不可避免地要与别人接触，自然就会经常涉及职业礼仪。现在，商务人员对交往对象的个人形象倍加关注；同时也十分重视遵照规范的、得体的方式塑造、维护自己的个人形象，所以，职业礼仪的重要性越来越凸现出来。比如在正式的场合，名片的使用，握手等都越来越强调规范性。具体而言，职业礼仪之所以深受人们的重视，主要是基于下列四个方面的原因，见图2-1。

1．职业礼仪的基本理念

- □ 尊重为本：交往时要有礼貌。
- □ 善于表达：对别人的友好要让体现出来。
- □ 形式规范：交往中要讲规矩。

2．学习目标

- □ 掌握商务礼仪基本知识，塑造职业人士形象。
- □ 避免礼仪方面的错误，提高人际交往能力。

□ 教养体现于细节，学习礼仪，从细节处提升职业素养。

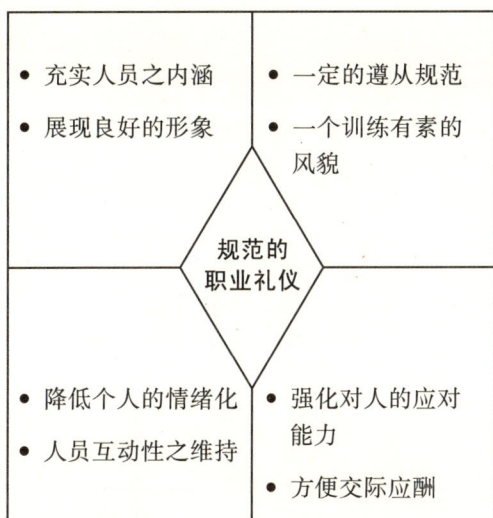

• 充实人员之内涵 • 展现良好的形象	• 一定的遵从规范 • 一个训练有素的风貌
• 降低个人的情绪化 • 人员互动性之维持	• 强化对人的应对能力 • 方便交际应酬

（中间：规范的职业礼仪）

图 2-1 职业礼仪规范的作用

3. 职业礼仪的内容

职业礼仪主要包括以下几方面，见图 2-2。

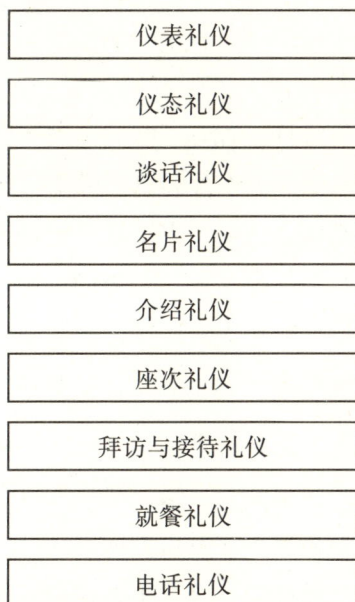

仪表礼仪

仪态礼仪

谈话礼仪

名片礼仪

介绍礼仪

座次礼仪

拜访与接待礼仪

就餐礼仪

电话礼仪

图 2-2 职业礼仪的内容

9

仪表礼仪

> 仪表是指人的外表，包括人的容貌、姿态、服饰和个人卫生等方面，它是人的精神面貌的外观。

总体要求：端庄、整洁

在商务交往中，企业每一名员工的个人形象不仅是其所在单位企业形象的具体体现，而且仪表不凡和风度翩翩将使你在别人的眼中身价倍增，为成功打下基础。例如，服饰对于销售员的作用正如产品的包装一样，良好的感觉和品位是成功着装的关键。一项研究表明，客户更青睐那些穿着得体的销售人员，身着商务制服打着领带的销售员所创造的业绩要比身着便装、不拘小节的销售员高大约60%。

见面时"先入为主"的现象很常见，由此形成的对个人的整体看法很难改变，所以第一印象非常重要。而别人对你的第一印象主要是依据你的仪容仪表，如果你不注意这方面的礼仪，其负面影响势必对商务活动的顺利进行造成障碍。因此不要让自己的仪表、面容给别人留下不好的印象。

当别人注视你时，他们将看到什么呢？要完全客观的话，请站到镜子前面自己看一下，你所见到的也恰是别人所见到的。要保证你自己能够对这个"镜中人"满意，如果你都不喜欢"他"，那可别指望别人会喜欢你。

> **给人以不快感觉的容貌**
>
> 长鼻毛、掉头皮屑、有臭味的袜子、口臭、布满血丝的有眼屎的眼睛、长须、挖耳屎、脏手（指甲）、歪歪斜斜的领带、划破的粗糙的手和脸。

形象不是一天造成的，也不是临时应付一下就能过关的。一位长年不穿西装、不打领带的人，临时穿起西装、打起领带只会显得局促不安，举手投足都不自然。因此，仪容、穿着与姿态是要养成习惯的，是你自己认为应该这样，并且确信这样对自己是最好的。

男职员的仪容、仪表

男性虽然不以外表取胜，但是整洁、稳重的正派形象是必要的，整洁、稳重能让对方产生信赖感。

1. 仪容

基本要求：时刻保持干净清爽。

具体要求见表 2-1。

表 2-1　　　　　　　　　　　对男职员仪容的具体要求

头发	健康、干净、整齐、前不覆额、侧不掩耳、后不及领是对头发的基本要求。头发最能表现出一个人的精神，整洁的头发配以大方的发型，往往能给人留下神清气爽的良好印象。头发要经常清洗，保持清洁，不要蓬松杂乱，维持端正的头型，并且要清除头皮屑

面部	面部无汗渍和油污等不洁之物是对面部的基本要求。修饰面部首先要做到清洁。清洁面部最简单的方式就是勤于洗脸。午休、用餐、劳动或者外出之后都应即刻洗脸。要保持明快的笑脸，每天应照2~3回镜子，养成保持清洁容貌的习惯
眼睛	不要让人看到一双布满血丝的、疲倦困顿的眼睛。眼屎绝不可留在眼角上
鼻子	不要让鼻毛露在外面。照镜子时要注意鼻毛是否露出鼻孔
胡子	在正式场合，男士留着乱七八糟的胡须，一般会被认为是很失礼的，而且会显得邋遢，所以胡子要经常刮
口腔	牙齿洁白，口腔无异味是对口腔的基本要求。为此应坚持每天早、中、晚刷三次牙。另外，上班前不能喝酒或吃有异味食品，并确信没有东西塞在牙缝里
耳朵	耳朵内须清洗干净，不要让耳朵里塞有耳屎
手	双手不可不清洁，手脏的话，你握着的任何商品都会贬低它的价值，而且在日常生活中，手也是接触他人和物体最多的地方。从卫生、健康的角度，手都应当勤洗，同时指甲不能太长，应经常注意修剪

2. 仪表

基本要求：工作场所的服装应清洁、方便，不追求修饰。

具体要求见表2-2。

表2-2　　　　　　　　对男职员仪表的具体要求

胸卡	要把胸卡，徽章戴正。
西装	不要追求时髦，穿过分华丽的西装。给人以信赖感的西装是单一颜色或是浅花纹类的黑色、黑青色、灰色
衬衫	每天要更换衬衫，注意袖口及领口是否有污垢；衬衫必须要和西装、领带协调
领带	注意与西装、衬衫颜色相配，领带不得肮脏、破损或歪斜松弛

皮鞋	深色且单一颜色的皮鞋，同时应保持清洁，如有破损，应换一双鞋。不要穿带钉子的鞋
袜子	鞋袜须搭配平衡，两者不要太华丽
笔	插在西装内侧口袋或衬衫左边的口袋
名片夹	最好使用品质良好的名片夹，这样能落落大方地取出名片。名片夹最好放在西装内侧口袋

西装有"八忌"

一忌西裤过短（标准西裤长度为裤长盖住皮鞋）。

二忌衬衫放在西裤外。

三忌不扣衬衫扣。

四忌西服袖子长于衬衫袖。

五忌西装上口袋插着笔。

六忌西服的衣、裤袋内鼓鼓囊囊（两侧口袋注意不要放香烟、打火机而鼓出来）。

七忌领带太短（一般长度应为领带尖盖住皮带扣）。

八忌让西装背部留有头皮屑。

女职员的仪容、仪表

女职员的仪容仪表必须符合她本人的个性、体态特征、职位、企业文化、办公环境，志趣等等。总体的原则是：端庄亲切、精神焕发。

1. 仪容

基本要求：干净、清爽。

具体要求见表2-3。

表2-3　　　　　　　　　　对女职员仪容的具体要求

头发	要经常清洗、保持清洁，不要用华丽的头花或装饰品
眼睛	不要让人看到一双疲倦的眼睛
口腔	保持清洁，上班前不能喝酒或吃有异味的食品
化妆	女性职员化妆应给人清洁健康的印象，不浓妆艳抹，不宜用香味浓烈的香水
指甲	指甲不能太长，应经常注意修剪。女性职员涂指甲油要尽量用淡色。

2. 仪表

基本要求：符合身份和专业度。

具体要求见表2-4。

表2-4　　　　　　　　　　对女职员仪表的具体要求

胸卡	要把胸卡，徽章戴正
服装	女性职员要保持服装淡雅得体，不得过分华丽，着职业装为佳。不宜穿大衣或过分臃肿的服装。裙子长短要适中，不要让裙子有皱褶
首饰	佩带简单的首饰，不要带摇摆晃动的耳环或一走路就会发出声响的项链，这样对专业形象的杀伤力极大
丝袜	穿肉色，或与肉色相近的丝袜，不要让丝袜褪落，不要让长筒丝袜脱丝
鞋	鞋的颜色必须和服装的颜色相配，最好深于衣服颜色，如果比服装颜色浅，那么必须和其他装饰品颜色相配。鞋跟的高度以中跟或低跟为佳

仪容仪表自检

请按照表2-5、表2-6检查你的仪容仪表。

员工职业素养培训

表 2-5 　　　　　　　　　　　　男职员仪容仪表自检表

		是	否
头发	——是否梳理得很好		
	——是否没有头皮屑，洗得很干净		
眼睛	——是否没有充血或疲倦困顿现象，目光清澈		
鼻子	——是否已经剪了鼻毛，使其不露在外面		
胡子	——胡子已经刮干净了		
口腔	——没有异味		
	——牙缝里没有食品碎屑		
耳朵	——没有耳屎		
手	——手是否清洁，指甲是否修剪得整齐		
胸卡	——是否戴正		
西装	——背部没有头皮屑，十分干净		
	——是否是不华丽的单一颜色或是浅花纹类的颜色		
	——是否熨烫得很好		
	——西裤是否盖住皮鞋		
	——西装上口袋没有插着笔		
	——西服的衣、裤袋内没有鼓鼓囊囊		
衬衫	——衬衫没有放在西裤外		
	——领口及袖口是否清洁		
领带	——没有肮脏、破损或歪斜松弛		
皮鞋	——是与西装相搭配的皮鞋吗		
	——鞋后跟是否磨损，是否擦得很干净		
袜子	——是否与皮鞋是同一类颜色		

表 2-6 女职员仪容仪表自检表

		是	否
站姿	——背部是否挺直		
坐姿	——双脚是否并拢		
走姿	——是否抬头挺胸，步履自然有精神		
头发	——没有佩戴华丽的头花或装饰品		
眼睛	——没有充血或疲倦困顿现象，目光清澈		
口腔	——没有异味 ——牙缝里没有食品碎屑		
化妆	——淡妆，没用气味浓烈的香水		
指甲	——淡色指甲油，没留长指甲		
胸卡	——是否戴正		
服装	——没有过分华丽，裙子长短适中，没皱褶		
长筒丝袜	——没有脱丝		

员工职业素养培训

10

仪态礼仪

> 良好的举止对于给人留下积极的印象是至关重要的。与人交往时，你一定要注意自己的举止，保持优雅的姿态和动作，这使你让人觉得非常有教养，而且最容易赢得别人的好感。

许多人都有一些令他人颇为不悦的小习惯。你可能见到你的一些熟人或朋友，他们有些举动令你烦躁不已。例如，在桌子上敲击自己的手指，不断地动动眼镜，或者玩弄自己衣袋中的硬币都是一些不良习惯，会使别人不舒服。如果你做得过分，会使和你在一起的其他人感到难以忍受。要知道，别人是通过观察你的外部表情和举止神态来观察你的内心思想的。你一定要注意自己的举止，保持优雅的姿态和动作，这使你让人觉得非常有教养，而且最容易赢得别人的好感。你可以向家人、朋友、同事征询意见，如果自己确有不当举动，应及时地纠正。

下列的一些姿态，希望能留意。

良好的站姿、高雅的坐姿、优美的走姿

1. 站姿

站姿基本要求：立正，两眼平视前方，嘴微闭，表情自然，稍带微笑。

规范的站姿应该是：

- 肩平：微微放松，稍向后下沉，不耸肩。
- 臂垂：两臂自然。会见客户或出席仪式的站立场合，或在长辈、上级面前，不要把手交叉抱在胸前。
- 躯挺：腰背挺直、胸膛自然、颈项伸直，使人看清你的面孔。
- 腿并：双脚靠拢、膝盖打直、背部挺直、两眼凝视目标、气度安详稳定，表现出自信的态度。

2. 坐姿

坐姿的基本要求：腿直、身正、文雅。

规范的坐姿应该如下：

通常情况下你应从椅子的左侧入座。坐下后，应尽量坐端正，紧靠椅子，上身要靠着椅背微向前倾，双手可轻握于腿上或双手分开于膝前。把双腿放好，不左右摇晃或斜靠在座位一边，不要把腿向前伸或向后伸。若是坐在较深而软的沙发上时，应坐在沙发的前端，因为如果往后靠在沙发椅上则下颚就会往上抬，而鼻孔内的鼻毛就容易被对方看到因而显得不入流，这种坐法应尽量避免。要移动椅子的位置时，应先把椅子放在应放的地方，然后再坐。

3. 走姿

走姿的基本要求：抬头挺胸，背脊自然挺直，步履自然有精神。

规范的走姿应该如下：

- 头正：双目平视、收颌、表情自然平和。
- 肩平：两肩平稳，防止上下前后摇摆。双臂前后自然摆动，前后摆幅在 30~40 度，两手自然弯曲，在摆动中离开双腿不超过一拳的距离。
- 躯挺：上身挺直、收腹挺胸、重心稍前倾。
- 步位直：两脚尖略开，脚跟先着地，走出的轨迹要在一条直线上。
- 步幅适度：行走中两脚落地的距离大约为一个脚长，即前脚的脚跟距后脚的脚尖相距一个脚的长度为宜。不过不同的性别、不同的身高、不同的着装，都会有些差异。
- 步速平稳：行进的速度应保持均匀、平衡，不要忽快忽慢。在正常情况下，步速应自然舒缓，显得成熟、自信。
- 警惕不良姿态：行走时要防止八字步，低头驼背。不要摇晃肩膀，双臂大甩手；不要扭腰摆臀，左顾右盼；脚不要擦地面。

其他肢体语言与规范

- 与熟人相遇时应点头行礼表示致意。
- 进入房间，要先轻轻敲门，听到应答再进。进入后，回手关门，不能大力、粗暴。进入房间后，如对方正在讲话，要稍等静候，不要中途插话。如有急事要打断说话，也要看机会，而且要说："对不起，打断您们的谈话。"
- 递交物件时，如递文件等，要把正面、文字朝对方递上去；如是钢笔，要把笔尖向自己，使对方容易接着；至于刀子或剪刀等利器，应把刀尖向着自己。
- 走通道、走廊时要放轻脚步。无论在自己的公司，还是对访问的公司，在通道和走廊里不能一边走一边大声说话，更不要唱歌或吹口哨等。在通道、走廊里遇到上司或客户要礼让，不能抢行。

个人举止行为的禁忌

这里所说的禁忌行为，是被常人称为小节的动作举止。

一忌：在众人之中，应避免从身体内发出各种异常的声音。咳嗽、打喷嚏、打哈欠等均应侧身掩面再为之。

二忌：公共场合不得用手抓挠身体的任何部位。文雅起见，最好不当众抓耳搔腮、挖耳鼻、揉眼搓泥垢，也不可随意剔牙、修剪指甲、梳理头发。若身体不适非做不可，则应去洗手间完成。

三忌：公开露面前，须把衣裤整理好。尤其是出洗手间时，你的样子最好与进去时保持一样或更好才行。边走边扣扣子、拉拉链、擦手甩水都是失礼的。

四忌：双手抱头。很多人喜欢用单手或双手抱在脑后，这一体态的本意也是放松。但在别人面前特别是给人服务的时候这么做的话，就给人一种目中无人的感觉。

五忌：摆弄手指。反复摆弄自己的手指，要么活动关节，要么捻响，要么攥着拳头，或是手指动来动去，往往会给人一种无聊的感觉，让人难以接受。

六忌：手插口袋。在工作中，通常不允许把一只手或双手插在口袋里。这种表现，会让人觉得你在工作上不尽力，忙里偷闲。

七忌：在公共场所随便乱写、乱画。

八忌：举止行为傲慢、目中无人、不信任或轻视他人。

表情美

在人际交往中，表情真实可信地反映着人们的思想、情感及其心

员工职业素养培训

理活动与变化。在商务活动中，表情的作用更是不容小视。好的表情将愉快的气氛感染给别人，易于营造积极、轻松的工作氛围，在这样的环境下工作，会达到事半功倍的效果。

要做到表情美，关键在内心。只要对工作饱含热情，严以律己，宽以待人，就会保持开朗乐观的情绪，表情自然就美好动人。

商务人员的基本表情应为大方、自然、专注、友善。具体而言，在面对他人时，应表现为：面含微笑，注视对方，并且适度互动，不卑不亢。

关 键 点

微笑是世界通用的 Passport（通行证），要表现出自然的、柔和的微笑，不要强作笑脸。

当你与别人进行交流时，如果无话可说时，微笑一下或耸耸肩、皱皱眉头都可以营造一份比较轻松的气氛。惬意而自然的微笑是你的外表中不可缺少的重要组成部分，会拉近你与别人的情感距离，而且立竿见影。

美国艾文·格兰特博士认为人有五种基本的笑容。

一是微笑，这是一种典型的、会心的笑容。笑的时候唇部呈向上的弧形，不露牙齿。

二是轻笑，或称"招呼朋友的笑"，常用它作为朋友相遇、亲人相见时一种欣喜的招呼。笑时嘴巴通常只微微张开，只有上牙齿露出来。

三是大笑，发生在尽情欢快的情况下，笑的时候一般不面对他人。嘴巴张开，上下牙齿均能看见，有"哈哈"声音发出。

四是抿嘴而笑，常出现在害羞女孩的脸上，它和轻笑类似，只是下唇含在牙齿中。

五是皮笑肉不笑，这种笑不是发自内心，是一个人在假装欣赏别人的笑话或言论时所产生的笑。

笑，最重要的是自然、大方。微笑、轻笑、大笑都要出于自然。然而大笑可以有但不可以让它在脸上呆久了，不然的话不但脸部肌肉受不了，礼仪也不允许。如果对任何人都抱以轻笑，会使人误解这种笑的含义，使人感到莫名其妙，或感到自己被嘲弄，或是感到自己有什么不妥。而微笑是最被人们所欣赏和接受的笑的形式。

　　微笑的要求如下：

　　（1）不可以假装。应该笑得真诚、适度、合时宜。想要笑得好很容易，只要你把对方想像是自己的朋友或兄弟姐妹，就可以自然大方、真实亲切地微笑了。

　　（2）要发自内心。一个人心情愉快、兴奋或遇到高兴的事情时，都会自然地流露出这种笑容。发自内心的微笑既是一个人自信、真诚、友善、愉快的心态表露，同时又能制造明朗而富有人情味的生意气氛。发自内心的真诚微笑应该做到笑到、口到、眼到、心到、意到、神到、情到。

　　（3）要适度。虽然微笑是人们交往中最有吸引力、最有价值的面部表情，但也不能随心所欲，随便乱笑，想怎么笑就怎么笑，不加节制。否则就会让对方心里发毛，疑惑你是不是有问题。

员工职业素养培训

微笑练习

以下的练习将有助于你含着自然的微笑去面对对方。

1. 放松面部肌肉

（1）面部体操。

□ 将嘴纵向张大；

□ 将下颌向左右移动；

□ 鼓起腮帮；

□ 将舌头伸向所有能达到的地方；

□ 撅起嘴唇，向两边咧开；

□ 再回复到撅起嘴唇的状态（每个动作 3 回以上）。

（2）眼操。

□ 上下移动眼睛；

□ 左右移动眼睛；

□ 转动眼睛。

（3）颈操。

□ 上下伸缩颈部；

□ 将颈部向肩的左右两侧摆动；

□ 晃动颈部。

2. 塑造口型

就像在拍纪念照时发出"奶酪（Cheese）"，"威士忌"，"茄子"等音一样，（照着镜子）持续做这样的练习。

3. 微笑练习

（1）引导练习法。闭上眼睛，调动感情，发挥想像力，回忆美好的过去或展望美好的未来，使微笑源自内心，有感而发。

（2）镜子练习法。利用镜子，使眉、眼、面部肌肉、口形在笑时和谐统一。微笑的时候，让嘴角微微向上翘起，略呈弧形。在不牵动鼻子、不发出笑声、不露出牙齿，尤其是不露出牙龈的前提下，轻轻一笑。

每个人都可以随身带一面小镜子，每当生气、厌恶、消沉的时候，强迫自己来个微笑，养成每天早晚"变"个笑脸的好习惯。相信对着镜子的几次勉强微笑后，你的心情真的会好多了。

微笑时，目光应当柔和发亮，双眼略为睁大；眉头自然舒展，眉心微微向上扬起，这就是人们通常所说的"眉开眼笑"。除此以外，还要避免耸动鼻子与耳朵，并且可以将下巴向内自然地稍许含起。

要切记不要使自己的微笑，变成假笑、媚笑、冷笑、窃笑、嘲笑、怪笑、大笑、狂笑等。一定要做到让它体现个人内心深处的真、善、美，要做到用心灵在微笑。

11

谈话礼仪

谈话礼仪是指如何用恰当的语言进行沟通与商谈，包括表达的要领，对话的空间与距离，礼貌与言辞以及谈话技巧等。

表达的要领

进行语言表达的要领见图 2-3。

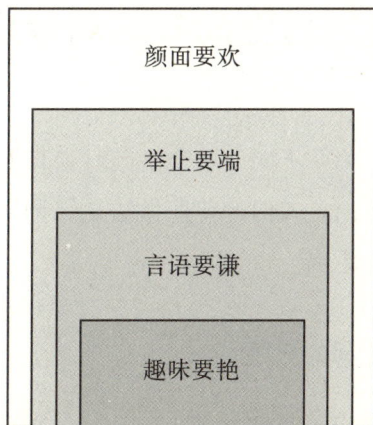

颜面要欢

举止要端

言语要谦

趣味要艳

图 2-3　语言表达的要领

语言表达的具体要求如下：

☐ 清楚、正确的发音，嗓音柔和，不要用低沉的、难于听懂的嗓音或是喃喃自语般的语调。

☐ 语速每秒钟 3 个字为佳。

☐ 保持适当的音量和音调，强调的部分，要用强重音。可以视情况迎合对方说话的速度和音量的大小。

☐ 语言障碍会体现出你的非专业性和缺乏教育，尽量消除语言障碍，且在未找到恰当的话语之前，不要怕沉默。

☐ 站在听话人的立场上说话。

☐ 最快的、最有说服力的思想传达方法是通过声音的交流，但是在言语与身体语言不一致的时候，人们更相信身体语言，所以说话时注意你的身体语言。

员工职业素养培训

发音练习

☐ 在发音前，用腹部呼吸，上下左右地活动嘴唇。

☐ 发音时，要尽量张大嘴。

☐ 强调的部分，要用强重音。

☐ 在熟练之前，要慢慢地、确保正确地发音，之后逐渐加快。

对话的空间和距离设定

在商务交往中，关系不同、场合不同时人与人之间的距离应该有所区别，不可一概而论。人们的普遍做法是强调亲疏有别，交往对象之间保持适当的空间距离。

1. 交谈时，空间的把握

与人交谈时对空间的要求如下：

☐ 并排站在别人的侧面，谈话时，间隔一拳远最佳。

□ 与别人面对面站着说话时，除了送礼物，递名片、目录以外，间隔要有 1 米远。希望你不要站在对方的正面，因为这样会造成他人心理上有一种抵抗感存在。

与人交谈时对空间把握的演示见图 2-4。

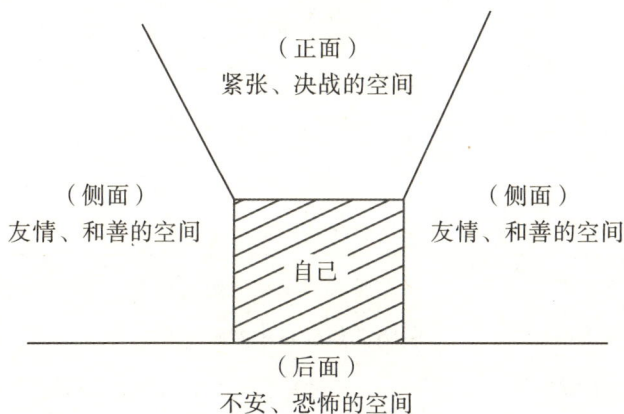

（正面）
紧张、决战的空间

（侧面）
友情、和善的空间

（侧面）
友情、和善的空间

自己

（后面）
不安、恐怖的空间

图 2-4　交谈空间演示

2. 交谈时，距离的把握

由于人们交往性质的不同，个体空间的限定范围也有所不同。一般来说，关系越密切，个体空间的范围划得越小。根据美国人类学家爱德华·霍尔博士依照人们交往关系的不同程度对个体空间距离的划定，在商务交往中，商务人员所遇到的人际距离通常有 4 种，即公共距离、礼仪距离、常规距离及私人距离。各种距离的特征见表 2-7。

表 2-7　　　　　　　4 种人际距离的特征

种　类		特　征
公共距离	3.5 米以上	在大庭广众之下，与外人相处的一种距离 ——适于大众化交流，如演讲 ——在个人之间，很难进行真接交谈，是没有说服力的距离 为了拉近距离，通常都运用动作、表情及幻灯等辅助手段

种 类		特 征
礼仪距离	2~3 米	在这样的距离之中，自己的动作不会触碰到别人，还可以跟别人保持适当的距离，不会侵犯别人的私人活动空间，这是向别人表示尊重的一种做法 ——可以引起对方注意的距离 ——一般人际关系，通常在会晤、谈判或公事上所采用的距离
常规距离	0.75~1.5 米	这种距离是在人际交往中，或站或行时所允许保持的最为正规的距离 ——商业关系，如上司对下属布置任务，进行比较深入的个人洽谈等 ——既无亲近感，也无负担感的距离
私人距离	0.45 米以内	在商务交往中私人距离一般不可以使用 ——亲近关系，是为了做出爱抚、拥抱、保护等动作所必需的距离

谈话时的礼貌

涉及谈话的具体形式，每一名商务人员要高度重视以下 3 点：第一、接受对方；第二、尊重对方；第三、讲求言辞美。3 者都是非常重要的形式问题。

1. 接受对方

接受对方，就是在交谈时要宽以待人，善于倾听。下列 3 点特别

员工职业素养培训

要注意：

（1）不要自顾着说自己的感觉。

（2）不随意插嘴，这样给人的感觉既没礼貌又很唐突。不随意插嘴是指：

1）不打断对方。一个真正有教养的人当对方说话时是不会打断对方的。

2）不补充对方。自己有说话的权利，对方也有说话的权利，补充对方就有显示自己比对方懂得多，所以没有必要一般不补充对方。

3）不纠正对方，如果不是原则问题，没有必要对别人说的话随便进行是非判断。对方有发表个人意见的权利，通常情况下不要纠正对方。

（3）不质疑对方，即不对对方谈话的内容表示怀疑，如果这样会使双方的谈话失去信任的基础。

2. 尊重对方

除了接受对方之外，在谈话时商务人员还要注意尊重对方。所谓尊重就是对交往对象表示重视、友善。在交谈中尊重他人的基本要求如下：

（1）讲普通话：不讲方言土语，尽量避免使用不规范的语言，这是主要意在尊重对方。普通话是全国通用的语言，是交往对象能够理解的规范化语言，在交谈中要提倡讲普通话。

（2）声音低、速度慢：说话的时候语气平和、坚定。说话声音低一点，说话速度慢一点，以便对方能够理解和听懂。低一点与慢一点都是交谈时尊重对方的重要要求。

（3）神态专注：要养成说话时运用眼神与对方交流的习惯，即目视对方。如果与人谈话时，眼睛四处观望，说明自己对对方不重视，是一种极不礼貌的行为。在对方说话时，要避免以下几种行为：

1）不要在对方面前看挂钟，这样给人有很忙的感觉。

2）不要心不在焉地把脸扭向其他地方。

3）不要在对方发火时微闭眼睛或仰着头，这样会让人觉得轻慢。

4）不要频率地搓手，左右晃动身体。

（4）与谈话对象互动：谈话时要注意在方式、方法、表情、语言、内容等方面与交谈对象进行必要的互动。如果对方与自己面谈时，自己面含微笑，点头致意，表示若有所思，对方感觉一定很好。

商务交往中六种不得涉及的话题

（1）不非议国家和政府；

（2）不涉及国家和行业秘密；

（3）不涉及对方内部的事情；

（4）不能在背后讲领导、同事、同行的坏话；

（5）不要谈论格调不高的问题；

（6）不涉及私人问题。

私人问题五个不问

（1）不问收入；

（2）不问年龄；

（3）不问婚姻家庭；

（4）不问健康问题；

（5）不问经历。

3. 言辞美

言辞美，主要是指说话有礼貌、表达清晰准确、谈吐大方得体，富有谈话技巧等等。要做到言辞美，可从以下几方面入手：

□ 亲切生动地自我介绍；

□ 因地制宜地选择话题；

□ 与人争论时要以理服人，而不是以声高压人；

□ 拒绝别人时应尽量避免伤害对方的自尊心。

文明礼貌三要素

要素一：接待三声

来有迎声，问有答声，去有送声。

要素二：文明五句

问候语"你好"，请求语"请"，感谢语"谢谢"，

抱歉语"对不起"，道别语"再见"。

要素三：热情三到

"眼到"，"口到"，"意到"。

优良的语风

| 1）坚定 | 2）细心 | 3）乐观 | 4）负责 |
| 5）亲切 | 6）勇敢 | 7）体贴 | 8）公正 |

应改善的语言

| 1）指责 | 2）批评 | 3）抱怨 | 4）讥讽 |
| 5）诟淬 | 6）丧气 | 7）牢骚 | 8）争辩 |

谈话时的技巧

1．拒绝的礼仪

拒绝，就是不接受。从本质上讲，拒绝亦即对他人意愿或行为的间接性否定。在商务交往中，有时尽管拒绝他人会使双方一时有些尴尬，但当断不断，必受其乱。需要拒绝时，就应将此意以适当的形式表达出来，不可含含糊糊、态度暧昧，否则既误事，又害人。但在有必要拒绝他人时要注意，不要把话说绝，别让别人感到难为情。

从语言技巧上，拒绝有直接拒绝、婉言拒绝、沉默拒绝、回避拒绝四种方法。

（1）直接拒绝：将拒绝之意当场讲明。

注意点：应当避免态度生硬，说话难听。在一般情况下，需要把拒绝的原因讲明白。可能的话，还可向对方表达自己的谢意或歉意。

（2）婉言拒绝：用温和曲折的语言，去表达拒绝的本意。

特点：与直接拒绝相比，顾全了被拒绝者的尊严，它更容易被接受。如：你的客户邀请你听音乐会，你如果说公司规定不能随便接受客户的此类邀请而直接拒绝就比较难听，这时你不如婉言相拒："听说这场音乐会水平很高，但是今晚我已经和别人有约了，很遗憾，但是还是谢谢你。"

（3）沉默拒绝：在面对难以回答的问题时，暂时一言不发。

特点：沉默所表达出的是无可奉告之意，常常会产生极强的心理威慑力，令对方不得不在暂停追问。

注意点：此法虽然效果明显，但若运用不当，难免会伤人，所以使用时要慎之。

（4）回避拒绝：就是避实就虚，对对方的问题先不置可否，转而议论其他事情。

特点：这种枉顾左右而言他的方法与沉默拒绝法相比，态度要柔和一些。

2. 道歉的礼仪

在人际交往中，倘若自己的言行有失礼不当之处，最聪明的方法，就是及时要向对方道歉。道歉的好处在于，它可以冰释前嫌，消除他人对自己的恶感，也可以防患于未然。

在商务交往中，需要注意的道歉礼仪，有下面几点。

（1）道歉语应当文明而规范。

有愧对他人之处："深感歉疚"、"非常惭愧"；

渴望见谅时："多多包涵"、"请您原谅"；

有劳别人时："打扰了"、"麻烦了"；

一般场合："对不起"、"很抱歉"、"失礼了"。

（2）道歉应当及时。知道自己错了，就要马上致歉，可避免因小失大。否则越拖得久，就越容易使人误解。

（3）道歉应当大方。道歉绝非耻辱，故而不要含糊其辞，应当大方、彻底。同时要注意客观，不要过分贬低自己，让人看不起。

3．规劝与批评的礼仪

规劝，即劝说他人改变立场，改正错误。批评就是对他人的缺点提出意见。它们是对他人的一种关心与负责任的督促，意在使其今后扬长避短，更好地为人处世。

注重说话技巧的职场人士，在规劝与批评他人时，应注意以下几点：

（1）表达上要温言细语，勿失尊重。人需要尊重，在批评规劝他人时别忘了这一点。否则，就会让被批评者心不服气不顺，从而产生逆反心理，在行为上拒绝合作或者奋起反击、反唇相讥，结果双方势同水火，没达到当初规劝与批评的目的。

批评规劝时的忌语："瞧你这德性"，"你怎么这么笨"，"叫我说你什么好"，"真不想再理你"。

（2）尽可能不要当众规劝批评别人。当众批评规劝别人，尤其是以那些有地位、有身份的人士为批评对象的话，难免会使其难堪，让其自尊心备受伤害。所以，除非绝对必要，不要在会议上、写字间内当众批评他人。如果有条件，可找对方单独交谈，而不在他人面前交谈，哪怕就是规劝批评的话说得重一些，也易于为对方所接受。

（3）规劝与批评需要一分为二。当我们听到别人对我们的某些长处表示赞赏后，再听到他的批评，我们的心里时常就好受得多。所以规劝批评别人时，先肯定，后否定，在肯定的基础上局部地否定，既顾全了被批评者的自尊心，又往往使其有台阶好下。或者在批评他人之前，先进行一番自我批评，承担一定的责任，这样使被批评者更容易接受你的意见和建议。

4. 争辩的礼仪

在商务交往中，特别是在某些正式的场合，有时免不了要同交往对象针锋相对，争论某些问题。

在进行争辩时，要注意以下几点。

（1）先衡量是否有必要进行争辩。衡量原则：

- 为公事而进行争辩是必要的，为私事进行的争辩则意义不大。
- 为大事应当进行争辩，并且应当据理力争；为小事则宜求同存异，不必非争不可。
- 争辩若为满足自己一时好胜的情感则毫无必要。
- 自己对争辩对手如果有敌意或成见，则务必克制、冷静。

（2）在进行争辩时，切记对事不对人。争辩不是争吵，更不是恶妇骂街，所以在争执辩论的过程中，依旧要文明礼貌，要始终如一地尊重交往对象，维护其自尊心。

（3）在争辩之中，应当有备而来，慎重应战。争辩应掌握一定的技巧，做好充分的准备。

（4）在阐述自己的观点时，注意说理的技巧。□ 语气要自然、果断。语速快慢相间、舒缓有致，便不怒而威。

- 说理要简单、明了。没有必要东拉西扯，高谈阔论，那样往往会显得自己空虚和怯场。
- 多摆事实。以强有力的论据证明自己的观点。

5. 其他谈话小技巧

- 请求式较命令语气更具有亲和性。
- 肯定比否定的语气更信赖感。
- 先道歉较先拒绝有接受度。
- 专业较随意具有说服力。
- 说明要具体，看得见，才具安全感。

谈话时对视线与表情的处理

眼睛是心灵的窗户，投放视线的方法是十分重要的，以下是谈话时对于视线与表情的处理方法。

（1）直盯着别人的眼睛看，会给人以压迫感，可是视线不停地变换，就会显得不诚实。在谈话时，向说话人的方向稍微低着头去听，双眼最好温和注视对方鼻至下颌处，这是视线停留的最好位置，是一种不卑不亢的处理。因为柔和的视线给人以亲切感，不敢正视前方的人，是不能信赖的。

（2）当你提问或强调要点的时候，轻微注视一下对方的眼睛，再马上把视线移开。

（3）听别人说话时，适当地点头，表示正在听并听懂了。眼角要蕴含微笑，这样可增加亲切感。

（4）被对方的话深深打动时，睁大眼睛。

（5）谈话中给予对方肯定时，在嘴角挂上微笑。

（6）表现出真挚的态度时，向前微微探身。

（7）在进行具体说明时，用柔和的目光注视对方。语言特别强调时，向前探身说出要强调的部分。

（8）与对方分手时，轻轻注视一下对方的眼睛，用眼神去道别，同时辅以"您能为我抽出时间，真是不胜感激"的话语。

12

名片礼仪

名片犹如一个人的脸面，名片礼仪包括：名片的递交与接受时的细节与注意事项。

名片的使用

在商务往来中，名片犹如一个人的脸面。一个不随身携带名片的人，是不尊重交往对象的人。简言之，每一名商务人员不仅必须备有名片，而且必须随时携带名片。名片是重要的交际工具，名片是自己的介绍信，它直接承载着个人信息，担负着保持联系的重任。要养成在工作期间把一定数量的名片放在上衣兜里的习惯（一般名片都放在衬衫的左侧口袋或西装的内侧口袋，名片最好不要放在裤子口袋里）。要养成检查名片夹内是否还有名片的习惯。

名片的递交

1. 递送自己名片时应注意以下细节

（1）访问客户时，应在见面之初递上名片表明身份。

（2）除非对方要求，否则不要在年长的主管面前主动出示名片。

（3）对于陌生人或巧遇的人，不要在谈话中过早发送名片。因为这种热情一方面会打扰别人，另一方面有推销自己之嫌。

（4）名片要从上衣兜里拿出来。

（5）递名片时应起身站立，走上前去将名片双手以弧状递交于对方的胸前，不要将名片举得高于胸部。

（6）递名片时各个手指需并拢，大拇指轻夹着名片的右下，使对方好接拿，把自己的名字正对着对方，不要将名片背面对着对方或是颠倒着面对对方。若对方是外宾，最好将名片上印有英文的那一面对着对方。

（7）名片应一边递交一边进行自我介绍，并附带"多多关照""常联系""见到您，真高兴"等话语。

（8）将名片递给他人时，为了表达自己的心情，脸上要带有微笑。

（9）同时交换名片时，可以右手递交名片，左手接拿对方名片，这时左手应放高，右手应放低。

（10）不要无意识地玩弄对方的名片。

（11）不要当场在对方名片上记录事情。

（12）在与多人交换名片时，应讲究先后次序：或由近而远，或由尊而卑进行。要先把名片递给年龄大、经历深的人。上司在旁时不要先递交名片，要等上司递上名片后才能递上自己的名片。

2. 递交名片时应注意的事项

（1）不使用破旧名片。

（2）不要在对方面前慌乱地找名片。

（3）不要坐着递名片。

（4）不要用手折名片。

名片的接受

接受别人名片时，需要注意：

（1）他人递名片给自己时，应起身站立，面含微笑，目视对方。

（2）接受名片时，双手捧接，或以右手接过，不要只用左手接。

（3）接过名片后，要从头至尾把名片认真默读一遍，或轻轻地念出对方姓名、头衔以确认对方的名字并表示重视对方。如有不认识的字应立即询问，如果念错了要记着说对不起。

（4）接受他人名片时，应使用谦词敬语。

（5）不要根据名片职位的高低，转换态度。

（6）不要随便搁放名片，不要将名片放的低于腰部，一定要放在上衣上面的衣兜里。

（7）接过来的名片不要放在手里揉搓。

13

介绍礼仪

在商务交往中，人们往往需要首先向交往对象具体说明自己的情况，即介绍。介绍一般可分为三种，即介绍自己、介绍他人、介绍集体。

自我介绍

进行自我介绍，应注意：其一、先递名片。其二、介绍精炼，不要太过冗长。其三：所介绍的内容完整。一般而论，正式的自我介绍中，单位、部门、职务、姓名各要素缺一不可。其四、自我介绍时，态度要谦虚，不能自我吹捧。如果你担负一定的领导职务，不要在介绍时显示，只要说出在某某单位工作。初次见面过分地表现自己容易引起对方的反感。

介绍他人

介绍他人的规则：介绍双方时，先卑后尊。

介绍他人时，最重要的礼仪问题是先后顺序。在为他人介绍前，先要确定双方地位的尊卑，然后先介绍位卑者，后介绍位尊者。这样可使位尊者先了解位卑者的情况。

为他人作介绍时的商务礼仪顺序大致有以下几种：

（1）应先把地位低者介绍给地位高者。

（2）先把年轻的介绍给年长的。

（3）先把本公司的人介绍给别的公司的人。

（4）先把男性介绍给女性。

（5）若男女地位、年龄有很大差别时，若女性年轻，可先把女性介绍给男性。

（6）介绍来宾与主人认识时，应先介绍主人，后介绍来宾。

（7）介绍与会先到者与后来者认识时，应先介绍后来者，后介绍先到者。

介绍时，要注意实事求是，掌握分寸，不能胡乱吹捧，以免使被介绍人处于尴尬地位。

介绍集体

介绍集体一般是指被介绍一方或双方不止一人，它实际上是一种特殊的介绍他人的情况。有鉴于此，介绍他人的基本规则在这里是可以使用的。

（1）作为第三者介绍双方时应先卑后尊；而将己方集体成员介绍给对方时，则应当自尊而卑。

（2）应先将宾客介绍给主人。

（3）先将个人介绍给团体。

称呼的礼仪

称呼指的是人们在人际交往中所采用的彼此之间的称谓语。选择正确、适当的称呼，反映着自身的教养、对对方尊敬的程度，甚至还体现着双方关系发展所达到的程度，因此对它不能随便乱用。

称呼礼仪的总原则是：

称谓语要合乎常规；要照顾被称呼者的个人习惯；要入乡随俗；要庄重、正式、规范。

1．称谓语的分类

（1）职务性称呼：以交往对象的职务相称，以示身份有别、敬意有加，这是一种最常见的称呼，适用于极其正式的场合。

称呼方法：称职务，在职务前加上姓氏，在职务前加上姓名。

（2）职称性称呼：对于具有职称者，尤其是具有高级、中级职称者，在工作中直接以其职称相称，这种称呼适用于十分正式的场合。

称呼方法：只称职称，在职称前加上姓氏，在职称前加上姓名。

（3）行业性称呼：对于从事某些特定行业的人，可直接称呼对方的职业，如老师、医生、会计、律师等，也可以在职业前加上姓氏、姓名。

（4）性别性称呼：对于从事商界、服务性行业的人，一般约定俗成地按性别的不同分别称呼"小姐"、"女士"或"先生"。

（5）姓名性称呼：在工作岗位上称呼姓名，一般限于同事、熟人之间。

2．商务交往中不能用的称呼

（1）不能无称呼。

（2）不能称兄道弟。

（3）不能用不适当的地方性称呼。

握手的礼仪

握手是见面时最常见的礼节。握手可以说是你与对方惟一的身体接触，你的握手应向对方表达出你的热情、关切、力量和坚定。不懂握手的规则而遭遇尴尬的场面是谁也不愿意遇到的。行握手礼是一个并不复杂却十分微妙的问题。作为一个细节性的礼仪动作，做得好，它好像没有什么显著的积极效果；做得不好，它却能突兀地显示出负面效果。

1．握手时的基本要求

（1）双方往往先打招呼，然后相握致意。

（2）向他人行握手礼时应起身站立，以示对对方的尊重。

（3）握手时双方彼此之间的最佳距离为1米左右。距离过大，显得像是一方冷落另一方；距离过小，手臂难以伸直，也不太雅观。

（4）双方将要相握的手各向侧下方伸出，伸直相握后形成一个直角。

（5）握手时用普通站姿，并目视对方眼睛；握手时脊背要挺直，不弯腰低头，要神态专注、友好而又自然；同时问候语也是必不可少的。

（6）与人握手稍许用力，不可不用力，否则会使对方感到缺乏热忱与朝气；但千万不要太用力——这是礼节，并不是角斗。

（7）握手不要太短，会显得敷衍，也不宜时间过长，这会使对方感到不悦，握手的全部时间应在 3 秒钟内。

（8）不能因对方是贵宾，就显得胆小拘谨，只把手指轻轻接触对方的手掌就算握手，也不能因感到荣幸而久握对方的手不放。不要迟迟不握他人早已伸出的手，或是一边握手一边东张西望，或忙于跟其他人打招呼，这都是不礼貌的表现。

2. 伸手的顺序

握手时最重要的是要知道应当由谁先伸出手来。在正式场合，握手时伸手的先后次序主要取决于职位、身份；在社交、休闲场合，则主要取决于年纪、性别、婚否。一般情况下先伸手为有礼。具体规则见表 2-8。

表 2-8　　　　　　　　　　握手时伸手的顺序

握手的对象	伸手的顺序
面对长辈或贵宾时	应有礼貌地点头致意或表示欢迎，但不要主动上前握手问候，只有在对方主动伸手时，自己才可伸手去接握。否则，便会看做是不礼貌的表现
当遇到几位都是你的上级时	握手时应尽可能按其职位高低的顺序，但也可由他们中的一位进行介绍后，由你与对方一一握手致意
面对职位相当者	握手的顺序应是先长者（或女性），然后再是其他人
异性间握手	应由女士先伸出手来
社交场合的先至者与后来者握手	应由先至者先伸出手来
主人待客时	主人应先伸出手来与到访的客人相握
客人告辞时	客人应先伸出手来与主人相握

3. 行握手礼的禁忌

（1）握手时不要三心二意，忌边握边注视第三者。

（2）握手时不要只用左手，不要与异性握手使用双手。

（3）握手时另外一只手不要拿着报纸、公文包等东西不放，也不要插在衣袋里。

（4）握手时不要争先恐后，应当依照顺序依次而行。

（5）女士在社交场合戴着薄纱手套与人握手被允许，而男士无论何时都不能在握手时戴着手套。

（6）除患有眼疾或眼部有缺陷者外，不允许握手时戴着墨镜。

（7）不要拒绝与他人握手。

（8）与西方人士交往时，不要两人握手时与另外两人相握的手形成交叉状。这种形式类似十字架，在他们看来是很不吉利的。

（9）握手时不要把对方的手拉过来、推过去，或者上下左右抖个不停。

（10）握手时不要长篇大论、点头哈腰、滥用热情，这样会显得过分客套。

（11）握手时不要仅仅握住对方的手指尖，也不要只递给对方一截冷冰冰的手指尖。

（12）不要用很脏的手与他人相握，也不能在与人握手之后，立即揩拭自己的手掌。

（13）男子相握时，要先脱帽。

4. 应当握手的场合

（1）遇到较长时间没见面的熟人；

（2）在比较正式的场合和认识的人道别；

（3）在以本人作为东道主的社交场合，迎接或送别来访者时；

（4）拜访他人后，在辞行的时候；

（5）被介绍给不认识的人时；

（6）在社交场合，偶然遇上亲朋故旧或上司的时候；

（7）别人给予你一定的支持、鼓励或帮助时；

（8）表示感谢、恭喜、祝贺时；

（9）对别人表示理解、支持、肯定时；

（10）得知别人患病、失恋、失业、降职或遭受其他挫折时；

（11）向别人赠送礼品或颁发奖品时。

14

座次礼仪

座次礼仪包括：行进中的位次排列、上下楼梯的次序、出入房门的次序、共乘电梯的次序、乘车座次、会客及谈判的位次。

行进中的位次排列

行进中的位次排列，指的是在陪同、接待来宾或领导步行时位次排列的顺序。

（1）与客人并排行进时：内侧高于外侧，中央高于两侧。一般要让客人走在中央或者走在内侧。

（2）与客人单行行进时：前方高于后方。如果没有特殊情况，以前方为上，应该让客人在前面行进。

上下楼梯的次序

（1）一般情况：上下楼梯宜靠右侧单行前进，因为楼梯通常比较狭窄，并排走会阻塞交通。当引导客人上楼时，应该让客人走在前面，接待人员走在后面；若是下楼时，应该由接待人员走在前面，客人在后面。上下楼梯时，接待人员应该注意客人的安全。

（2）男女同行时：宜女士居后。

出入房门的次序

（1）没有特殊原因时：位高者先出入房门。

（2）有特殊情况，如室内灯光昏暗或男士和女士两人单独出入房门时：陪同接待人员宜先入，为客人开灯、开门；出的时候也是陪同者先出，为客人拉门导引。

共乘电梯的礼仪

（1）出入无人值守的升降式电梯，一般宜请客人后进先出。因为电梯门口的按钮是升降钮，而电梯里的按钮则是开关钮，陪同者先进后出，就是为了控制开关钮，不使它夹挤客人。

（2）陪同接待人员伴随客人或长辈来到电梯前，先按电梯呼梯按钮。

（3）电梯来时，若客人或长辈不止一人时，可先行进入电梯，一手按"开"，另一手按住电梯侧门，口中礼貌地说"请进"，请客人们或长辈们进入电梯。

（4）进入电梯后，按下客人或长辈要去的楼层。若电电梯行进间有其他人员进入，可主动询问要去几楼，帮忙按下。电梯内可视状况是否寒暄。如没有其他人员时可略做寒暄，有外人或其他同事在时，可斟酌是否必要寒暄。电梯内尽量侧身面对客人。

（5）到达目的地时，一手按住"开"，另一手做出请出的动作，口中可说：到了，您先请。客人走出电梯后，自己立刻步出电梯，并热诚地引导行进的方向。

乘车礼仪

1. 轿车

公务活动驾驶司机一般是专职司机。就双排座轿车而言，轿车的上座指的是后排后座，也就是司机对角线位置，因为后排比较安全，右侧比左侧上下车方便。副驾驶座一般由随员，如秘书、翻译、导引方向者乘坐。如图 2-5 所示：

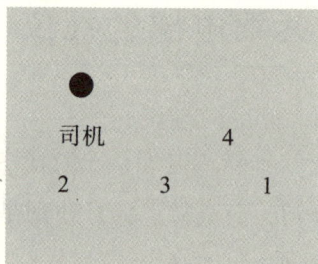

图 2-5　轿车乘坐的座序

2. 吉普车

吉普车无论是主人驾驶还是司机驾驶，都应以前排右坐为尊，后排右侧次之，后排左侧为末席。上车时，后排位低者先上车，前排尊者后上。下车时前排客人先下，后排客人再下车。

3. 旅行车

在接待团体客人时，多采用旅行车接送客人。旅行车以司机座后第一排即前排为尊，后排依次为小。其座位的尊卑，依每排右侧往左侧递减。

会客时的位次排列

（1）宾主相对而坐时，面门而上。也就是面对房间正门者为客位，是地位高者；背对房间正门者为主位，是地位较低者。

（2）宾主并列而坐时，以右为上。当宾主并排而坐，倘若双方都面对房间正门时，具体的要求是以右为上。以右为上是指宾主之间客人应该坐在主人的右边，而主人应该坐在客人的左边。以右为上是一种国际惯例。

（3）难以排列时可自由择座，即客人愿意坐在哪里就坐在哪里。自由式通常用在客人较多，座次无法排列时。

谈判的位次排列

1. 双边谈判

双边谈判应使用长桌或椭圆形桌子，宾主应分坐于桌子两侧。在进行谈判时，各方的主谈人员应在自己一方居中而坐，其他人员则应遵循右高左低的原则，依照职位的高低自近而远地分别在主谈人员的两侧就坐。假如需要译员，应安排其就坐于仅次主谈人员的位置，即主谈人员之右。

（1）横式：即谈判桌在谈判厅里是横着摆放。如果谈判桌横放，面对正门的一方为上，应属于客方；背对正门的一方为下，应属于主方。

（2）竖式：即谈判桌在谈判厅里是竖着摆放。如果谈判桌竖放，应以进门的方向为准，右侧为上，属于客方；左侧为下，属于主方。

2. 多边谈判

多边谈判是指谈判的参加者是三方或者是三方以上，而不像双方谈判只有两方参加。

（1）自由式：参加谈判的各方可自由择座。

（2）主席式：面对房间正门设一个主位，谁需要发言，就到主位去发言，其他人面对主位，背门而坐。

15

拜访与接待礼仪

无论有求于人还是人求于己，都不可失礼于人，有损自己与公司的形象。

公务拜访

约好去拜访对方，要从以下礼仪上多多注意。

（1）事先约定时间。一定要在到访前先联络妥当，不告而访非常失礼。

（2）做好准备工作。

□ 了解拜访对象的个人及公司资料。

□ 准备拜访时需用到的资料。

□ 订好明确的拜访目的。

□ 整理服装、仪容。

□ 检查各项携带物是否齐备，如名片、笔、笔记本等。如果在客户面前遍寻不着是非常不专业的。

（3）出发前再与拜访对象确认一次，算好时间出发。注意一定要准时，让别人无故干等无论如何都是严重失礼的事情。如果有紧急的事情，不得不晚，必须通知你要见的人。如果打不了电话，请别人为你打电话通知一下。如果遇到交通阻塞，应通知对方要晚一点到。如果是对方要晚点到，你将要先到，要充分利用剩余的时间。例如，坐在汽车里仔细想一想，整理一下文件，或问一问接待员是否可以在接待室里先休息一下。

（4）至客户办公大楼前，再行整装一次。如果是重要客户，记得先关掉手机。

（5）进入室内。面带笑容，向接待人员说明身份、拜访目的及拜访对象。从容安稳地等接待人员引导自己于会客室或拜访对象办公室。

（6）如果需要等待。在等待时要安静，不要通过谈话来消磨时间，这样会打扰别人工作。也不要不耐烦地总看手表，你可以问接待/助理约见者什么时候有时间。如果你等不及那个时间，可以向助理解释一下并另约一个时间。不管你对要见的人有多么不满，也一定要对接待/助理有礼貌。

（7）见到拜访对象。行礼、交换名片、寒暄。客户请人奉上茶或咖啡时，不要忘了轻声道谢。

（8）商谈。商谈时称呼及遣词用字，注意礼貌。

（9）告辞。感谢对方花时间接待。面对拜访对象告退，行礼后，轻轻关上办公室的门。若对方要相送，礼貌地请对方留步。

迎接客人

迎来送往，是商务接待活动中最基本的形式和重要环节。尤其是迎接，是给客人良好第一印象的最重要工作。给对方留下好的第一印象，就为下一步深入接触打下了基础。迎接客人要有周密的部署，应注意以下事项：

（1）对前来访问、洽谈业务、参加会议的外地客人，应首先了解对方到达的车次、航班，安排与客人身份、职务相当的人员前去迎接。若因某种原因，相应身份的主人不能前往，前去迎接的主人应向客人作出礼貌的解释。

（2）主人到车站、机场去迎接客人，应提前到达，恭候客人的到来，绝不能迟到让客人久等。客人看到有人来迎接，内心必定感到非常高兴；若迎接来迟，必定会给客人心里留下阴影，事后无论怎样解释，都无法消除这种失职和不守信誉的印象。

（3）接到客人后，应首先问候"一路辛苦了"、"欢迎您来到我们这个美丽的城市"、"欢迎您来到我们公司"等等。然后向对方做自我介绍，如果有名片，可送予对方。

（4）迎接客人应提前为客人准备好交通工具，不要等到客人到了才匆匆忙忙准备交通工具，那样会因让客人久等而误事。

（5）主人应提前为客人准备好住宿，帮客人办理好一切手续并将客人领进房间，同时向客人介绍住处的服务、设施，将活动的计划、日程安排交给客人，并把准备好的地图或旅游图、名胜古迹等介绍材料送给客人。

（6）将客人送到住地后，主人不要立即离去，应陪客人稍作停留，热情交谈。谈话内容要让客人感到满意，比如客人参与活动的背景材料、当地风土人情、有特点的自然景观、特产、物价等。考虑到客人一路旅途劳累，主人不宜久留，让客人早些休息。分手时将下次联系的时间、地点、方式等告诉客人。

接待时的谈话礼仪

（1）谈话的表情要自然，语气亲切，表达得体。说话时可适当做些手势，但动作不要过大，更不要手舞足蹈，不要用手指指人。与人谈话时，不宜与对方离得太远，但也不要离得过近，不要拉拉扯扯，拍拍打打。谈话时不要唾沫四溅。

（2）参加别人谈话要先打招呼，别人在个别谈话时，不要凑前旁听。若有事需与某人说话，应待别人说完。有人与自己主动说话，应乐于交谈。第三者参与说话，应以握手、点头或微笑表示欢迎。发现有人欲与自己谈话，可主动询问。谈话中遇有急事需要处理或需要离开，应向谈话对方打招呼，表示歉意。

（3）谈话现场超过三人时，应不时地与在场的所有人攀谈几句。不要只与一两个人说话，不理会在场的其他人。也不要与一个人只谈两个人知道的事而冷落第三者。如所谈问题不便让旁人知道，则应另找场合。

（4）在交际场合，自己讲话要给别人发表意见的机会，别人说话时也应适时发表个人看法。要善于聆听对方谈话，不轻易打断别人的发言。一般不提与谈话内容无关的问题。如对方谈到一些不便谈论的问题，不对此轻易表态，可转移话题。在相互交谈时，应目光注视对方，以示专心。对方发言时，不左顾右盼、心不在焉，或注视别处，显出不耐烦的样子。也不要老看手表，或做出伸懒腰、玩东西等漫不经心的动作。

接待预约访客的礼仪

（1）看到客户来访时。立刻起立接待，向客户微笑打招呼，并让座。应记住常来的客户。接待客户时应主动、热情、大方、微笑服务。

（2）问候及交换名片。来客多时以次序进行，不能先接待熟悉客户。

（3）客人要找的负责人不在时。要明确告诉对方负责人到何处去了，以及何时回本单位。请客人留下电话、地址，明确是由客人再次来单位，还是我方负责人到对方单位去。

（4）客人到来时。我方负责人由于种种原因不能马上接见，要向客人说明等待理由与等待时间。

（5）引导客户到达目的地。

（6）奉上饮料。

（7）进行商谈。

（8）结束商谈。

（9）送客。视状况可将客人送出会客室、电梯口及办公大门。送往电梯口时，注意帮客户按下电梯。送往办公楼大门口时注意电梯共乘的礼仪。

应对临时访客的礼仪

（1）看到访客时：立刻起立，向客人微笑打招呼。

（2）请教大名及来意：礼貌地确认客人的姓名、拜访对象及拜访事宜。

（3）迅速联系受访对象，告之访客姓名及拜访目的。

（4）依指示行事：

1）引导访客到会客室：位于访客左前方，并以右手或左手并扰，手臂向前，倾斜约 45 度，引导访客至会客室就座。奉上饮料。告诉访客受访对象立刻或几分钟后来。

2）带往受访对象办公室：引导访客至拜访对象办公室后，告知访客到达后，轻敲办公室房门，并说："XX 经理，XX 公司的 XX 来访。"将访客引导给受访对象后，后退一步，再转身告退。

3）受访对象借口没时间接见，请访客留下讯息再联系：告诉访客非常不巧，受访人正有事处理，抽不出时间。请访客留下名片、资料，代为转达。双手接下资料后，礼貌地送客。

奉上饮料的礼仪

（1）准备好器具：注意整洁，不能够选择破损、残缺的器皿用来盛放饮料，招待客人，各项器具一定要注意清洗干净。

（2）将饮品端送给客人：若会客室有门，须先敲门再进入，面带笑容，点头示意。

（3）奉上饮品时：客人优先。若客人及主人不止一人时，上饮料的顺序安排也非常重要。一般而论，规范顺序是先宾后主，先尊后卑，先女后男。

（4）留意奉饮料的动作：双手捧起杯子，可从客人的正面奉上或走到访客的斜后方，从客人的侧面奉上。

（5）退出会客室：后退一步，鞠躬致意或轻说一句"打扰了"，然后退出。

16

就餐礼仪

就餐礼仪：包括商务招待、商务用餐细节，以及中餐礼仪、西餐礼仪和自助餐礼仪。

商务招待

商务招待是经常发生的活动，从办公室的一杯茶水到招待客人吃工作餐，再到高级别的正式宴会。商务招待的基本原则是：可以高消费，但是要反对浪费。商务招待成功的秘诀在于细心，照顾到每一个客人的喜好，他们会高兴你的细心的。

好的商务招待可从以下方面去着手：

- □ 在一对一的基础上去了解客人。
- □ 对新老朋友都热情相待。
- □ 如果你得到帮助，应真诚表达你的谢意。
- □ 如果你得到热情招待，要在适当时机考虑回报。
- □ 你应着重强化与老客户的关系，因为我们 80% 的商业利润可能就来自那 20% 的老客户。

□ 在商业场合不要羞于推销你自己。

　　□ 应从商务招待中提升公司形象。

　　□ 注意在招待过程中技巧性地强调公司的任务。

商务用餐注意细节

　　商务人员在工作中，难免与顾客有相互宴请等必要应酬，无论是应邀赴宴，还是招待宴请顾客，都要注意相应礼仪，体现出你的修养和风度。以下是你在商务用餐时需特别注意的细节。

　　（1）礼貌入席：首先入席的应是主人，依次为其他宾客及陪客人员。同桌的女士、长者、位高者应先落座，最得体的入座方式是从左侧入座。当椅子被拉开后，身体在几乎要碰到桌子的距离站直，领位者会把椅子推进来，腿弯碰到后面的椅子时，就可以坐下来了。用餐时，上臂和背部要靠到椅背，腹部和桌子保持约一个拳头的距离。两脚交叉的坐姿最好避免。

　　（2）举止文雅：在餐桌上，宾主均应举止优雅、文明、规范。入席后当众补妆、梳理头发、挽袖口或松领带都是不礼貌的。

　　（3）交谈适度：就餐期间，静食不语是不礼貌的。交谈的话题要尽量广泛，交谈的音量要适中。与人交谈时应放下手中餐具，暂停进食。

　　（4）正确使用餐具。

　　（5）请别人帮你传递东西时，要经常说"请"和"谢谢"。

　　（6）不要在星级饭店里擦拭餐桌上的器皿。如果发现桌上的餐具不干净，应招呼侍者更换干净的餐具。

　　（7）夹一块吃一块，之后再夹另一块。不要过多地向嘴里塞食物。

　　（8）用餐之前不宜涂太多的口红，在杯子的边缘沾上口红很不雅观。

（9）在拿起杯子时不要翘起手指。

（10）尽可能安静地吃。不要啜食、咂嘴，或在吞咽和咀嚼时弄出其他的声响。

（11）鱼刺、肉骨、果核、用过的牙签和餐巾纸等物，不能直接堆置桌上，应用手取放在放残渣的盘碟内，也不要低头吐在盘碟内。

（12）剔牙时，要以手遮口。不能用筷子代替牙签剔牙。

中餐礼仪

（1）正确地使用餐巾。餐巾是为防止菜肴不慎掉在衣服上，因此要打开放在膝上，不可用餐巾擦脸，只能用餐巾轻拭嘴角；用完餐后，应将餐巾摺好，平放在桌上左侧，不可揉成一团。

（2）夹菜。夹菜要先夹盘内靠近自己的菜，不可翻覆挑拣。

（3）喝汤。喝汤要使用汤匙，不要发出声音。嘴内有食物，不要张口与人交谈。

（4）敬酒。用手双举杯敬酒，敬酒时眼睛要看着对方；喝下酒后，可再举杯表示谢意。

（5）谈话。谈话时最好放下碗筷，目视对方，不可高声谈话，影响别人。

（6）离座。用餐完毕后，离座时要将椅子往内紧靠桌边。

西餐礼仪

（1）点酒。在高级餐厅里，会有精于品酒的调酒师拿酒单来。对酒不太了解的人，最好告诉他自己挑选的菜色、预算、喜爱的酒类口味，请调酒师帮忙挑选。主菜若是肉类应搭配红酒，鱼类则搭配白色。上菜之前，不妨来杯香槟、雪利酒等较淡的酒。

（2）上菜。稍有水准的餐厅都欢迎只点前菜的客人。前菜、主菜（鱼或肉择其一）加甜点是最恰当的组合。点菜并不是由前菜开始点，而是先选一样最想吃的主菜，再配上适合主菜的汤。

（3）正确地使用餐具。左叉固定食物，右刀切割。餐具由外向内取用，几道菜会放置几把餐具，每个餐具使用一次。使用完的餐具向右斜放在餐盘上，刀齿朝内，握把皆向右，服务的侍者就会前来收取餐盘。如果在用餐中途暂时休息片刻，可将刀叉分置盘中，刀头与叉尖相对成"一"字形或"八"字形，刀叉朝向自己，表示还是继续吃。如果是谈话，可以拿着刀叉，无须放下。但若需要做手势时，就应放下刀叉，千万不可手执刀叉在空中挥舞摇晃。

（4）进食的方法。

□ 主菜：主菜不管是牛排、鸡、鱼都需用刀切割，一次切一块食用，不可一次全部切完再逐一食用。口中有骨头、鱼刺时，须用拇指及食指从闭紧的唇间取出。

□ 沙拉及面条：沙拉用小叉，面条用叉子卷妥食用。

□ 面包：面包须用手撕下小块放入口中，不可用嘴啃食。

□ 汤：用汤匙舀汤应由内向外舀，不可将汤碗端起来喝，喝汤时不可发出声音。

□ 水果：水果用叉子取用，若有果核在嘴中时，不可直接吐在盘内，须先将果核轻吐在叉子上，再放入盘内。

（5）进食的姿势。不管是食用主菜、面包、沙拉、汤……等都应保持端正的坐姿。不可用嘴就碗，应将食物拿起放入嘴内。取用放在较远的东西，应请别人递过来，不可离座伸手去拿。

（6）谈话。嘴中有物，不可谈话；说话时不可影响邻座的客人。

西餐中特殊情况的巧妙处理

（1）塞牙或异物入口时怎么办？

如果你的牙缝中塞了蔬菜叶子或沙粒式的东西，不要在餐桌上

员工职业素养培训

用牙签剔，可以喝口水试试看；如果不行，就去洗手间，这样你就可以用力地漱口。

（2）在餐桌上弄洒了东西怎么办？

如果在餐桌上泼洒了东西，而且洒了很多的情况下，做主人的要叫服务员来清理你弄脏的地方，万一不能清除干净，他会给你再铺上一块新的餐巾，把脏东西盖住，然后再上下一道菜。

（3）刀叉掉到地上怎么办？

如果用餐的时候，刀叉不小心掉在地上，如果弯腰下去捡，不仅姿势不雅观，也会弄脏手指。不妨先轻唤服务生前来处理并你更换新的餐具。

自助餐礼仪

作为商务用餐的一种，自助餐不牵扯到座次的安排，大家可以在就餐区域来回地走动。虽然自助餐在形式上比较松散，但也有它自己的特点：

（1）依序取菜。原则上依生菜沙拉、主食、甜点、水果等顺序取菜。

（2）一次最好取一至二样菜。不要一次取用大多种类的菜，将盘子堆满一方面不雅观，另一方面不同种类的菜混在一起，已失去佳馔的原味。

（3）不要混用专用汤匙或菜夹。

（4）用专用的汤匙或菜夹。一道菜都备有专用的汤匙或菜夹，不要混用，而破坏了味觉及美观。

（5）餐盘不可再用。用过的餐盘，不要因为方便而重复使用。

（6）不可浪费。注意不合口味的菜，不要一次取用太多而造成浪费。

（7）不可暴饮暴食。不要抱着捞本心态，暴饮暴食。

17

电话礼仪

商务运作离不开电话这一便捷的通讯工具，当你的声音通过话筒传向对方时，你是否做到彬彬有礼呢？

拨打电话

（1）预做准备。通话之前，应做好充分准备，要确定自己要说的内容，整理好重点后再打。

（2）先介绍自己。"我是**公司的张*，可否请***听电话？"

（3）要长话短说。以短为佳，打电话时有意识地将每次通话的时间限定在 3 分钟之内，不是十分重要、紧急、繁琐的事务一般不宜超长。

（4）要注意举止。话筒与嘴的距离保持 3 厘米左右。挂电话时应轻放话筒，不要用力一摔，令对方起疑。

（5）交谈的声音应该温暖而友好。不要说话过快或过慢；语气语调不要一成不变；不要过于高声或过于轻柔，咬音正确，以便对方听懂。说话时情绪饱满，少用俚语或成语，要使用你有把握的字。

接听电话

1. 接听及时

电话铃声响起后，应尽快接电话，最好在铃声响三声之内。电话铃响了许久才接电话时，要在通话之初向对方表示歉意。

2. 礼貌应答

（1）拿起话筒后首先向对方问好，告知对方你的名字。

（2）专心听电话，接听电话时不要与其他人交谈，也不能边听电话边看文件、甚至吃东西。

（3）在会晤重要客人或举行会议期间有人打来电话，可向其说明原因，表示歉意，并承诺稍后再联系。

（4）接听电话时，千万不要不理睬另一个打进来的电话。可对正在通话的一方说明原因，要其稍候片刻，然后立即去接另一个电话。待接通之后，先请对方稍候，或过一会再打进来，随后再继续方才正打的电话。

（5）接听电话时如有重要的事要立刻摘记。

（6）要正面回馈对方，适时用"是"、"我懂"、"我了解"等字眼来回应。

（7）不要插嘴，不要遽下结论，让来电者把话说完。

（8）注意微笑，来电者虽然看不到你，但却可以感觉得到你是否真诚应对。

（9）为节省时间，马上可决定之事就马上决定好。勿占线太久。彼此的寒暄应简短，谈到要点即可，详细情形则利用其他方法说明。

（10）通话终止时，应认真地道别。而且要恭候对方先放下电话，不宜"越位"抢先。

代接电话

（1）先要弄清楚对方是"谁"、"找谁"这两个问题。对方不愿讲第一个问题，不必勉强。如果对方所找的人不在，应向其说明后，询问对方是否需要代为转达。如对方有此请求时，应照办；对方要求转达的具体内容，最好认真做好笔录。记录电话内容主要包括通话者单位、姓名、通话时间、通话要点、是否要求回电话、回电话的具体时间等。对方讲完后，应重复验证一遍，以免误事；

（2）被找的人如果就在身旁，应告诉打电话者："请稍候"，然后立即转交电话，不要抱着恶作剧或不信任的态度，先对对方"调查一番"，尤其是不允许将这类通话扩音出来。被打的人如果尚在别处，应迅速过去寻找。不要懒于行动，连这点"举手之劳"都不愿意做，蒙骗对方说"人不在"。如果对方要找的人离自己较远，不要大喊大叫；当对方希望转某事给某人时，千万不要把此事随意扩散。

（3）别人通话时，不要旁听。

（4）接到误拨进来的电话时，要耐心地告诉对方拨错了电话，不能冷冷地说"打错了"，就把电话用力挂上。

使工作顺利的电话术

- □ 迟到、请假由自己打电话；
- □ 外出办事，随时与单位联系；
- □ 外出办事应告知去处及电话；
- □ 延误拜访时间应事先与对方联络；
- □ 用传真机传送文件后，以电话联络；

□ 同事家中电话不要轻易告诉别人；

□ 借用别家单位电话应注意：一般借用别家单位电话，一般不要超过 10 分钟。遇特殊情况，非得长时间接打电话时，应先征求对方的同意和谅解。

手机礼仪

随着手机的日益普及，无论是在社交场所还是工作场合放肆地使用手机，已经成为礼仪的最大威胁之一，以下手机礼仪需要你特别关注：

（1）公共场合特别是楼梯、电梯、路口、人行道等地方，不可以旁若无人地使用手机。

（2）在会议中、和别人洽谈的时候，最好的方式还是把手机关掉，起码也要调到震动状态。这样既显示出对别人的尊重，又不会打断发话者的思路。而那种在会场上铃声不断，并不能反映你"业务忙"，反而显示出你缺少修养。因为在会场或会谈的短短时间里，你不和别人联系天也不会塌下来！

（3）在餐桌上，关掉手机或是把手机调到震动状态还是必要的。不要正吃到兴头上的时候，被一阵烦人的铃声打断。

（4）无论业务多忙，为了自己和其他乘客的安全，在飞机上都不要使用手机。

（5）使用手机，特别是在公共场合，应该把自己的声音尽可能地压低一下，而绝不能大声说话，以赢取路人的眼球。

（6）在一切公共场合，手机在没有使用时，都要放在合乎礼仪的常规位置。无论如何，都不要在并没使用的时候放在手里或是挂在上衣口袋外。

（7）放手机的常规位置有：一是随身携带的公文包里（这种位置

最正规）。二是上衣的内袋里。

有时候，可以将手机暂放腰带上，或是开会的时候交给秘书、会务人员代管，也可以放在不起眼的地方，如手边、背后、手袋里。

手机短信的越来越广泛地使用，使得它也成为手机礼仪关注的焦点。在一切需要手机震动状态或是关机的场合，如果短信的声音此起彼伏，那么和直接接、打手机又有什么区别？所以，在会议中、和别人洽谈的时候既使用手机接收短信，也要设定成震动状态，不要在别人能注视到你的时候查看短信。一边和别人说话，一边查看手机短信，能说明你对别人的尊重吗？

在短信的内容选择和编辑上，应该和通话文明一样重视。因为通过你发的短信，意味着你赞同至少不否认短信的内容，也同时反映了你的品味和水准。所以不要编辑或转发不健康的短信。

下部 职业能力篇

本部分在一般能力的基础上，根据职场内所需能力的特点，归纳出职场中你必须掌握的几种能力，提供给大家一套强有力的能力提升方法。循着方法内所示步骤，只要你多完成一份工作、多解决一个问题，你的工作能力及工作品质就会逐日提升，你也必定会成为一个乐观进取、通于接受挑战的职业人。

18

关于职业能力

一个人有没有能力，不是看他的学历有多高、知晓多少知识，而是在他从事某一种活动中表现出来的素养。

若你从事的是一份复杂的工作，进行时你恐怕要具备沟通、人际关系等职业能力才能顺利地完成工作；若你从事的是一份较单纯的工作，也许你自己一个人就能独立完成，但你也不得不需要具备问题解决、时间管理、创新等职业能力。

要在工作中取得成功，这些能力常常比传统的智商或职业技能更加重要。虽然每个人在某种程度上掌握一定的知识和技能以及某种专业知识，但知识、技能还不直接是能力，它只是形成能力的基础。能力高低的判断是对知识技能的运用及解决实际问题的程度，同等知识技能水平的人不一定具有同等水平的能力，这就是为什么有"高知低能"型员工存在的原因。一个人有没有能力，不是看他的学历有多高，知晓多少知识，而是在他从事某一种活动中表现出来的素养。也就是说，人们从事任何一种活动均需要一定的能力，只有从活动中才能反映和体现一个人的能力。那么能力是通过怎样的途径取得呢？首先能力是建立在遗传素质的基础上，然后经过培训教育，在实践活动中吸取集体智慧和经验而形成发展起来的。

按照最常用的一种能力划分方法，有一般能力和特殊能力之分。一般能力是指在不同种类的活动中表现出来的共同能力，它是人们顺利地完成活动所必不可少的能力，即便是简单的活动均不能脱离这一能力。一般能力大致包括四力，即思维力、记忆力、观察力、想像力。特殊能力是指从事某种专业领域活动所必需的一种或几种专门能力的结合体。任何一种专门活动都要求与该专业内容相符合的几种能力集合。

本章在一般能力的基础上，根据职场内所需能力的特点，归纳出职场中你必须掌握的几种能力，提供给大家一套强有力的能力提升方法。循着方法内所示步骤，只要你多完成一份工作、多解决一个问题，你的工作能力及工作品质就会逐日提升，你也必定会成为一个乐观进取、通于接受挑战的职业人。不管是单纯的工作或复杂的工作，本章盼望你能充分地将你所学知识运用到你的工作上，能够真正从这些方法中获益。这些职场能力如图 3-1 所示。

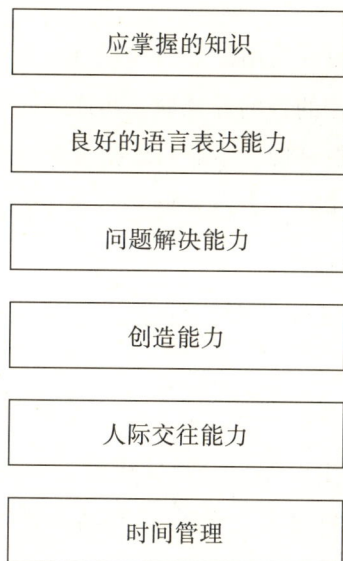

```
┌─────────────────────┐
│     应掌握的知识      │
└─────────────────────┘

┌─────────────────────┐
│   良好的语言表达能力   │
└─────────────────────┘

┌─────────────────────┐
│     问题解决能力      │
└─────────────────────┘

┌─────────────────────┐
│      创造能力        │
└─────────────────────┘

┌─────────────────────┐
│     人际交往能力      │
└─────────────────────┘

┌─────────────────────┐
│      时间管理        │
└─────────────────────┘
```

图 3-1 职场所需的几种能力

19

工作开展必备——应掌握的知识

> 学习是大多数成年人在 21 世纪赖以谋生的事情。

企业知识

学习企业知识，主要的用意是让你在进入企业时，能正确地了解企业的概况、企业存在的目的及使命、组织系统、各部门分管职责、规章制度等企业的一般情况。企业基本情况是一个职业人必须掌握的基本知识，因为在工作时你不得不涉及与企业有关的知识。你需要掌握的企业知识如下。

（1）企业的经营理念、方针、目标及经营政策如何？创立背景及何时创立？

（2）组织系统；各部门分管职责；有关规章制度。

（3）企业规模（生产能力、职员数量等）；经济实力及信用（资本金、销售额及现期利润等）；企业的产品及服务。

（4）企业内各部门之间运作流程。

（5）市场上其他同类企业的生产、开发情况。

（6）企业提供给客户的独特价值是什么？

（7）企业的客户是谁？企业的竞争对手有哪些？企业可向竞争对手学习什么？

（8）不同商品的销售额和变化如何？主要交易在哪里？

（9）企业的规定（就业规定、工资规定、业务的分担处理、旅费规定等）是由哪些内容组成的？

个人职责

职责：即组织中订出每个人应负责的工作内容。

要使自己扮演好所任职务的角色，我们必须对自己的职务充分了解，从职位基本资料、职位在组织中的位置、工作职责三个方向，深入了解职务的意义。

（1）第一部分：职位基本资料包括：职位名称、所属部门、直接上级等信息。

（2）第二部分：在组织中的位置即职位在组织中的上向联系、横向联系、下向联系。

（3）第三部分：工作职责详细准确地说明工作的内容、特点，即关于从事此项工作的人做什么、如何做、为什么要做的书面说明。

注：这些资料你都可以从企业的《工作说明书》中获得。

当你已经从以上三个方向了解你目前的工作，相信你能很明确地回答下列六个问题：

（1）明确地知道自己在公司整体工作中所占的位置及扮演的角色。

（2）清楚地了解你的工作内容，知道自己分担的工作范围。

（3）知道自己负有哪些责任，具有哪些权限。

（4）工作上接受谁的命令。

（5）知道和自己工作最有关联的部门及关系人。

（6）知道自己工作好、坏的标准是什么。

表 3-1 为工作说明书示例，表 3-2 为需要了解的产品知识示例。

表 3-1　　　　　　　　　工作说明书示例

一、职位基本资料					
职位名称	销售代表	所属部门	销售部	定员人数	1
直接上级	区域经理	管辖人数		职级	
薪酬等级范围					

二、在组织中的位置

```
┌──────────┐
│  区域经理  │
├──────────┤
│  区域经理  │
└──────────┘
```

三、工作职责

1. 制定每月工作计划，呈区域经理并与之一致

2. 根据每月工作计划制定每日行动计划，使工作具有目的性

3. 按计划对本辖区内本人所负责客户进行访问，推销公司产品，做好访问记录

4. 完成销售目标，并收取货款

5. 客户访问同时做好相应的促销工作，如增大产品覆盖率、宣传画张贴、调整货架和不合理价格

6. 收集各客户销售情况，做好统计

7. 收集同业竞品的情报及有关销售的参考资料

8. 调查及处理客户的任何抱怨事项

9. 及时准确地完成各项工作报表和报告，并及时上交

10. 完成主管临时交办的其他工作

表 3-2　　　　　　　　　　　产品知识示例

基本知识	1.　性能、标准、规格、特点与同类竞争产品相比有什么优势
	2.　外观造型和结构特点
	3.　开发背景与开发目的
	4.　重要原材料来源于何地
	5.　商品名称的含义，是出于何种动机对商品进行命名的
	6.　安全性、性能、风格、娱乐性、经济性、耐久性等如何满足顾客的要求
	7.　自己的产品具体可以给顾客带来哪些效用、价值
	8.　用法及使用上的注意事项？
	9.　在市场上所占的地位（市场占领率、竞争力等）
	10.　商品类别、地区类别、顾客类别
	11.　产品的成本构成与销售价格
其他知识	1.　商品具有的价值与销售价格的关系中有哪些利益点
	2.　考虑支付条件、购入时的独特原则，与同类竞争商品相比有哪些优势
	3.　如何提供保质期及售后服务
	4.　客户抱怨发生的情况及解决对策有哪些

专业知识

根据企业内各职位的职责不同，需要完成职责所具备的职能是不同的，而与各职能相对应的专业知识也有所不同。下面仅举两例。

例一：营销职能知识纲要

营销人员操作实务，职业销售技巧，令人满意的客户服务，如何制定有效的市场计划，如何使新产品成功上市，工业营销，如何有效定价，如何开展市场调研，有效地管理销售队伍，重要客户的战略销售，管理和控制分销渠道，双赢谈判，销售管理技巧。

例二：人事职能知识纲要

人力资源开发，企业各职能部门分类激励与约束，薪资管理实务，如何建立有效率的招聘制度，如何建立有效率的培训制度，如何建立有效率的福利制度，目标管理与绩效考核，如何做一个出色的人力资源管理者？

? 本章思考

请列出你关于基础知识的学习计划：学习什么？什么时候学？怎样学？

20

有效沟通的基础：
良好的语言表达能力

在我们这个必须保持微妙平衡的时代，词语的错误或误解的后果可能比鲁莽的行动更严重。因此，沟通的精确性比以往任何时代都重要得多。

有效地沟通

有效沟通：存在于两个人之间的信息已经被传送，且被接收并被译成其想被了解的意思。

沟通的形式有以下几种：

（1）口头沟通类。用电话交谈；主持或参加会议；达成双赢的谈判；和上司、同事、下属之间的沟通……

口头沟通需要跨越语言障碍、解读身体语言进行有效地沟通。

（2）书面沟通类。撰写各种报告、企划书、公文、信……

书面沟通需要提升阅读记忆能力和写作能力。

（3）视听沟通类。在企业宣传或会议讲解时利用录影带、投影片、幻灯片等工具进行沟通。

视听沟通时你需要娴熟地运用各种视听工具，并具有将视听工具与你所需要沟通的内容有效结合的能力。

本节主要介绍面对面会谈的口头沟通形式。

企业内的工作都是经由分工与合作的方式进行，良好的沟通是组织运转的必备条件，作为组织的一员，有效的沟通对职业生活的成功是很关键的。而沟通的成功要涉及一系列复杂的思考和语言能力，而这些能力正是许多人没有系统掌握或完全拥有的。

你毫无疑问注意到了那些在社交方面很成熟的人：他们极容易适应任何的群体环境，能与许多不同的个体进行友好的交谈，与他人和谐地、富有成效地共事，用清楚的、有说服力的观点影响群体的思考，有效地克服群体的紧张和自我主义，鼓励群体成员守信，创造性的工作，并能使每一个人集中精力，朝着共同的目标前进。这些复杂的思考、沟通和社交技能对于职业生活中取得成功，常常比传统的智商或职业技能更加重要。比如在销售中，销售的达成，都要通过有效沟通这种手段。沟通技巧掌握得好，则能与客户产生和谐的交流氛围，并能在此基础上使信息与观点充分交流，使客户对你的信任与好感油然而生，如果在销售的其他条件充分具备的情况下，销售达成就顺理成章了；反之，如果不能熟练运用沟通技巧，双方的信息与观点就不能充分交流，要想客户认可你的产品或服务进而愿意购买就很困难了，所以沟通技巧是很重要的。

关　键　点

作为组织的一员，有效的沟通对职业生活的成功是很关键的。在很多情况下，这些复杂的思考、沟通和社交技能比传统的智商或职业技能更加重要。

语言表达能力自测

你是否有语言表达障碍？你可以做以下自测：将下列各句所述情况与自己的实际状况比较，符合程度越高，你的表达能力就越弱，符合程度越低，则表达能力越强。

符合程度

高 ←——→ 低

1. 我在表达自己情感时，很难选择到准确恰当的词汇。　□ □ □ □ □

2. 别人难以准确地理解我口语所要表达的意思。　□ □ □ □ □

3. 我对连续不断的交谈感到困难。　□ □ □ □ □

4. 我觉得同陌生人说话有些困难。　□ □ □ □ □

5. 我无法很好地识别别人的情感。　□ □ □ □ □

6. 我不喜欢在大庭广众面前讲话。　□ □ □ □ □

7. 我不善于说服人，尽管有时我觉得很有道理。　□ □ □ □ □

8. 我不能自如地用口语（眼神、手势、表情等）表达感情。　□ □ □ □ □

9. 我不善于赞美别人，感到很难把话说得自然亲切。　□ □ □ □ □

10. 在与一位迷人的异性交谈时我会感到紧张。　□ □ □ □ □

良好的语言表达能力

有效的沟通需要你具有与听众交流，洞察听众对你讲话的反应，运用听众的反馈来调整你讲话的内容等技巧。而达成这一切你必须掌握复杂的口头语言词汇和身体语言，才能使有效的沟通成为可能。

语言表达能力是指语言简明而有说服力地表达自己的观点，将自己的感觉正确地传递给他人的能力。

语言表达的能力，并不局限于你会说话，这个世界上每个人都会说话。你不仅仅要能够正常地表达自己的意思，而且你还要通过正确的方式，恰当地把自己的意思告诉别人而获得别人的理解。假如你没有语言表达的能力，那么你就很难与别人交际，无法告诉别人你所想的和所希望的。

良好的语言表达能力与拙劣的语言表达能力的特点

良好的语言表达能力：表达语句流畅，内容连贯，用词准确；谈话语气生动，感情真挚，具有说服力和感染力。

拙劣的语言表达能力：说话断断续续，前言不搭后语，用词不准确，啰嗦；谈话死板，没有感情色彩，很难使人信服，不能感染他人。

提高语言表达能力的基本方法

1. 训练你的思维能力

口语表达的过程，就是一个将内部语言的思维变为外部语言的口语的过程。这个过程可分为两个阶段：

（1）第一个阶段：初始思维阶段，即"打腹稿"的过程。通常人们在说话之前要求"让我想一想"，就是理清头绪，确定说话要点和脉络。这一阶段如果时间允许，还会进行推敲、筛选工作。如果你不能理清你正在思考的观点究竟是什么，那么，你在用语言表达你的思想方面就会感到有很大的困难。如出现这种情况时，你可能会这样说："我知道我想说什么，但是，我只是找不到恰当的词语。"其实，发生这种情况时，你常常并不准确地知道你究竟想说什么。在多数情况下，当你清晰地思考时，你就能够清楚地用语言表达你的思想，所以说话之前，先想一想。

（2）第二阶段：现想现说、现说现想阶段。所谓语言与思维的趋同性就是指这一阶段的情形。虽然有时在初始思维阶段对话题相关的内容就想到了很多，但是一进入说话的过程，就得边说边想。一个意思讲完了，新的想法也随之产生，在语言链的限制和思维联想力的作用下，所要表达的意思和内容都得到了充分、完善的展示。人们的思维和口语就是这样相互关联、相互影响的，初始没有完全定型的想法，通过现想现说，越说越明白、越说越完整、越说越准确。

口语与思维的趋同性，要求口语表达跟得上思维，其关键在于思维必须敏捷、思密、连贯，这样才不至于出现表达上的"延顿"和"空白"，后语不搭前言，甚至无话可说。

在明确地表达自己的思想，清除含糊的语言方面，一般都使用一个有用的技巧，即：用谁？什么？什么时候？什么地方？为什么？如何？这六个方面进行提问，然后自己试图对此进行回答。当你采用这种思考方法后，你就会感到思路豁然清晰起来。

关 键 点

清楚的思想：集中的、表达清楚有力的、首尾一致的、准确的。

清楚的语言：具体的、清晰的、有条理的、准确的。

---

2. 涉猎多方面的知识并记下来

良好的语言表达能力需要丰富的知识，如果只有华丽的词藻而知识匮乏，在表达时你就会觉得吃力，也会让听者感到内容空洞，说服力不强，所以你要增进自己的知识，充实你讲话所用的词句。首先你应该多多阅读书本。事实上，我们每天从电视、广播、新闻、书籍等渠道都能获得大量有效的信息。

其次，你如果能够将这些信息有系统地记忆下来，在分析事情时一定会发挥不小的作用。系统地记忆包括两个方面，第一个方面是对于所有需要记住的东西，靠一个有系统的联想去完成它。这要求你在记忆时，把你要记着的东西转换成许多的联想后把它记下来。两个经验一样的人，谁能把过去的经验记得最有系统，谁的记忆力就好。怎样把自己的经验有系统地记忆起来呢？答案是找出意义并加以思考。例如当你遇到一件新的事物时，你不妨自己提出下列问题来回答一下：① 它是怎样的？② 它为什么是这样的？③ 在什么时候是这样的？④ 在什么地方是这样的？⑤ 谁说是这样？通过这五个步骤，就可以使你把一件新事物组成一个连贯的系统了。系统记忆的第二个方面是增强记忆力。增强记忆力是促成你口才的一种重要因素。有什么记忆的秘诀吗？那就是对于你要记住的文字性东西必须高声朗读。因为在高声朗读时，有两种官能在工作。第一、我看见了我所读的是什么；第二，我的耳朵也听见了我所读的是什么。因此我比较容易记住它。当然最理想的方法应该是你不仅要看到、听到，还要触到、嗅到并尝到它。

3. 训练准确地运用语言的能力

实际上，我们所有的人在日常生活的谈话中，都大量地使用含糊的语言。在许多情况下，你对体验的直接反应是非常笼统的，这是很自然的。然而，如果你真的很关注深刻的思想和有意义的沟通，那么，你就应该在这些最初的笼统反应之后，进一步较准确地阐述你真正想要表达的意思。这时你就要注意说话时要主题明确、抓住中心、条理清晰、主次分明。但是，不同的环境需要不同程度的具体，选择何种具体程度的语言进行表达呢？实际上，语言在一般和具体的两极之间有不同的刻度，你运用什么样的语言对事情进行叙述，都可以在语言两极之间的刻度上找到它们的位置。例如，下列陈述的顺序就是从一般到具体。

从一般到具体的陈述顺序

一般

□ 王新是个很阳光的年轻人。

□ 无论在何种情况下，他都充满信心去克服一切困难。

□ 当困难来临时，他总是先微笑，然后说："好吧，让我想一想解决的方法。"

□ 昨天，他花了一个月做的设计方案没有被通过，他马上进行调查研究，寻找问题并对方案进行检讨与修改。

具体

沟通前的准备步骤

每次沟通都需要准备吗？当然不是这样，但是有些沟通不仅只是提供资料、表达意见，它还期望能解决问题、达成共识或深度了解，若你沟通的目的是属于后面这几项，那么沟通前做好必要的准备是必需的。

沟通前的六个主要准备步骤如下。

1. 心里明确你沟通的目的

一般而言，沟通有下列几个目的：

（1）传达你想要让对方了解的讯息。

（2）针对某个主题，想要了解对方的想法、感受。

（3）想要解决问题、达成共识或达成共同的协定。

（4）充分为听者利益设想的内容。

（5）准备听者最切身的应用范例。

2. 收集沟通对象的资料

收集沟通对象的资料从了解沟通者的个性、兴趣开始。你越是了解对方，就越能发现如何去关心他，因为关心是化解双方距离或对立的最好处方，所以从对沟通对象的了解中，你就会慢慢知道该用什么方式沟通比较有效了。

3．决定沟通的场地

场地对沟通的进行有很大的影响。不同的地点适合不同沟通的主题，所以选择最适合的场所进行沟通是很重要的。

4．准备沟通进行的程序与时间

有效地沟通应该能得到沟通对象的正面回应。要沟通多久才能获得沟通对象的回应呢？沟通程序的安排及所需时间的估计是必要的。

5．做出沟通的计划表

沟通计划表（如下表）的目的：① 帮助你进行有效的沟通；② 能在沟通完后正确地记住沟通的过程。

表 3-3　　　　　　　　　　　　沟通计划表

沟通的目的		
参加沟通者		
地点		
开场白重点		
沟通的重点		
结果	达成共识点	
	差异点	

沟通计划表只是一个帮助你增进沟通能力的一项工具。计划表能让你在沟通前先思考沟通进行的方式及如何表达你想表达的重点；在沟通中帮助你留意是否有所遗漏；在沟通完后能让你回想反省沟通的

过程：自己是否能依计划进行，自己在沟通时犯了哪些缺点等。

该计划表的填制可以用文字的形式，也可以用在心中打腹稿的形式。你究竟需要采取哪种方式进行计划表填制可以根据沟通的重要性和复杂性而定。

6. 拜访前做好充分的沟通练习并通过声音大声讲出来

与别人说话，是主动的、事先有准备的，这才是谈话的艺术。有些人非常健谈，开始说话时似乎十分自然，也许你不知道这并不是偶然，而是他们事先经过充分的准备，早有一套设计好的开场白才会如此健谈的。

———— 关 键 点 ————

□ 描绘成功对话的情境：事先演练特定情境的对话，有助于实际对话的成功。例如：如果他这么说……，那我就说……。

□ 相信自己，并相信自己的观点。

□ 使自己感到愉快、放松自己。

沟通的程序

沟通的程序大致而言可分为以下三个阶段。

（1）第一阶段：开场白。开场白的重点在说明沟通的目的，建立自由交谈的气氛，建立彼此的信赖等。

（2）第二阶段：中间沟通。中间沟通的重点是充分交换讯息。注意聆听、找出双方共同的部分，如想法、目标、观念等，明确出双方无法达成共识的地方。

（3）第三阶段：结尾。沟通结束时，汇总双方产生共识的地方；

对不能取得回应的地方，诚恳地表达再沟通的期望；对沟通中产生的需要再查明、再调查确认的项目约定回复的时间；最后，向对方能参与沟通表示感谢。

1. 怎样有一个好的开场白

开场白的重点是说明沟通的目的，那么怎样说明呢？

（1）把事情想透彻，预先进行沟通准备。首先，在你与某人沟通之前，先想一想你所要说的，准备好一个说话的概要。其次，预先多次揣摩说话的材料和推演方式，学习他人的说话技巧。这样在沟通时才不会乱成一团，说得颠三倒四、乱七八糟。

（2）发展敞开度。只有当沟通是敞开的，双方能够自由地表达真实想法时，这种双向式的交流才成为可能，所以沟通时在你充分敞开的前提下，要发展对方的敞开度。怎样发展敞开度呢？

1）消除沟通的障碍。沟通障碍是由下列因素产生的：

☐ 沟通目的不明确。

☐ 沟通时间不够，沟通双方有过度的时间压力。

☐ 对方带有某种不良情绪，如感到自己处于沟通的守势地位，不愿意进行沟通。

☐ 沟通双方不肯做出让步。

☐ 消除沟通障碍就是要做好沟通前的准备工作，设定明确的沟通目的，在双方都有足够时间的时候进行沟通。

2）发展敞开度。下列方法将会帮助你在沟通中发展对方的敞开度：

☐ 引导对方讨论对方想要谈的任何方面。

☐ 在适当的时候停顿一下，不转入任何特定的话题，此时对方会主动寻找一些信息和话题进行沟通。

☐ 阐明你对对方已说过的话题的兴趣和理解。

☐ 试探轻松的区域或话题，把对方引向敞开性。

□ 试探敏感的区域或话题，根据对方的反应情况，有策略地发展对方的敞开度。

3）建立自由交谈的气氛。

□ 气氛控制方面

沟通态度要诚恳。给对方充分的注意；避免接电话或他人的打扰，这会使你分心；不要同时进行两个谈话；从头到尾要泰然自若；要有幽默感，即使是正经八百的谈话，也要加入一些特殊效果，使听者会心一笑。

平衡感情与理论。过于理论化会使沟通变得无聊，过于感情化则犹如车轮空转、使沟通流于煽情。平衡感情与理论时要视听者的气氛而加以控制，注意与沟通对象保持视线接触，观察他人对你的意思的反应。人们的想法大多不是用言语表达出来的，学会通过人们的面部表达、手脚的动作来了解他们的想法。最重要的是，注意他们的眼神，从中寻找迷惑不解、不同意、不相信、抗拒或理解等表示。不过要注意，有些过分的目光接触是一种不尊敬的表示。

为了保持人们的注意力，调节你的嗓门。突然提高或压低声音，加快或减低速度，都会增加人们对你说话的兴趣；当你讲到一个重大问题或要点时，最好的方法是稍稍提高你的嗓音或者在语调上表示慎重起来。同时，身体向前倾，眼睛张大并使用恰当的手势，让你的这些身体语言反映出你讲话的重要性。另外，你也可以通过演示来激发热情。

以共通的话题及肯定的方式开始你的谈话。如果有冲突的潜在可能，那就从双方都同意的事情谈起。把谈话建立在你们相同的方面，以创造一种积极的气氛使你能够处理较困难的问题。

□ 言词运用方面

避免使用"但是"来连接句子，这个字眼会使人们处于防范的地位。可以使用一个较好的字眼——"而且"。

多使用"我"。因为使用"你"会使人们加以防范。

沟通开始时要注意吸引人的注意，做结论时要注意把所有要点归纳在一起。

吐词要清晰，讲话要有着重点，停顿要恰到好处。

从对方的观点出发讲述问题，并引导对方做出结论。

沟通以事实与数字为基础，但要注意不要过于冗长。

加些生活趣事，内容包括一些对方有兴趣的资讯。

明确说出自己的特长。

（3）观点要讲清楚，理由要讲明白。

1）作开场白时先说明内容大纲，接着描述背景，之后再叙述细节部分。

2）每一次有意义的思想交流，都要从清楚地表达观点开始。因为你要让他人准确地理解你，你首先就需要界定概念。

3）与清楚地表达你的观点密不可分的另一个问题是，为你的观点提供有说服力的支持，即清楚表述你得出的观点是基于怎样的理由和依据。因为只是简单地表述了观点而没有进一步提供理由和根据是不行的，你必须提供支撑自己观点成立的理由和根据。

4）说明时要注意以下几点：

▫ 强调或反复提及重要之处。

▫ 视经理、新手、专家等听者身份的不同，有必要改变一下内容的详细程度。因为说明时并非要你把自己所知道的事情全部巨细无遗地说出来，而是恰如其分即可。

▫ 对你的要求要表达得清楚具体。

▫ 如果你不肯定听话的人是否明白了，请他们用自己的话把你的意思重复一遍。

2. 中间沟通

中间沟通的重点是充分交换讯息。注意聆听、找出双方共同的部分，如想法、目标、观念等，明确出双方无法达成共识的地方。

沟通的步骤如图 3-2 所示。

取得信息 ──────→ 确认对这些信息的理解 ──────→ 传递信息
（听出对方的问题重点） 　　　　　　　　　　　　　　（说明解决办法或
　　　　　　　　　　　　　　　　　　　　　　　　　　　具体的安排）

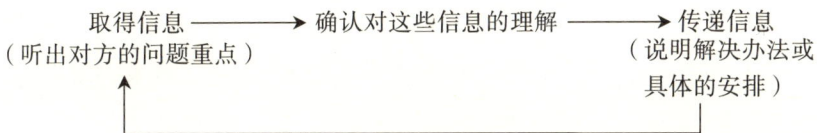

图 3-2　沟通图示

（1）取得信息。沟通其实是一种信息的交流，信息交流是双向的，首先你必须获知对方的信息，才能针对此信息表达你的看法，这样一来一往，才能形成沟通，所以沟通的第一步是取得信息。

要取得信息，你必须注意对方观点的细微之处。在这种情况下，聆听不是一个被动的行为，而是一个积极的、批判思考的活动。这就意味着你在聆听时需要设法设身处地站在对方的立场上去理解他的思想活动过程，所以你必须：① 暂缓下结论。当你正认真地聆听他人表达思想时，不要急着下结论。过早地作出类似"这没说明什么问题"等的评价，会阻碍沟通的过程。你需要有足够的耐心，允许他人把看法完全表达出来。② 认真地聆听。因为你需要对他人观点的准确性和恰当性进行评价，同时，你还要能问出一些有助于澄清观点的问题，所以你只有用心地去听才能做到。

聆听技巧是重要的沟通技巧，因为只有聆听，你才能了解对方的需求，决定如何做最有效的沟通；良好的聆听也能使对方感到受到了重视，使沟通气氛更加和谐，因为每一个人都希望自己说话的时候，对方正在倾听，并能了解、体会自己所说的话。

聆听的主要技巧如下。

聆听的要点

1. 聆听不只是被动的听，有时需要与适当的提问相结合

使用自己的话语查证于对方，由对方加以证实，这样可以避免任何可能的误会、从而保持正确地沟通，所以良好的聆听也包括掌握正确的提问方法来取得相互的了解。

主动的听还应视沟通对象特点合理分配讲话与聆听的时间比例。如：聆听时可以做一些笔记，这不但有助于聆听，而且有集中

话题及取悦对方的特点。

2．在完全理解听到的内容之前不做出判断、直到事实清楚、证据确凿

通常人与人之间沟通的最大障碍就是听不到对方的内心讯息而处理了错误的讯息，所以要避免这种障碍的发生就需要你能够有效地聆听对象的问题。有效的聆听包括：① 弄懂言外之意；② 不轻信假象；③ 聆听隐射的论调及含义；④ 不妄自评断，分析、感受对方真正的意思；⑤ 将注意力集中于对方谈话的要点，同时确定对方谈话的本质。

聆听弦外之音时，你应听出他的问题所在，不要立刻发问或急于提供答案，也不要责备或质询他，你应让他的问题完满表达出来。同时，你还要注意说话者的肢体语言、面部表情或音调是否符合他所要传递的讯息。偶尔也许你会判断错误，别人说的话中没有隐含的讯息，而你却以为有什么言外之意。不过，如果你能够收放自如，在适当的时机运用聆听的技巧，倾听别人的话中有没有言外之意，应该会获得良好的结果。

3．注意集中精神，保持积极、主动的态度

在谈话过程中，必须要能投入，要保持灵敏主动，不要只听你希望听到的，不要常常分心，不要从你自己的观点来听。

在注意力集中时，你的生理状态应该是积极的，你可以用眼睛注视对方，这能帮助你聆听，同时能让对方相信你在聆听。还有，把手边的事先摆在一旁，表示你关心对方所说的话。

在聆听时还要注意放松心情，抑制自己想争论的冲动。你应该让对方把话说完，不要拒绝他的问题，不要责怪、不要插嘴，这些都有利于主动营造良好的沟通气氛。

（2）确认对这些信息的理解。对同样的信息有可能存在你的认识和别人想传递的想法不同或有差距的情况，所以在回复对方之前你需要确认你所获得的信息是否理解正确。确认方法：重复一下你认为对

方已经讲过的东西，或把信息进行整理后用你自己的语言把信息复述一遍。比如：你可以问："你的意思是……，是吗？"如果对方确认是这个意思，则理解正确；如果对方认为不对，则理解错误。

有一些技巧可以帮助我们确认对这些信息的理解。

信息理解的要点

1．你可以重复对方所说的话，或是用自己的话来复述对方的话

不作评论和解释地简单表达你所了解的，不但表示你用心倾听，同时也给对方修改错误的机会。注意不要插嘴太快，因为这样可能打断有些你必须知道的重要消息。

2．不清楚的地方要发问

比如对方陈述的内容太抽象；何时、谁、何事、如何做等与结果、行动有关连的要素没说清楚；这些都需要你提问以弄清楚。

在你与他人的讨论中，提问是一个重要的驱动力量。通过对重要问题进行提问的方式，你就能对某个话题进行探讨，你不仅让对方能再次陈述他的观点，你也有机会确定对方的意思何在。提问的过程会逐渐揭示出支持各种观点的理由和根据。

3．在沟通中你要试图去增进对对方的了解，而不是简单地想在争论中压倒对方

当你与他人探讨问题时，你常常是从不同意他人的观点开始的。实际上，这是你之所以参加讨论的重要原因之一。然而，在一个有效的讨论中，你主要的目的应该是增进了解，而不应该不遗余力地去证明自己观点的正确。如果你决定证明你是正确的，那么，你就不可能容纳他人的观点，或容纳与你不同的看法。你应该努力地从不同的角度看问题，特别是站在与你持不同观点的人的立场上看问题，这样对你扩大视野也有帮助。

（3）传递信息。确认你对对方所表达的信息清整理解后，你就可以传递你的信息了。你的信息包括你对对方信息的看法，针对对方信息你的建议和意见。

对方听取你的看法后会说出他的意见，这样你又开始进入取得信息阶段，然后确认信息、传递信息，周而复始，就形成了一种信息流，这就是沟通的方式。

传递信息对沟通非常重要，你的回馈可以让对方知道你们是否互相了解，话题是否一致。所以你需要适时表达你的观点，即在你完全了解了对方观点的情况下，就可以系统地阐述你的观点。

在传递信息时对事件能侃侃而谈，旁征博引，并且综合出个人独到的见解总是很让人羡慕的。那么如此条理清晰、富有逻辑的说话方式，有一定的规则或范例存在吗？以下是传递信息的一些要点。

传递信息的要点

1. 传递信息时最重要的是要能触动对方的思维，清楚地表达自我意见

对方若知道彼此都立足在共同的基础时，便会解除胸中的疑虑，坦然交谈。所以在传递信息时你需要找出共同点（共同点就是沟通上的立足点），明白告知对方欣赏他的观点或者彼此利害一致。让对方知道你充分了解对方的立场、希望，考虑到了其应有的利益。

2. 传递信息时力求简洁、明确、务实

传递信息时应把握对方的晤谈目的，视对方的目的而随机改变说话方式；要明显提到问题重点以及解决办法；传递的信息要清楚与精确，给予的回应要具体、可量度及具有时间性。其他的人将不只是欣赏你的礼貌和体贴，也欣赏你的有效沟通。高质素的沟通重质不重量。不必要时，无需做最详细的答复。因为说得太详细时，对方可能会没耐心或者根本不在听。

3. 说话内容要流畅而不相抵触

使用易懂的词汇，以浅显的字句表达出艰涩的道理，有实例时尽量以实例说明。列举范列时，要内容简单易懂、目的明确，具时效性。范例尽可能加入自己的亲身体验和感想。过于理论化，无异于疲劳轰炸。

4．传递的途径有很多种类

你可以通过一些表情或者形体语言暗示给别人你的心思，当然，最重要的表达方式还是你的语言。

5．要充满自信

自信与企图心会使你的语气更加坚定，从而博得信任。要在言谈中表现出诚恳的态度，让对方愿意用心倾听，要在用语及说话方式上融入热情让对方能有所感动。

6．不要立于被动的立场

对方主动要求晤谈，如果我们是抱着莫可奈何的心情的话，主动权便落在对方手上，凡事得迁就对方。因此千万不能立于被动的立场，而应仔细分析对方的目的和讨论的主题，以最完整而充分的准备面对对方。

7．回应不可过分主观，应理解每件事都有两种看法，正反两面，不可偏执

谈话的内容最好用商量、就事论事的形式，不要主观定论，不要采用指令、警告、威胁、恐吓、说教、哀求、争辩、批评、判定、不同意、责备、侮辱、质询、哄骗等形式。要学习欣赏别人的长处，宽恕别人的短处。

3．结尾

沟通结束时，汇总双方产生共识的地方；对不能取得回应的地方，诚恳地表达再沟通的期望；对沟通中产生的需要再查明、再调查确认的项目约定回复的时间；最后，向对方能参与沟通表示感谢。

针对上面沟通进行的三个阶段，你对每个阶段需要准备好进行时所需要的参考资料、预测可能发生疑点的问题及计划各个细项沟通的顺序及所需的时间。虽然对于沟通这种互动行为，单方面很难也没有必要控制整个程序的进行，但是若你心中已准备好腹案，相信你沟通时会更有重点、更有效率。

有时人们触犯一些沟通的禁忌。不良的沟通，效果打了折扣的沟通，通常指沟通者不自觉地触犯了某些沟通的禁忌。例如，某位同事在表达自己意见前的开场白一定是："你不懂或你们不懂，这件事是……。"我们知道他所说的"你不知道"、"你们不懂"这句话没有任何含意，只是他表达不同意见时的一句口头禅而已，但是听到他这句口头禅时，人们心里的第一个反应就是："我们什么都不懂，只有你才懂，你是谁啊？"此时沟通已不是在心平气和下进行，容易陷入无谓地争辩中了。你检查一下，你是否也触犯了这些沟通的禁忌。

4. 沟通的禁忌

（1）不良的口头禅。不要使用会带来负面印象的用词，如"你不懂……""笨蛋……""你有问题……""废话少说……""少啰嗦……"等。人类会因对方的用词来整理脑中的印象，自己也会不经意地受到自己所使用的词的影响。不良的口头禅既会影响到自己的行动、也会影响到周遭的人，因此最好多用一些积极、肯定的用语。

（2）用过多的专业术语或夹杂英文。要将原本很简单的事，深入浅出地说个明白，并不是件容易的事。如果你真的充分了解的话，就不应该利用艰深术语来解释，而要列举一些俯拾皆是，广为听者熟知的例子来从旁举证、简单说明。因为沟通是要清楚地让对方了解你的意见，虽然专业术语能正确地表达一个定义完整的概念，但前提是你沟通的对象也能明确地知道专业术语的含意，否则你传达给对方的是不完整、无法让人充分了解的讯息。

除了沟通的效果大打折扣外，别人会先入为主地认为你是活在特殊专业领域的人而无法与你沟通。同样地，有些人不管谈话的对象有哪些人，话中喜欢掺杂一些英文，好像英文才能正确表达他的意见。想想若是对方无法听懂你的英文，但又不会自现其拙，告诉你他听不懂你刚才说的英文，这样就已经造成沟通障碍，因此当你有掺杂说英文的沟通习惯时，请留意你谈话对象的反应。

（3）只顾表达自己的看法。不倾听对方的意见，只顾表达自己的看法，这种心态特别是长辈对晚辈、上司对部属沟通时最容易陷入。

（4）用威胁的语句。威胁的语句，一定会令人反感而产生反抗的心理，使沟通倒退。常见的威胁用语如："你最好这样……，否则……""我只给你二个选择，……""如果你不能……，就别怪我要……"等。

（5）易受干扰的环境。某位部属对自己未来的生涯规划感到彷徨，和主管约了时间就这个问题做深度的沟通，主管请他到办公室谈一下，部属慎重地讲着自己内心的彷徨，可是不时有下列情形出现：有人进办公室提醒主管十点要开会；电话铃响起，主管接了电话……。可想而知，部属的心理已经受到伤害。

（6）忽略确认不了解的讯息。说话者有责任用清晰、明确的方式表达自己的意思，同样地听话者也有义务确定自己能充分了解对方传达的任何讯息。千万不要因为不好意思而不懂装懂，表面上频频点头称是，但脑海中却茫然失序，这种结果一定对沟通后的行为造成伤害。

（7）被第一印象及身份、地位左右。受第一印象的好坏及对方服饰、地位、学历等先入为主的影响，就不能客观地听取对方的话语。

（8）过度以自我为中心。只相信自己的意见、想法是最好的，强行要别人接受。

（9）不信任对方。当你不信任对方时，心中自然会产生防卫的心理，往往不能坦诚沟通，同时容易误解对方的话语。

（10）勿伤其自尊心。多赞美对方。要舍名取实。意见大同小异时，要赞美并采用对方的意见。

（11）勿强迫对方作结论。可暗示对方作结论不要自己主动作结论，而要留机会给对方。

（12）勿触及隐私。

勿触及和对方信仰、宗教有关的话题。

勿触及和对方收入、经历、家庭状况、家庭环境有关的话题。

彼此认识不深时，最好不要深入隐私的话题；若关系已经很亲密，则由对方自然地说出来会比较好。

5. 沟通注意点

（1）迅速。要能透过手段、方法迅速地获得沟通时所需要的资料、情报，有沟通需要时要能迅速地进行沟通。

（2）正确。沟通时讲的话、提供的资讯要注意其正确性，要能明确地表达自己的想法，不可语意含糊、似是而非，把揣测当做事实陈述。

（3）易懂。用语要简单明了，主题要明确，专门术语要恰如其分且必须加以说明使人明了。

（4）从整体、大方向开始沟通。先让对方有一个全盘性的了解，再针对各个细项逐一说明。

（5）一面沟通一面要确认对方是否理解你的意见。发音要慢速、清楚、正确；音量要对方听得到。要注意对方确实理解你已说明的部分后再进行下面的沟通，否则无法做正确的沟通。

（6）完整不遗漏。沟通时随时来提醒自己，每个事情都要完整的沟通清楚，务必沟通后能依沟通后的结果产生具体的行动。

（7）不做作的幽默，是说话的润滑剂。适时的幽默可以拉近说话者和听话者之间的距离，同时还可以通过会心一笑化解心中的紧张。

沟通的技巧

技巧一：察言观色

察言观色主要着重于两方面：一方面要在沟通中弄懂对方的观点，即发掘出两种讯息——对方明显表达出来的意思和对方的言外之意；另一方面是分辨出对方的个性与喜好，比如有些人一看就知道相当敏感，听到别人无意中的失言，马上就会反应，所以你最好心里有个底，对于可能的不良后果要有所准备并尽量去发掘别人的长处。

技巧二：寻求共同点

在求同存异的基础上，人都需要被认同，寻求共同点不仅可以拉近双方心灵的距离，创造良好的沟通氛围，而且也与化解对立、达成一致的沟通目的相同。所以在沟通中，态度要诚恳，明确向对方传递自己的真实意图，并顾虑到对方的观点，这样共同点会比较容易找到。

技巧三：信息明确，掌握重点

沟通是信息的交流，说话的同时要时刻留意你想要传达的讯息，对方是不是已经听懂了。如果对方对你的话表现出比较疑惑的状态，你就要考虑是否需要解释或换一种方式陈述。同时，说话时简单扼要，观点突出，不要各个观点之间互相矛盾，不要说太多冗长不相关的话以造成你观点的混乱。如果你有一个重要的观点要坚持，不要搞得过于错综复杂或是卖弄技巧。首先，你必须知道自己想说什么，然后决定要怎样说出来，就不会偏离本题。强调重点时，不要受到不相干话题干扰而分心，不瞎扯无关紧要的细枝末节，你要像使用打桩机一样，打一下，回来，再打一下，然后用很大的力打第三下。在用词上，如果你与沟通的对象很熟，彼此比较了解，你可以使用俚语、行语拉近相互间的情感距离，否则，尽量避免使用这类字眼，因为有些人可能听不懂某些俚语、行语。

技巧四：控制说话音量

在口头沟通中，说话时音量的高低大小都会对别人产生很重要的影响。音量的大小与改变总是与你所要传递的信息有所关联。别人也会从你的音量大小及其变化中揣测你的意图，所以你要注意控制说话音量，根据音量的调节来创造良好的沟通氛围与突出你沟通的重点。

控制音量也是一种情绪的控制，注意你改变音量，特别是调高音量的时候，你是否过于情绪化，控制说话音量的最好方法就是控制你自己的情绪。

技巧五：尊重与关心他人

对他人的尊重与关心总能获取他人的好感，使双方更融洽地交谈，所以在沟通时你一定要抱着体贴和注意小节的态度。关心他人的需要、倾听他人的兴趣，不因外务而分心，不说不相干的话，不粗暴地打断对方的话，不批评对方，不和对方争辩，不劝告对方。

技巧六：语言生动有趣

语言生动有趣可以加强相互间的互动关系，以炒热气氛，引起听者的注意。要达到以上效果，前提是你自己要对说话有兴趣。在沟通的过程中你可以让内容生动有趣，可以在沟通空当中交互运用幽默技巧，说些不局限于沟通内容的对方感兴趣的东西。

(?) 本章思考

1．请用一般到具体的不同语言表达方式陈述同一件事情。

2．回想一下，平时你都有哪些语言习惯触犯了沟通禁忌，请把它们罗列下来。

3．如果你是公司的业务代表，初次上门拜访客户，你怎样进行开场白，请据此写一篇情景对话。

21

明智的决策：问题解决能力

能够发现重要的问题并主动进行决策是强者的优秀特征。
而弱者往往是在自己没有选择的情况下被动地做出决策。

问题概貌

我们生活在一个复杂、具有挑战性的世界里，这个世界对于人在
知识上有很高的要求，每天我们都要解决棘手的难题，分析纠缠不清
的问题，过滤浪潮般的信息，做出明智的决定；在工作中，我们也总
会遇到林林总总的问题需要解决，企业本身就是一个能解决问题的集
合体，而工作可说是一连串的问题解决，在企业内每个阶层的同仁，
都会面临不同的问题，为了在复杂的社会环境中取得成功，为了确保
工作业绩的达成，为了有效地解决问题，更有效地工作，具有高超的
问题解决能力就非常重要。虽然你所面临的问题多种多样，但相同的
是只要你能解决了一个问题，你的经验与能力必会增进。

问题不会自己解决，是要靠你来解决。解决问题的主角是你，你

面临问题时，若能自问要怎样才能成功，再问我为什么没有成功，两相比较一定会有一个差距，知道差距在哪里？原因是什么？你就能克服这个差距，这也能帮助你面对各种问题，成为一个能解决问题的人。因此你必须坦诚地面对你自己，排除自己给自己造成的障碍。你若能将你的身心调整到全力以赴、奋力一搏的状态下，就会发现你的主管、你的朋友和你自己都确信你可完成任何事情。

问题：一般是指疑难、矛盾。这里主要指差距，即现状与标准要求的不一致。

问题解决能力：正确分析问题并做出有效决策的能力。

不同的问题复杂程度要求的问题解决能力不同：

根据问题的复杂程度，问题可被分为三种类型：日常型问题、危机型问题、复杂型问题。

（1）日常型问题。绝大多数日常型需要解决的问题是例行公事，重复而简单，通常可以根据方针政策和规章制度来处理。即使不是这样，哪些事情可以做，哪些不能，你也了如指掌，处理起来也顺理成章。比如打电话让人来修空调、允许电脑出故障的同事借用一下你的电脑，几乎不需要创造性，也无需其他同事参与。

（2）危机型问题。问题解决要求反应迅速而准确，它常常在毫无征兆的情况下突然降临，要求立刻集中全部注意力处理，没有多少时间制定计划或者引入其他人员参与。

（3）复杂型问题。问题解决通常要考虑多种因素：经济的、社会的和人事的。这些问题牵涉到大量争执、分歧、甚至冲突，它需要反馈、讨论和规划。这类决定会给企业的经营管理状况带来重要的变化，如确定发展方向和保持企业的竞争优势所需的决策。问题解决质量对复杂型决策来说至关重要。为保证质量，需要提出创造性意见，估计各种困难和可能的后果，然后根据最理想的可能结果做出决策。

以下着重培养的是复杂型问题的解决能力。

问题解决能力自检

以下是一些思维方式与问题解决方法的描述，对照自己在生活或工作中问题思考与解决习惯，细想想自己平时是怎么做的。

（1）你把分析推理放在优先地位吗？

正确的方式：我对复杂的问题都要进行认真的思考和推理。

需要改进的方式：我常常不进行认真的分析就对问题迅速地作出决策。

（2）你能构筑正确的论点吗？

正确的方式：我善于用正确的推理和合乎逻辑的结论来构筑正确的论点。

需要改进的方式：我常常不善于运用合乎逻辑的论点来组织和支持我的思考。

（3）你能运用分析复杂问题的方法吗？

正确的方式：我运用系统的方法来分析复杂的问题。

需要改进的方式：我分析复杂问题的方法远不如我想像的那样有条理。

问题解决能力强的表现：

善于发现问题；能全面、多角度地分析问题；判断、推理准确；能抓住问题的实质并有条理、有层次地做出正确的决策。

问题解决能力弱的表现：

片面地分析问题，抓不住重点；判断能力差，决策失误多；推理不准确，归纳不完整。

正确提高问题解决能力之道

对问题解决能力的两种不同看法，见图 3-3。

"解决问题的高手是天生的，而不是培养出来的。有的人生来就有这个天赋，而有的人却没有，这是一种天生的创造力，是教不出来的。"	"善于解决问题的能力通常是缜密而系统化思维的产物，任何一个有才之士都能获得这种能力。有序的思维工作方式并不会扼杀灵感及创造力，反而会助长灵感及创造力的产生。"

图 3-3　对问题解决能力的两种不同看法

正确提高问题解决能力之道是：有效地解决具有挑战性的问题，需要运用一整套综合性的逻辑思维方法及问题解决科学方法。

在进行问题解决能力训练时，从两方面入手：

（1）逻辑思维训练。

（2）科学的问题解决方法训练。

逻辑思维训练

我们如何对复杂的问题做出解答呢？我们需要掌握能使我们独立判断和得出正确结论的思考工具，因为要成功地解决问题必须掌握一定的逻辑思维方法。职位越高，工作复杂性越高，需要掌握的逻辑思维方法越多。解决复杂问题在本质上就是一种高强度、高难度的思维活动，要提高解决复杂问题的水平就要提高思维能力，只有通过科学的思维过程，才能对客观存在做出正确的判断与决策。

逻辑思维又称为抽象思维，这是运用概念、判断、推理反映、揭示事物本质和规律的思维形式，以抽象性为其特征。

1. 逻辑思维的功用

（1）逻辑中的概念、判断和推理知识，可以帮助人们正确地进行思维，做到概念明确、判断恰当、推理有逻辑性，从而在工作中有所发现，有所创造。

（2）如果懂得逻辑，思维敏捷，善于发现问题和解决问题，那无疑会提高办事效率。

（3）逻辑不仅可以帮助我们预见和洞察未来，出色地完成工作任务，而且可以应用于整个决策过程中，帮助我们进行正确的决策。因为判断的先决条件固然是判断标准，但仅有判断标准还不能立即做出判断。判断需要经过思维推理过程，一个思维混乱的人很难根据事实和价值观来做出正确的判断。

（4）逻辑的工具作用，同时也表现为它能够帮助人们提高表达能力。

2. 逻辑思维方法有哪些

在工作中我们都需要对各种各样的事情做出决定，如果所需作决定的事情很复杂，就需要运用复杂的逻辑思维方法。问题解决中常常使用的逻辑思维方法如下：

演绎分析法、假说、比较分析抉择法、前提分析抉择法、充足理由……关于这些逻辑思维方法，在具体的问题解决步骤时再分别介绍。

3. 怎样把逻辑思维运用于问题解决中

运用理论思维去指导实践活动的，都是通过调查研究、预测分析等去分析问题、制定对策、解决问题的。因此，自然会产生这样两个问题：

（1）在这一活动过程中，作为思维工具的逻辑是怎样应用的？

（2）我们能否从这些思维活动中总结出一些新的思维方式、方法？

解决了这两个问题，无疑会对我们的工作效率、工作方法产生积极影响。在本节中，我们将逻辑应用在一整套的问题解决方式中，成为一个系统的模式以利于大家在今后遇到问题时能系统性地分析、判断与解决。

4. 怎样提高逻辑思维能力

逻辑思维能力是决策者在生活中和工作中学习与磨炼出来的，是逐步提高的。要想提高决策思维能力，就必须自觉地学习科学的思维方法，并在平时自觉地运用它，同时还要同错误的思维方法作坚决的斗争，有些人就是因为不自觉地学了并用了一些不科学的思维方法而导致判断失误的。

训练自己的逻辑思维，提高问题解决能力。

（1）世界是复杂的，不断发展的，它充满着分歧。如果我们想了解它，想做出明智的决定，我们必须有丰富的生活体验，对复杂的世界有深刻的理解和认识。

你能改正你认识上的错误、曲解和不完整的唯一方法，是对世界有一个全面的认识，对世界有一个明确和深刻的理解，一旦做到了这一点，你就能对所发生的事情进行批判的思考，然后改正你的错误和曲解。

（2）人的思维不会总是有逻辑性，一步接一步地去想问题，你要培养自己某种思维习惯，并天天坚持这种思维习惯。在对任何问题进行思考时，要问自己两个重要的问题：我对这个问题有什么看法？我的看法的证据和理由是什么？在做出一个结论之前认真地分析问题，对不同的观点进行分析，对支撑你看法的理由和根据作出评价，在此基础上你就会得出有说服力的结论。要避免在信息不充分的基础上匆忙地做决定，要善于提问、认真思考、做出有根据的结论。

思考问题的小窍门

窍门一：洞察先机

方法：对所思考的问题领域有相当专业的知识，能熟知历史、展望未来，能区别出表面变化与本质变化的不同，不会受常识的误导，拥有自己的情报来源。

窍门二：周密思考

方法：周密思考两忌，一忌片面，只见树木不见森林，看了一面，忘了另一面；二忌只看见事情的表象，而未能看见背后的本质。所以思考前应积极收集各方面情报以作对参考，两面思考，从正反两方面分析，且面面俱到，分析时不仅要看清现象，还要看透本质。

窍门三：讲求问题分析依据的真实性

方法：分析问题必须以事实为依据，所以要讲求依据的真实性。事实与推测是不同的，推测通常是人为地对事物对错、好坏等作评价，其结果常会因人而异，故不能当作事实成为思考的依据，即使是专家的意见，亦不能未经思考便加以相信。所以对于不确实的事物，自己要先进行调查确认，切勿凭印象判断。

窍门四：思考时把握住事情的要点

方法：从战略的角度思考，把握住事情的中心点，掌握住结构，尽量把事情简单化，不在意枝叶末节，且大胆舍去不重要之处。

窍门五：了解不同的立场和希望

方法：虽然你自己的思考是很重要的，但是他人的看法也不乏真知灼见，因此合理地借鉴他人的观点，你从中可以冷静检查自己的立场，并修正看法及想法上的偏差。注意在积极听取他人观点的同时，了解他人提出这些观点的理由和根据，这样会加深你对问题的理解。

图 3-4 为一个善于思考者的自画像。

独立思考
　所做结论都是经过认真的分析，而不是不加批判地借鉴他人的观点，盲目随众

有创造性
　能打破思考的常规，以创新的方式解决问题

好奇
　强烈地渴望了解和认识世界，对问题喜欢深入钻研，不满足于只了解事物表面现象

正确的思考方法
　提出观点时，总是以事实和根据为基础，对问题的看法能一语中的，当别人在细节上纠缠时，他们能抓住问题的实质

善思者自画像

善于听取反面意见
　能认真地听与自己相反的意见，能意识到自己的偏见，并很快纠正

宽容
　能认真听取每一种观点，并对其给予认真和公平的评价

思维活跃
　积极主动地面对问题迎接挑战，不会简单被动地应付局面

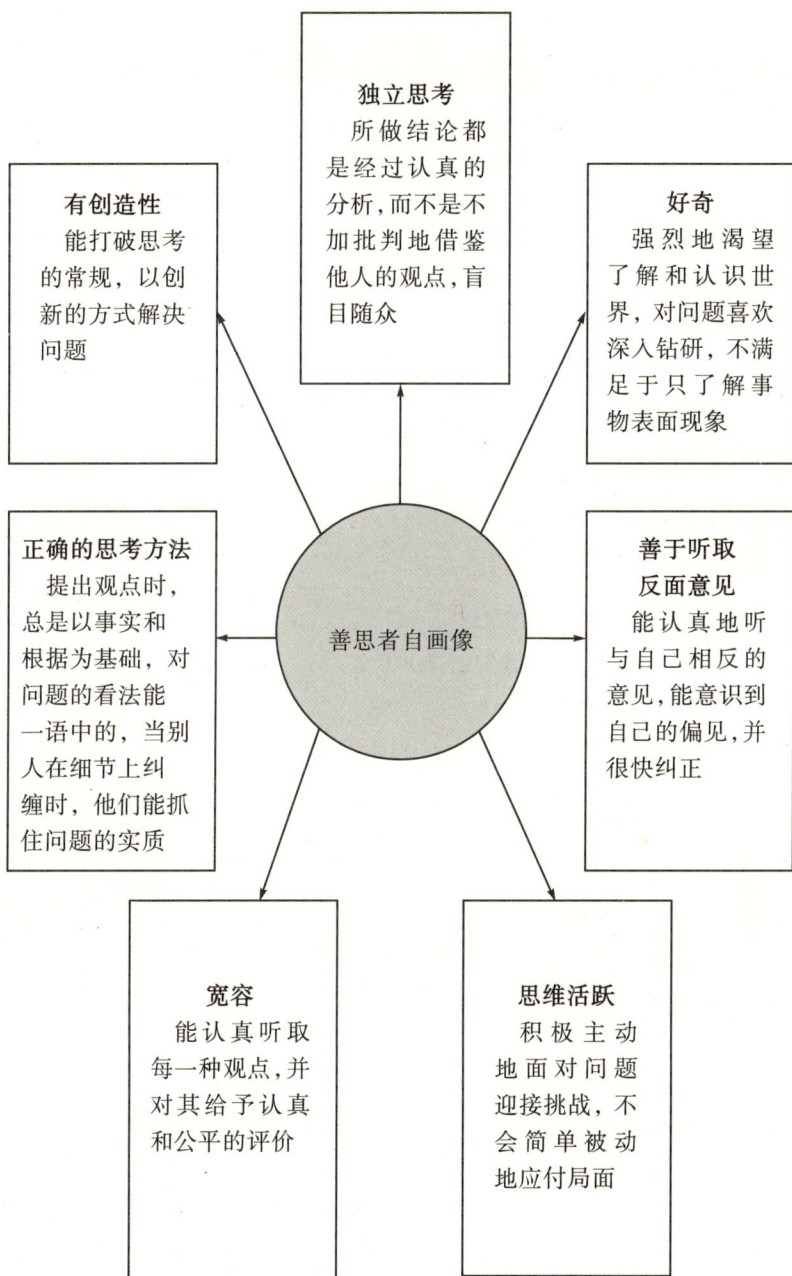

图 3-4　善思者自画像

科学的解决问题的程序

科学的解决问题的顺序如图 3-4 所示。

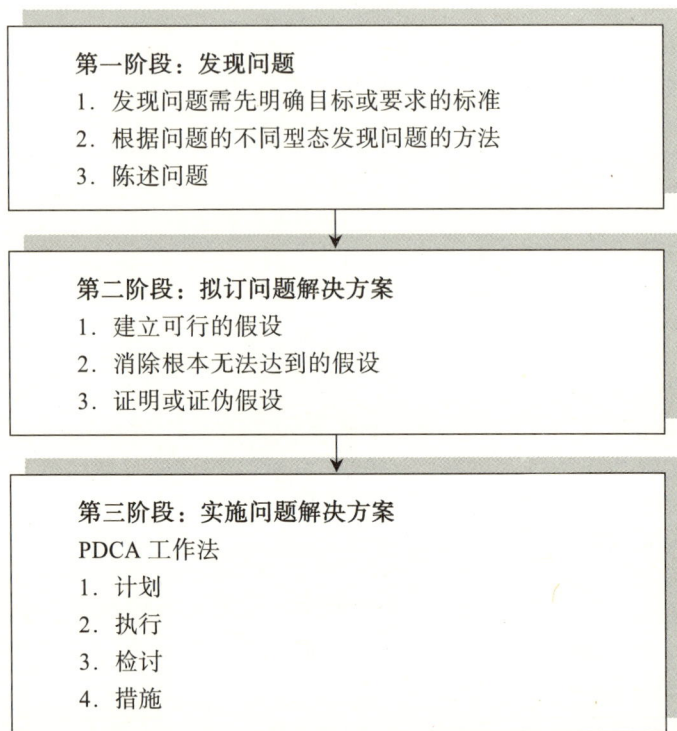

第一阶段：发现问题
1. 发现问题需先明确目标或要求的标准
2. 根据问题的不同型态发现问题的方法
3. 陈述问题

第二阶段：拟订问题解决方案
1. 建立可行的假设
2. 消除根本无法达到的假设
3. 证明或证伪假设

第三阶段：实施问题解决方案
PDCA 工作法
1. 计划
2. 执行
3. 检讨
4. 措施

图 3-5　解决问题程序图示

解决问题的第一阶段：发现问题

发现问题是解决问题的起点。因为只有发现了问题，才能制定解决该问题的方案。发现问题并不是一件简单的工作，因为问题常常不是一目了然的。在以往的资料中，包含着许多与真正问题无关的信息，而真正的问题又常常给人的是一些征兆和表面现象，其实质和发生原因被大量假象所掩盖，为了能够及时地发现问题，从而保证有效的工作，能使自己从资料的海洋中采集重要信息，并对围绕问题的有关因素进行分析，你必须具有正确的态度，还要掌握一些寻找问题的方法。

发现问题的态度：① 积极地秉持你的问题意识及改善意识。② 掌握现状、调查现状、密切注意现状，随时注意可能的问题点。

发现问题的方法如下。

1. 发现问题需先明确目标或要求的标准

不管是什么样的问题，解决时都要找出并清楚知道你在解决问题时努力要达到的具体的结果或目标。原因是：

（1）确定结果是很重要的，因为它可以为你分析问题提供一个明确的方向，并建立检测你是否获得成功的标准。

（2）自己要有明确的目标、标准，知道自己想要达成的目的或状态，你才能发现会有什么问题出现。

例如，你有每月销售 20 万元的销售目标后，你销售金额若仅达成 10 万元，你才可能发现销售方面有了问题；产品先有标准规格的设定后，才能发现与规格不合的问题。

（3）当你知道了你的工作目标是属于哪一类后，你就能知道原则上该如何进行。

例如，你的工作目标是达成型的目标，你将先明确你要达成的目标，再研究你要经由哪些手段或方法去做；若你的工作目标是问题解决型的，首先你必须找出产生问题的真正原因，然后针对原因提出解决对策。

在明确目标或标准时需注意其是否具有如下五个要素，即科学的"S.M.A.R.T"目标。对于周详且可实现的量化目标，S.M.A.R.T 目标确保了将所有的要素都囊括其中，有了周详和可量化的目标才能真正以此为基础发现问题。

S.M.A.R.T 目标

1．明确的（specific）

明细、分项、清晰。

例："写一份计划书"，不能视为目标，最多只是一个想法或需要而已；但是，"每天写三页，直到计划完成"，就是一个具体的目标。目标具体的另一个好处是：它可以让你更清楚地知道自己是否已达到目标。

2．可量化的（measurable）

量化，一种可供比较的标准，获得具体成果的方式。限定一个量化的目标才能衡量每日进度，也才能帮助你了解目标的达成状况及未来需努力的程度。

例："每天拜访10位客户。"

3．有行为导向的（action-oriented）

执行、运作、创造成果。

例："增加拜访的客户数量。"

4．切实可行的（realistic）

实际、可实现、精确、可行。在妥善运用所有资源的情况下，你的目标能否在合理时间内达成，目标设定过高或过低都会消磨你的志气。

例："……从现有水平增加到每天拜访15位客户。"

5．时效（time）

有计划，受时间控制，活动期限，可允许的最后期限。有效地规定期限可提升生产力与工作品质。要在最后期限内达成预定目标的一个方法是：把最后完成期限分成许多较短的完成期限。也就是说，如果你希望在下个月底完成某一个目标的话，不妨将工作分成几个段落，然后个别设定期限。例如，你可以要求自己分别在上、中、下旬完成某些工作，有了一个最后期限的压力，可促使你努力工作；而设定次要的完成期限，则可分散工作压力，并能集中心力，一次完成一件事。

例："到这个季度为止。"

总而言之，科学的目标有两个特征：

一个是促使目标切实可行；一个是促使预期成果量化。

所以衡量我们的工作是否出现问题之前，先衡量我们的目标与标准是否科学与合理。

2. 根据问题的不同形态发现问题的方法

问题有不同的形态，为了帮助我们了解，我们可把它分成 3 类：发生型问题；谋求改善型问题；潜在型问题。

（1）发生型问题。即现状与目标或标准要求发生了差距而导致问题的出现。

发生型问题的三要素：目标或标准要求是什么；现在的实际情况是什么；问题是什么。

发现问题的步骤：① 先了解目标或标准要求是什么；② 了解现在的实际情况是什么；③ 找出现状与目标或标准要求的差距，该差距即为出现的问题。

以下为发生型问题举例。

> 你希望一家商场为你代销产品，但商场主管说他们和现在的供货厂家关系很好，没有理由中止这种关系，这时候问题就发生了。
>
> **目标：**你希望一家商场为你代销产品。
>
> **现在的实际情况：**因为商场与现在的供货厂家关系很好，不愿中止这种关系致使不可能代销你的产品。
>
> **问题：**不能达成该商场为你代销产品的目标。

（2）谋求改善型问题。在把现有的目标或要求的标准往上提升时导致问题出现了。

谋求改善型问题的三要素：现在的目标或标准要求是什么；将来的目标或要求的标准是什么；问题是什么。

发现问题的步骤：① 先了解现在的目标或标准要求是什么；② 了解将来的目标或要求的标准是什么；③ 找出将来的目标或要求的

标准与现在的目标或要求的标准之间的差距，该差距即为出现的问题。

以下为谋求改善型问题举例。

你负责一个地区的销售管理工作，根据公司的营销计划，要求你所负责的地区 A 级店货架上货率由现在的 40%提升到 60%，但是现在的人力资源状况要达成新目标有困难，你怎样结合公司的营销策略完成此项工作任务？

现在的标准要求：所负责地区 A 级店货架上货率 40%。

将来的标准要求：所负责地区 A 级店货架上货率提升至 60%。

问题：现在的人力资源状况要达成新目标有困难？

（3）潜在型问题。在预测未来环境的更动可能会带给我们问题的情况下，我们必须着手准备解决的一些未来可能发生的潜在问题。

潜在型问题的三要素：现在的实际情况是什么，预计未来会产生哪些变化？发生什么问题？

发现问题的步骤：① 先明确现在的实际情况是什么；② 预计未来会产生哪些变化；③ 找出未来的变化所带来的不利之处，该不利之处即可能出现的问题。

以下为潜在型问题举例。

在兴隆区，中等规模的食品超市只有利来超市一家，根据本街区常住人口的变化，利来超市预计本街区将新增同类型超市两个，利来超市的销量与市场占有率可能会受到严重影响。

现在的实际情况：兴隆区只有利来超市一家。

未来的变化预测：未来兴隆区将新增同类型超市两家。

问题：利来超市的销量与市场占有率可能会受到严重影响。

3. 陈述问题

彼得·杜拉克说："管理中决策的重要性已经得到了广泛承认。但有许多争论主要集中在问题的解决，也就是给出答案上。这是错误的。实际上，管理决策中最常引发错误的是过分强调找到正确的答案，而不是正确的问题。"

管理哲学家阿可夫也曾经说过，我们失败的原因，多半是因为尝试正确地解决不正确的问题，而并非不正确地解决正确问题。也就是说，最好是在解决正确问题时碰到困难，而不是顺利的解决不正确的问题。不管解决问题的方法再多再好，如果你把它用来解决不正确的问题，根本于事无补。

当问题发生时，人们常用太笼统的词语进行思考，如表3-4所示。

表3-4　　　　　　　　　　笼统讨论与具体叙述的不同

非常笼统的结论	具体的对问题的叙述
我是一个失败者	我不能完成一项重要的工作
工作令人乏味	我对这个特殊的工作感到厌倦
我不讨人喜欢	这种关系不令人满意

人们通常没有清楚地了解问题是什么，有时候在解决问题的过程中，你才会发现问题的来源是一回事，而它实际上可能变成完全不同的另外一回事。如果这样，你解决问题的概率就会大大地减小。比如上述的每一种情况，非常笼统的结论都可以被一个较为具体的对问题的叙述所代替。所以在拟订问题解决方案之前，你需要清晰地阐述要解决的问题——科学地陈述问题。一个好的问题陈述的特点见图3-5。

以下为陈述问题举例。

问题：怎样实现企业产品在 2005 年底市场占有率由 5%上升至 8%？

分析：

该问题包含下列元素：

1）努力成功的标准、所需的准确度

市场占有率由 5%上升至 8%。

2）解决问题的时间

2005 年底。

注意：在陈述问题时，一定要设定比较准确的成功标准。如果此例陈述为：怎样提高企业产品占有率？就会因为定义模糊，造成所提出的问题对下一步的行动指导性不强。

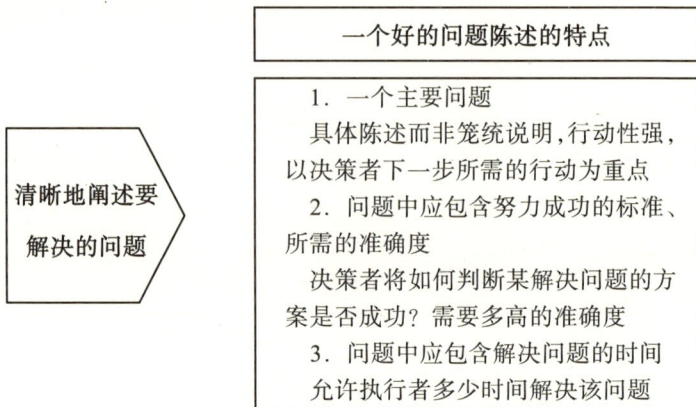

<table>
<tr><th colspan="2">一个好的问题陈述的特点</th></tr>
<tr><td rowspan="3">清晰地阐述要
解决的问题</td><td>1．一个主要问题
具体陈述而非笼统说明，行动性强，以决策者下一步所需的行动为重点</td></tr>
<tr><td>2．问题中应包含努力成功的标准、所需的准确度
决策者将如何判断某解决问题的方案是否成功？需要多高的准确度</td></tr>
<tr><td>3．问题中应包含解决问题的时间
允许执行者多少时间解决该问题</td></tr>
</table>

图 3-5　清晰地阐述问题的特点

一旦你发现并清楚确定了你的问题，你现在要做的事，就是提出可能帮助你解决问题的行动方案，即进入解决问题的第二阶段：拟订问题解决方案。

解决问题的第二阶段：拟订问题解决方案

问题解决同世界上任何事物一样，都有一个过程，有自身发展的规律，问题得不到解决的原因是缺少正确科学的方法。问题解决的科学性要求问题解决必须符合一定的规律，严格遵循一定的程序。解决问题程序化是问题解决科学化的保证，不实行问题解决程序化，就很难保证问题解决的科学性。

1．麦肯锡方法

如何有效地超越既有的信息进行成功的推理与判断，提供有见地的解释和准确的预测，构建有说服力的问题解决方案呢？

下面我们介绍一种解决问题的有效模块：麦肯锡思考问题的方法。

对大多数商业问题而言，彼此间相像的地方要多于彼此间有差异的地方。这意味着，用较少数量的解决问题的技巧，你就可以回答范围较大的问题。运用麦肯锡方法解决问题时可以使你把原始材料纳入了一个有条理的框架，以洞察问题的本质。不管你处于哪一行业，这一框架不但有助于你对竞争环境快速建立一个印象，而且还有助于你对环境可能发生怎样的变化形成一个观点。这个框架听起来很简单，但在激发你关于战略性的商业问题的思路时，这是一种强有力的方法。

该方法有助于规划一个项目或做一系列相关决策，预计各种可能结果，也可以运用该方法向一组人员有条理地提出某项目或问题，以取得对一决策或决策假设依据的反馈。麦肯锡方法简单易行，一经掌握，就成为一种无需复杂计算的有用技巧。

> 想一想：
>
> 对照麦肯锡方法解决问题总的原则，你在表达和陈述商业理念时，是否使用了一致性的结构？或者在问题解决过程中至少强调了内在的连贯性和逻辑性？在进行临时决策的时候是不是通常都没有一个达成共识、以事实为依据的结构框架呢？

麦肯锡方法就是一种分析复杂问题的推理模式，即以结构化拟订问题解决方案，通过此推理、预见训练，你将学会如何运用推理能力成功地进行决策，提供有见地的解释，进行准确的预测，并找寻有说服力的论据。

2. 什么是以结构化拟订问题解决方案

以结构化拟订问题解决方案是按照从结果到原因的逻辑推理模式，列出假定的问题解决方案，对方案进行预估与证明，以此来推测有效的问题解决方案的方法。

这种方法包含四个要素：

□ 结构：解决问题的分析框架。

□ 假设：假定的问题解决方案。

□ 证明或证伪：假设合理性的评估。

□ 数据：证明假设合理性的依据。

其中，结构是基础，有了解决问题的分析框架才能在此基础上进行假设、分析与证明。

解决问题的分析框架——结构如图 3-6 所示。

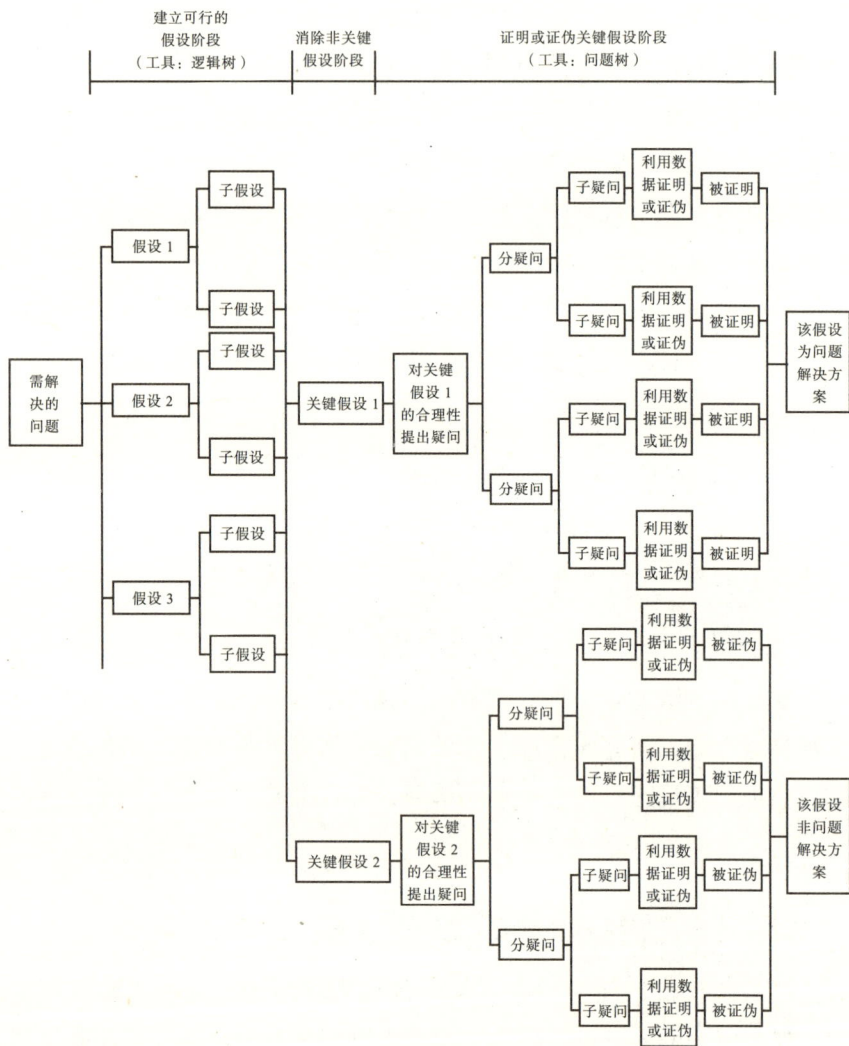

图 3-6　解决问题的分析框架

如图所示，拟订问题解决方案分为三个步骤：

步骤一：建立可行的假设（工具：逻辑树）。

步骤二：消除非关键假设。

步骤三：证明或证伪关键假设，确定最终的问题解决方案（工具：问题树）。

3. 结构化拟订问题解决方案的逻辑方法——演绎分析法

演绎分析法就是以拟订的方案为假言判断的前件，结合一般性知识，推出一个或一系列情况作为后件，构成充分条件假言判断，然后检查推出的判断是否可行、合理，是否符合客观条件的要求，据此进行确证或证伪。这一形式实质上就是充分条件假言推理的否定后件式，这是一个有效的推理形式。

这一形式是说，如果从方案出发，推出的后件可以为现实条件所满足，则方案成立。从逻辑上看这一推理不是一个普遍有效式，因为它从肯定一个充分条件假言判断的后件到肯定其前件，这种形式在演绎推理中得不出必然结论，所以，只能是确证方案的可行，而不能必然证定方案是绝对无误的。方案的确证是个非常复杂的逻辑过程，绝对的验证只能在实践中进行。

4. 结构化拟订问题解决方案的特点

构建商业问题务必以事实为基础，以"结构化"和"假设导向"的方式来解决问题。

（1）结构是解决问题的基础。如何将"结构化"应用于商业问题，如何设计初始假设，从而加快决策进程。结构化拟订问题解决方案的方法为常规判断性决策过程提供了条理结构。面对多种选择的时候，能够澄清一些模糊认识。在只有有限的资源和有限的资金的情况下，决定了你不可能任意发展，因此，在每一时刻你只能做出一种选择。有了结构框架，你不一定知道正确的道路是什么，但却不会在错误的道路上走得太远。

结构是解决问题的基础，结构能迅速把握问题的实质，在此基础上找寻可行的问题解决方案。经过问题、假设、分析、证明、最终产品这一系列的过程，你就了解了最终产品的可能面貌。它使你能够远离那些有趣的、费脑筋的、令人兴奋的，但毫不相关的分析。如果一开始能这样做，你就会很快取得胜利。

（2）该方法能使你更有效地解决问题，并有助于你在有限的时间里找到切实可行的解决方案。

利用结构，强化思维。如今人们所接触的信息远远超过了他们所要使用的信息。管理这些数据的唯一办法就是从中筛选出最相关的材料。有了结构框架，就避免了走太多的弯路，从而节约了时间和精力。因为以初始假设为起点，勾画出研究和分析的路线图，并贯穿于过程始终，这会大大加快寻求答案的过程。

5. 结构化解决问题的方法

下面，我们将依据拟订问题解决方案的3个步骤详细讲解结构化解决问题的方法。

（1）步骤一：建立可行的假设。围绕要解决的问题，制定问题解决方案的假设，是解决问题的一个重要步骤。

1）什么是建立可行的假设。建立可行的假设就是对问题解决方法的一种设想，即在已有知识的基础上，依据所观察和掌握的大量事实材料，针对客观环境产生的要因，找出解决问题的多项对策。其中，这些对策都是可供选择的措施、办法或途径；找出多项对策以便选择最适合的因应之道。建立可行的假设意味着指明了结果的方向，即弄清楚了想要到达的目的地，决定了是否走上正确的道路。

记住，假设仅仅是待证明或驳斥的理论，它并非答案。一个新的、有创见的假设是否符合工作目标尚待证实，它带有人的主观预计和推测。假设需要进一步证实后，才能成为解决问题的真正答案。注意，假设必须能通过工作实现，无法实现的设想绝不能构成假设。

2）怎样建立可行的假设。麦肯锡建立可行假设最常用的工具：逻辑树。

与任何一种结构框架一样，逻辑树通过对现实世界的简化，帮助你澄清复杂的问题，从无序走向有序。在构建和解决商业问题的过程中，将杂乱无序的材料梳理得井井有条是非常重要的。

逻辑树是一个演绎体系，是根据结构将问题的所有解决方法分层罗列。从最高层开始，然后将最初假设细分为许多的子假设，每个子假设又可细分为许多的子假设，这样在初始问题的基础上逐步向下扩展为第一层子假设、第二层子假设……第 N 层子假设，每一层子假设被分层罗列，被扩展至最后的第 N 层将是明确的、相互间完全没有重叠的子假设，至此所有相关的可行的假设都已被全部罗列出来了。

逻辑树的形式如图 3-7。

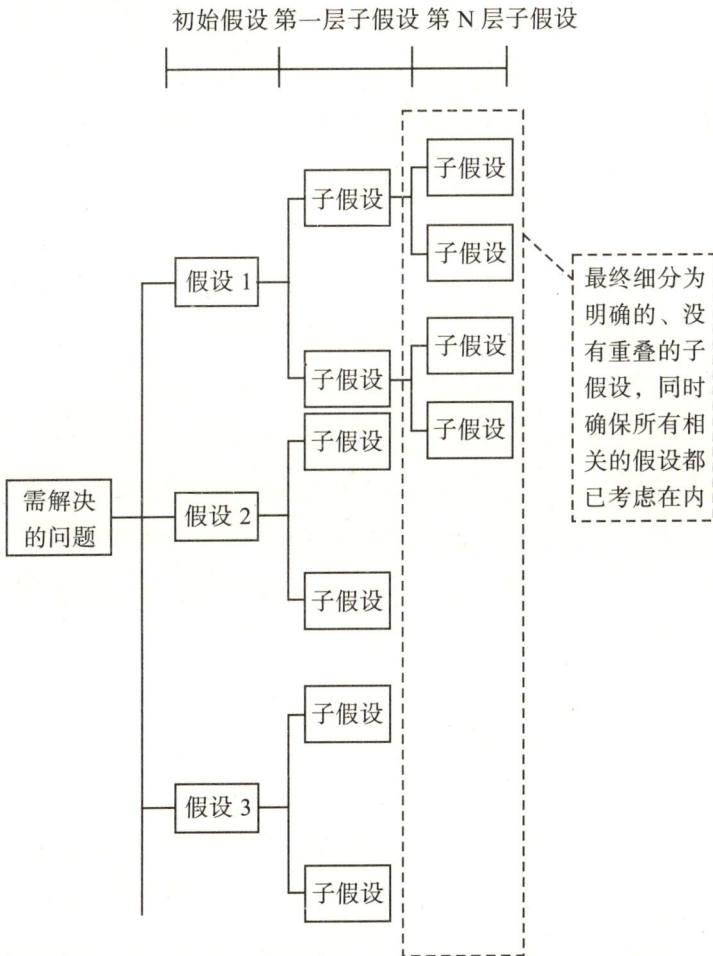

图 3-7　逻辑树

建立假设是一个复杂的思维过程，这里需要用到推理，由已知推出未知；根据一个或几个判断，得出另一判断。不仅要求制定者有关于该问题的全面知识，了解其背景、条件，以及与其他问题的联系，而且还必须具备一定的逻辑知识。

　　3）建立假设时的基本原则。

　　① 解决问题是从事实入手的。作为解决问题、创造最初的假设的第一步，你必须去搜集和利用事实、从事实出发。

　　即使你是最有经验的人，也许你会在很短的时间内说出问题的解决办法，但你也必须先着眼事实，因为"事实是友善的"，所以要预先做好准备，你并不需要全部的事实，只要掌握目前所知的全部事实，并有所考虑，足以对这个行业和问题有一个较好的全面认识就行了。如果问题出在你自己的企业，可能事实早就在你的头脑里了。

　　事实的收集：你要对成堆的资料和内部研究报告进行梳理，收集到足够的事实，以便提出假设。如果你面对的是一个全新的行业，这就意味着可能要花上几个小时的时间阅读报刊文章和年度报告；如果你对这个领域非常熟悉，那么所要做的仅仅是简要地记录下最初的想法或可能的答案。

　　背景情况参考信息：这个问题是怎么发展或出现的？何人引起这问题？何事引起这问题？何时发生的？何地发生的？如何发生的？

　　事实在假设建立时是处于首要地位的，事实弥补了分析人员的经验不足和缺乏灵感。当问题出现时，你可能会马上敏感地意识到问题所在，但仍需要全面和透彻地了解清楚事实再下结论。

　　② 在假说形成的初始阶段，由于一开始就要建立假设，研究者往往只能以为数不多的事实材料为基础，所以你要凭借自己的直觉和感性认识、经验对未来情况进行推测。

　　这并不妨碍在此基础上，依据你对问题的了解以及目前掌握的资料来建立初始假设，你可以利用手边的资料，不必再做额外的研究，结合自己的直觉，设想最可能的答案。这不意味着最可能的答案一定是最正确的，但只要建立假设时对这为数不多的事实材料的分析是科学的、透彻的，这就是一个好的起点。

> （1）假设是以事实材料为根据的。
> （2）假设必须以已有的科学知识为依据，不能违背科学的基本原理。

假设尽管以已有的科学知识为依据，但其核心的部分，基本的观念又不包括在已有的科学理论体系之中，即它们的真实性又是尚未得到判定的。正因为如此，一个假说最初提出时不可能尽善尽美，甚至可能包含一些不正确的内容就不足为奇了。

③ 根据 80/20 法则，创建假设时需找出解决问题的关键驱动因素，做出关于关键驱动因素的可讨论的建议方案。

因为大部分商业问题的成功取决于众多因素，但其中某些因素远比另一些因素重要。在时间和资源有限的情况下，你不可能奢望详尽地单独检验每一个因素。你要做的只是去发现那些影响问题的关键因素。因此，一定要直接钻向问题的核心。同时，当你想方设法去解决一个困难而复杂的问题时，如果同时盯着许多需求，就容易丧失目标，所以通过寻找关键驱动因素来处理问题，就可以避免一锅煮，它可以节省你的时间、精力，在很短时间内对问题的解决方案进行阐述。

④ 要关注大画面。

在你创建假设时，你要时不时地从正在做的事情中抬起头来想一想，问自己一些最基本的问题，你正在做的事情对解决问题究竟有何作用？它是如何推进你的思路的？这是不是你现在正在进行的最重要的事情？如果它没有多大的帮助，你为什么还要做呢？特别是当你感到完全被众多因素所包围时，你就应该后退一步，琢磨你正在努力完成的内容。问问自己，现在干的事情与大画面吻合得如何？它是否正向目标进军？如果不是，那就是浪费时间，而时间实在是太宝贵了。

⑤ 建立假设时各假设应相互独立并完全穷尽所有假设。

首先各假设之间相互独立。即每一个假设在内容上必须互相排斥、不能相互重复、包含、交叉。因为只有这样，才能进行选择。如果不是这样，这个方案包括在另一方案之中，或者方案之间相互交叉，则给选择带来困难，出现这个也可以、那个也行的状况，这是应避免的。同时，假设方案之间必须可以进行比较。这一要求的意思是说，各种方案不能从不可比角度提出，因为如果这样，各方案就无法对比，不可比就无从选择。对于无法协调的矛盾方案，经过权衡加以放弃。

各假设相互独立的举例。

> 一部汽车坏了，摆在我们面前有这些解决方法：
> A．不修，买新车。
> B．大修
> C．修好坏处，维持使用。
> D．修好坏处，长期使用。
> C和D是无法协调的矛盾方案，只有甄选其中一个。

其次，完全穷尽所有假设。即应尽可能穷尽该问题的所有可能解决方案，确保所有相关的问题都已考虑在内。这是因为解决问题的目标在于寻找一种解决问题的最佳方案，如果在拟订方案时漏掉了某些可能方案，那么最后选择的方案就可能不是最优的，至少不能断定是最优的，因为很难断定漏掉的方案不是最佳的。因此，在拟订方案时应尽可能穷尽所有可能方案，全面列举实现目标的多种途径和措施，包括高、中、低速发展方案，赞成、反对、弃权方案等等。

通过相互独立、完全穷尽的基本原则创建假设可以用最高的条理化和最大的完善度理清了你的思路。它使你列出了你所必须解决问题的各项方案。

4）产生好假设的技巧。形成好的假设并不很难，但它需要花费一定的时间和精力，下面的这些技巧会对你有所帮助。

① 设立高标准。设立似乎难以实现的目标可能会增加发现好的、不落俗套的方案的机会。高标准可能迫使你以一种全新的方式进行思考，而不只是对传统做法进行细枝末节的改动。

② 利用目标——多问问"为什么"。既然目标驱使决策，那么你

也可以利用它们来指引你寻找好的方案。问一问自己："怎样才能实现我的目标？"对每一个目标，包括所有手段目标和基本目标都要采用同样的步骤。

③ 妨碍我解决问题的阻力是什么？如果你一直在努力地去解决一个重要的问题，但却没有成功，那就很可能因为有某些因素在遏制着你。这些遏制力或是某种很难打破的习惯，或是你设法解决问题而对惨痛结果的恐惧，抑或是某些外部的障碍。你在努力收集有关你的问题的信息时，找出妨碍你寻求成功的解决办法的障碍是很有裨益的，因为这可以帮助你制定出具体的战略来克服这些障碍。

④ 不要做无用功！有许多现成的资料是很有帮助的，但切记它们是资料，而不是解决问题的方法。你是唯一的最终能解决你的问题的人，你需要发挥你批判的思考、创造性的和自由选择的能力，以实现你的目标。

⑤ 在建立假设时要尊重事实，即要求你充分考虑到解决方案的可行性。即使有堆积如山的资料支持，最绝妙的解决办法，只要不具有可行性，那也是徒劳无益的。

⑥ 从经验中学习。看一看其他人在类似情况下是怎样做的，想一想你以前是否也曾遇到过类似情况，以及你当时设计了什么样的方案。不过你不应受经验或旧的范例的束缚，关于应当怎样处理，有许多传统的教训，把它们扫到垃圾堆里去！寻求崭新的、革新的解决方法。集思广益，来获取许许多多的主意，哪怕是荒诞的主意也好，依靠其中的一些，再合并另外的一些，然后选择最佳的。一个主意越是非传统，你就越可能乐于试行，试验成功之后，再全面推行。所以在设计方案时，为确保不漏掉一个好的方案，应先忽略约束的存在（即使在最终做决策时需要将其作为一个目标考虑在内的情况下也是如此），同时应从经验中吸取营养。

⑦ 征求别人的意见。在仔细考虑了自己的决策和可选方案以后，你应该征求一下别人的意见。其他人常常能提出许多我们意想不到的行动方案，这一方面由于旁观者清，他们作为局外人，有较为客观的

看法；另一方面则是由于他们基于过去的经验，自然与我们看问题的方式不同。此外，你与他人共同讨论你的问题，可以使你茅塞顿开，精神振奋，从而开辟出摆脱你的两难处境的新道路。注意：在征求别人的意见时，尽量不要让自己的想法影响他人，应寻找一些与此次决策无关的人。不过，在征求意见前先进行独立思考，尽量创造一些最原始的想法，并在得到充分发展之后再去咨询别人的意见。

⑧ 在方案设计阶段，应设法提出多个可供选择的方案，不能局限于只提出几个方案。因为进一步扩展你的思路，提出更多的可能性，就一定会产生一些确实有创造性的解决办法。在解决问题的这个阶段，你要集中精力，尽量多提出一些解决问题的可能性，而不要急于对它们进行评价，这样做是非常有必要的。最大限度地运用你创造性的思考能力，建立新的联系，提出甚至是怪诞的想法，开拓新的思路，而不要去重蹈覆辙。在下一阶段，你将会有大量的机会对你的想法进行批判的评价，但现在，你需要让你的思维自由地驰骋，敢于大胆地怀疑和批判。有时候，牵强附会的想法最后可能会成为最好的和最有效的解决问题的方法。

5）建立可行假设范例。假设作为公司的负责人，你的团队需要解决"如何在新的一年里将利润提高 10%"的问题。这时你可以运用逻辑树建立如图 3-8 假设。

在绘制逻辑树时，问题的分解方式可能并不唯一，不同的选择会影响你看问题的角度，也会影响整个团队对某些关键问题的认识。仍以上例，如果绘制逻辑树时不是从公司的职能角度出发（即生产、销售、管理等等），而是从公司的层次结构出发（即按产品分类），那么你的团队或许会得到其他有价值的启示。但无论选取怎样的角度，逻辑树务必是相互独立，完全穷尽的，只有这样，你才能考虑周全、避免混淆。

6）建立可行假设的好处。

① 利用假设能使你更快地走出商业问题的迷宫。大多数人在面对复杂问题时，往往是从头开始，费力地分析所有的数据，直到找出

答案。这种方法有时被称为推理法：如果 A，那么 B；如果说 B，那么 C；……；如果 Y，那么 Z。通过初始假设，你就可能跳过所有的中间环节，直接到达 Z，并且，初始假设还很容易让你从 Z 返回到 A。

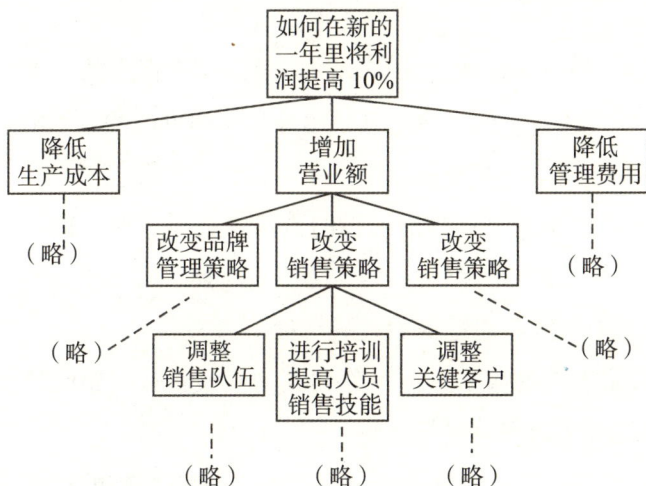

图 3-8 用逻辑树建立假设

② 初始假设将使你更有效地进行决策。以假设为导向的方法不仅能使你更迅速、更有效地解决问题，而且能够使你在多种选择方案中快速地做出评估。这样，你的决策就会更加灵活、有效。

③ 初始假设可以使你和你的团队把注意力集中在那些能够证实或证伪的问题上。这一点对于那些抓不住问题主要矛盾的人尤其重要。

④ 建立初始假设，可以使你在最短的时间内选定分析方法、明确研究领域，从而获得一个有说服力的结论。

（2）步骤二：消除根本无法达到的假设。你为解决的问题提出了许多可能的行动方案，但在现实条件下无法同时解决所有的课题，真正能解决问题的对策只有几项，究其原因恐怕来自客观的环境，不是凭自己主观的力量就能消除的；对每一种方案进行严格的和详细的评价也是既费时间又费心血的工作，所以当发现提出的假设很多但又要在时间和资源有限的条件下解决问题时，你就必须弄清楚对哪些假设的分析是绝对必要的，对哪些假设的分析是根本无法达到的，然后明白不该做什么，确定几项重要的假设进行分析。只有避免了不必要的分析，关注于那些容易获胜的方法，你才能在很短的时间内完成大量的工作。

1）什么是消除根本无法达到的假设。对你提出的所有假设的可行性和实用性进行评价，估测每一形势存在的可能性，消除根本无法达到的假设，选出决策方案。

2）消除根本无法达到的假设的方法。当你需要快速抉择时，快速粗略地对假设进行检验就显得尤为重要。如果头脑中忽然闪现某些想法，你就应快速粗略地对假设进行检验。

① 收集有用的事实，因为你建立的假设就是问题的答案，你必须用事实去对初始假设进行检验。

② 在大脑中想像未来的场景，对每一假设实施的过程进行预测性描绘。

③ 用前提的方法验证你的假设，主观判断哪些前提需要为真？如果任何一个前提是错的，那么你的假设也错了。许多时候，按照这种方法能够在几分钟内验证一个错误的假设。当你需要快速抉择时，这种方法就显得尤为重要。

注意：选用前提的方法时，需要弄清楚哪些分析是"快速致胜"的，即，哪些分析容易完成，并能为证明或否定最初假设作出主要的贡献。某些情况下，你保留的假设是抛开那些难以回答的问题时做出的。其中的原因可能是：你的竞争对手占据了数据，你正在所处的行业内开辟一片全新的天地，某种原因使问题变得难以解决。果真这样，千万不要灰心，机会在于即便这种情况使你不能完全得到答案，但却缩小了答案的可能范围。

④ 排除明显不利的假设。这一步可以节约大量时间，甚至可以在这一步直接决策。这种排除方法就像淘汰制的比赛，一个个的假设进行比较，最初就以明显的劣势输掉的假设自然就在淘汰之列了。

你和你的团队需要设计出降低气缸头成本的方案。今天，在头脑风暴会议之前，你想到了几种削减成本的假设方案：① 向供应商施加压力，降低原材料成本；② 在保持现有生产水平的情况下，进行裁员；③ 压缩气缸头处理过程的用时。现在，你可以快速粗略地对假设进行逐一验证。

首先你和你的团队需要收集证明这几种假设方案的有关数据，越全面越好。然后你对假设进行如下逐一快速的验证：

向供应商施加压力的假设似乎很不错，但是否可行？实现这一方案需要什么条件？经过分析，原材料是气缸头总成本中的一个关键因素，降低原材料的成本对消减总成本有很大的影响，但是作为气缸头主要原料的钢材价格目前有上扬的趋势，这意味着向原材料供应商施加压力的方法将因此而失败，所以此假设不可行，应不予采用。

对制造部门进行裁员又会怎样呢？劳动力是生产总成本中的另一个重要组成部分。那么关键的问题是：生产配备人员是否过多？换句话说，人均劳动生产率在所处行业中是否偏低？你回想起最近看到的一项研究表明，本公司的人均产出显著高于其竞争对手。看来这个假设也不行。

剩下的方法就是缩短在生产处理过程的用时。因为在处理过程中如果占用时间过长意味着既要使用大量能源，又要占用存货，因此造成了公司的资产负债表不必要的扩张。由此可见，缩短处理流程的用时能获得双重收益，不仅提高了公司的盈利水平，而且减少了半成品的存货。要使该方案可行需要什么条件呢？作为最初的切入点，问题似乎是缩短生产的处理时间。此时，团队中某个成员刚好获得新的信息，发现了一种新的处理过程可以获得与传统方法同样、甚至更好的生产效果，在未证明或证伪之前，这个假设似乎可行。

所以根据以上快速的思考方法，你和你的团队消除了根本无法达到的假设，得到了能够通过快速验证的关键假设。

（3）步骤三：证明或证伪关键假设。商业问题之间存在许多相似点，但这并不意味着相似的问题就有相似的解决办法。为了避免一刀切，你千万要小心，不要盲目信任自己的胆识。随着你在商界经验的积累，随着你看到和解决的问题越来越多，你会对在你们这一行什么起作用、什么不起作用具有相当清晰的认识。尽管你的胆识往往是正确的，虽然你可能认为自己已经得到了答案（或许真的如此），但你的判断的真实性或正确性还需要证明，你必须证明它，借助以事实为基础的分析方法，即你必须用以事实为基础的分析来证明或否定这些假设。所以，消除非关键假设后，下一步就是对余下的假设作更全面地检验，即证明或证伪关键假设。你必须把每一个关键假设记录下来，然后把它分成问题。如果一个关键假设是正确的，它会产生什么问题？考虑一下每一个问题的可能答案，然后再向下一层次进行。

证明或证伪事物必须具有两个要素

（1）证明或证伪假设的分析方法

（2）实施这种分析所必需的数据

1）证明或证伪假设的分析方法。证明或证伪假设所遵循的逻辑——间接论证。间接论证是通过确定与论题有关的判断的虚假，从而确立论题的真实性的论证，即引用已确定为真的判断来确立某一判断的真实性的思维过程。它是由论题到论据，为确立论题的真实性而找论据（已确定为真的判断），由一个或几个判断的真实性，进而断定另一个判断的真实性的逻辑方法。一个正确的论证的论据与论题不但要求真实，而且要求逻辑联系是必然的，否则就失去了论证的意义。

间接论证运用在证明或证伪假设时，就是为了验证你的假设，哪些假定需要为真？如果任何一个假定是错的，那么你的假设也就错了。具体来说就是让每个假设都有几个前提作为依据，假设是否合理关键在于它的前提是否成立，所以在抉择时，我们可以不直接讨论假设本身，而讨论它们的前提，通过分析每个假设的前提和实际上是否相符合或符合程度的多寡来确定选择哪个假设。

某企业试生产了一批光电产品投放市场，虽然卖出去了，但不十分畅销。关于此产品的生产与销售下一步怎么办呢？有三个假设方案：

a．原设计基本不动，马上正式生产；

b．改进不畅销设计，成功后大量投产；

c．停止生产，改产其他产品。

这三个备选方案的前提分别是：

假设 a 的前提：A．产品的需求量迅速增加；

B．几年内用户对质量和性能要求不会有明显变化。

假设 b 的前提：A．产品的需求量迅速增加；

B．用户对质量和性能要求会迅速提高；

C．本企业有能力在短期内作出满足用户的新设计。

假设 c 的前提：A．产品的需求量会迅速增加；

B．用户对质量和性能的要求会迅速提高；

C．本企业的技术力量无力在短期内提出有竞争能力的新设计。

将这些假设的前提进行分析，哪个假设的前提更符合实际就选择哪个假设方案，或者说哪个前提成立，就选择哪个假设。

2）问题树——证明或证伪假设的工具。你建立的最初假设是解决问题的方案，现在，你必须用以事实为基础的分析来证明或否定这些假设。要证明或证伪假设，你需要采用问题树的形式，问题树在结构和假设之间搭起了桥梁。通过问题树，你提出能够证实或证伪初始假设的若干问题，这些问题就是证明或证伪假设的前提假设。当你正确地设计了问题树，就知道了要采取的分析方法。

① 问题树是怎样的？问题树是由逻辑树演化而来的，是逻辑树的一种。两者的区别是：逻辑树是由元素构成的简单分层列表，问题树则是为了证明某个假设而罗列出的一系列问题。

② 绘制问题树。要绘制问题树，第一步就是要找出属于最高一层的问题，即保证假设成立的那些问题。然后把问题进一步分解成子问题，把子问题再进一步分解。在某些点上，向下的分枝可能有两级，

也可能有多级，所有的问题都演变成直接用是或者否为答案的子问题。在绘制问题树时，你必须遵循相互独立、完全穷尽的原则，即每一个同级的问题在内容上必须互相排斥，不能相互重复、包含、交叉，这样就会使思路更清晰，不至于造成混淆；同时应尽可能完全穷尽所有的问题，确保所有相关的问题都已考虑在内，这样论证所需的论据是全面的，尽量避免了因论据的不完善而造成选择最终问题解决方案时的错误。当你把每一个问题向下一级或多级扩展时，你要分析的路线图就开始清晰起来。

问题树如图 3-9 所示。

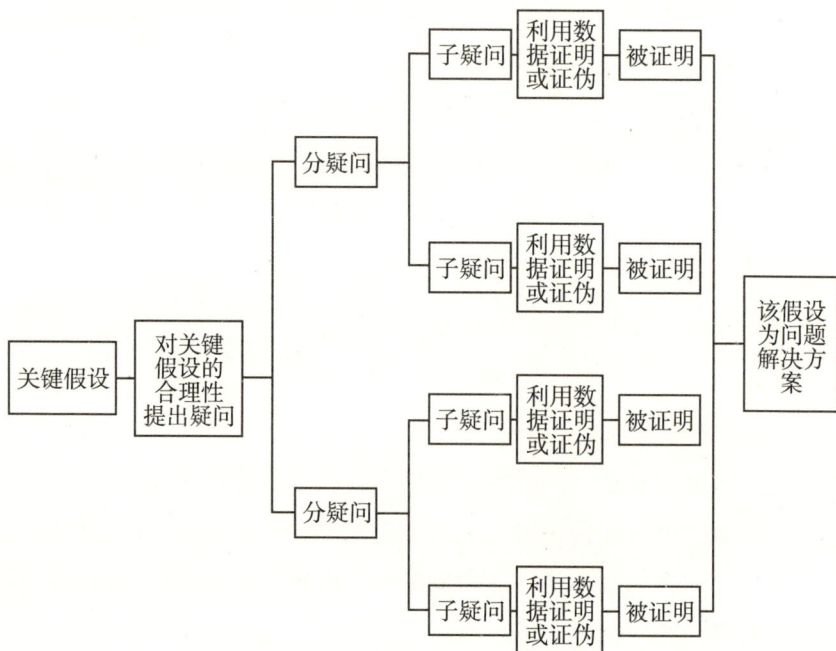

图 3-9　问题树

例如，前例缩短气缸头生产处理过程中的用时，它的问题树会是怎样的呢？你找出了最高一层的几个问题：这种方法是否能真正节约成本？它是否需要特殊的技术？企业是否掌握了这些技术？采用这种方法，是否会降低产品的品质？我们能否首先实现这一转变？

要绘制出问题树，你必须用相互独立、完全穷尽的方法进行绘制。

员工职业素养培训

第一步就是要找出属于最高一层的问题，即保证假设成立的那些问题：你能否降低成本？企业能否实现必要的转变？如果实现了这种转变，能否保证产品的质量？将这些要点放在假设之下。

不幸的是，这三个问题的答案还依赖于更多的问题。要得出最终结论，你必须依次找出这些问题的答案。当把每一个问题向下一级或多级扩展时，你要分析的路线图开始清晰起来。让我们沿着每个问题，看看能够得到什么结果。

"我们能否实现必要的转变？"这一问题会引出很多子问题，这些子问题一部分来自于最初的头脑风暴，另一部则会在经过更多的思考后得到。与处理主干问题的方法相同，我们要弄清楚各个子问题的逻辑顺序。让我们把问题继续向下扩展，针对第二个问题我们提出两个子问题：① 新的生产过程是否不需要目前我们还不具备的机器设备？② 新的生产过程是否不要求我们掌握目前还不具备的专业技术？对于这两个问题，理想的答案当然是"是"，这表明探究到此为止。但是，如果其中任何一个的答案是"否"的话，则表明不能立刻否（肯）定最初的假设，这还会引出更多要回答的问题。例如，关于设备问题，"我们能否制造或购买它们。"如果问题树上所有问题的答案都是"否"的话，表明你的假设是不能成立的。当你做完所有工作的时候，问题树上已经布满了答案是"是"或"否"的问题。

如图 3-10 所示。

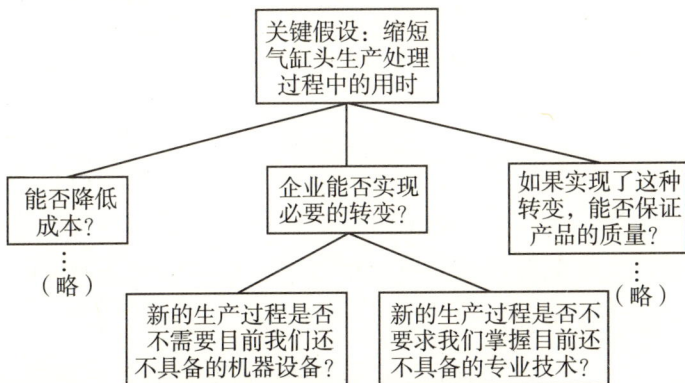

图 3-10　子问题的逻辑顺序

3）问题树被用作证明或证伪假设工具的好处。

① 利用结构框架，你可以将问题构建得很清楚：有哪些问题？它们的轻重程度如何？你要做什么？问题树能够简单地将问题和子问题罗列成相互独立、完全穷尽的形式。通过回答树中的问题，你就能很快对假设的正确性做出判断。

② 通过创建问题树，所有的问题和子问题都以一种看得见的方式展示出来。这样一来，就可以根据假设来设定问题，并形成分析的路线图。通过问题树，你还可以迅速消除分析过程中的一些死角，因为依据对问题的回答你可以立刻删除某些不必要的分支。

③ 利用问题树确定分析的范围，这样做不仅可以提高工作效率，而且还会使解决方案变得更为严谨、更为可行。

④ 构建问题树的过程会使你的思维更加清晰。如果你已经这样做了，你就可以根据研究和分析的要求罗列出所有要完成的任务。

4）实施这种分析所必需的数据。

① 数据来源的逻辑思维基础——充足理由律：人们在任何一个论证中，都必须要为其结论提供充足理由。具体说来，它有两方面的含义：第一，要求用作理由的论据必须真实；第二，理由与结论之间要有必然的逻辑联系，即能从理由必然地推出结论。只有遵守这两条要求，一个论证才是正确的、有说服力的。

违反以上充足理由律所犯的逻辑错误有："理由虚假"和"推不出"两种。

所谓"理由虚假"，就是用来支持、说明结论的论据实际上是虚假的。

为了对你提出的假设的合理性进行评价，你必须确认用来支持结论的理由的真实性。每个理由都能说明问题吗？提供了哪些根据作为每个理由的组成部分？基于自己的经验，你知道每个理由是真实的吗？它的准确程度如何？

所谓"推不出"，是指在论证过程中不能必然地从论据推出结论。

除了确定理由是否真实以外，对你提出的假设的合理性进行评价，还包括要对理由和结论之间的关系进行考察。当理由能支持结论时，这样的结论是逻辑地从提出的理由中得出来的，那么假设是合理的。然而，如果理由不能支持结论，结论不是从提出的理由中得出的，那么假设就是不合理的。这里告诉你一个确定假设正确性的简单测试方法：问你自己这样一个问题：如果理由是真实的，就能逻辑地得出结论吗？如果答案是肯定的，那么，假设就是合理的。

② 实施这种分析所必需的数据。人们在处理问题时往往懒于思考，在证明最初假设时往往忽视和掩盖一些不利于自己设想的事实，强有力的假设变成了头脑僵化的借口。事实上，不管你觉得最初的设想有多么出色，你都必须准备接受出现一种不算坏的情况，即事实证明你错了。如果事实是这样证明的，那么就要进行调整，回到事实上去。不要硬把它往你的框架里塞，要保持一种开放而具有弹性的思维，为自己的设想留有余地。

可能的数据来源：

测试你的假设是否有力量和准确的最有效的根据，概括地说，共有 4 类：权威、书面的参考、真实的证据和个人的经验。

- □ 权威人物：权威人物在这个领域是有见识的吗？他们是可信赖的吗？他们是否曾经提供了不准确的信息？其他的权威人物反对吗？

- □ 书面的参考：作者的凭证是什么？有没有不同意他们观点的人？作者的观点是以什么样的根据为基础的？

- □ 真实的证据：证据的来源和基础是什么？能从不同的角度对证据加以说明吗？证据能支撑其结论吗？

- □ 个人的经验：获得经验的条件是什么？在认识中，可能有曲解和错误吗？其他人有相似的或不一致的经验吗？对你的经验还有其他的解释吗？

表 3-5 为以上的总结。

表 3-5 总结

	问题	假设	证明或证伪假设	资料来源	最终结果
定义	可以引发某些行动的重要问题	假设是该问题的可能的解决方法，它必须由一定理由作为支撑。	进行深入分析，验证假设，解决问题	资料来源阐明了可能的数据来源，用于分析	最终成果是由分析而得出的结论
如何做好	确保问题尽可能得到详细阐述	列出所有假设，利用 —行业内人员想法 —自己的想法 —同事的想法和项目小组成员讨论 —修改假设 —重新调整，分清轻重缓急	确定分析的广度。 通过问题树提出能够证实或证伪初始假设的若干问题	搜集数据确定方法	

员工职业素养培训

解决问题的第三阶段：
实施问题解决方案——PDCA 工作法

实施问题解决方案需要订出周全的行动计划，并整合人、财、物等各项资源，在一定的期间内有效率地解决问题。在实施时你需要注意以科学的方式进行工作。

PDCA 工作法就是工作按以下 4 个阶段：计划（P）、实施（D）、检讨（C）、措施（A）的顺序进行。

为什么工作一定要依循 PDCA 的顺序？

□ PDCA 是工作进行的顺序，不管你的工作范围多大或多小，都可依循 PDCA 的顺序进行。

□ 可以使工作方法标准化，从而能养成一种合理的思考方式，这种合理的思考方式能让你的工作非常有效率。

□ PDCA 的循环能改善你的工作水准，也就是说你的工作能力能经由 PDCA 的循环过程得到提升，PDCA 能让你产生较高的绩效。

PDCA 的循环周而复始，不断推进工作的进展。如图 3-11。

计划（P）──→ 实施（D）──→ 研究（C）──→ 措施（A）

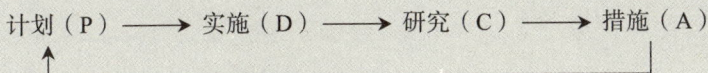

图 3-11　PDCA 循环

请注意 4 个阶段不是孤立的而是密切相关的，如图 3-12 所示。

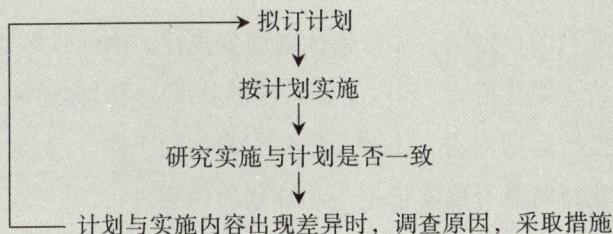

拟订计划

按计划实施

研究实施与计划是否一致

计划与实施内容出现差异时，调查原因，采取措施

图 3-12　PDCA4 个阶段密切相关

1. 计划（P）

在工作进行前，你一定要拟订好工作进行的活动项目及步骤，明确的计划犹如航海图一样能指引你工作进行的方向，让你能条理分明地进行你的工作。

计划是围绕目标的安排和打算，因此要求制定的计划一定要明确。具体就是：计划中提出的任务、指标、措施、办法、步骤和负责人都要明确，规定做什么、怎么做、由谁做、做到什么程度、什么时候完成、完成时间的先后等都要具体清楚、不能含糊。

5W1H 就是你做计划时必须要加以考虑和明确的几个问题。

制定计划的方法——5W1H法：

WHAT	做什么？
WHY	为什么做？
WHO	由谁来做？
WHERE	在什么地方做？
WHEN	什么时间做？
HOW	如何完成？

按以上要素做计划，考虑问题可使你的计划和工作全面周到，不致疏漏。

2. 执行（D）

有了妥当的计划后，你可依计划逐步执行。执行时你要以明确的语言转达给方案执行者，随时了解实施的状况。同时你还需本着积极、弹性的态度，运用沟通、协调等技巧完成你的工作。

注意执行时是否确实依据行动计划的内容进行。

3. 研讨（C）、措施（A）

（1）为什么要研讨？有时候，你的解决方案可能不可行，甚至出现了预料不到的灾难性后果。在这种情况下，请不要灰心泄气！我们常常是从效果不好的行动方案中而不是从有效的行动方案中吸取教训、增长见识的。同时，你也需要在执行中去进一步验证方案、修正方案，通过研讨你可以把握住目前执行的优点及缺失，及时发现事先考虑不周的问题。这样，当客观条件发生变化时，你就能适当地调整及修正你目前的计划及做法，以便控制行动去完成原定的目标。

（2）怎样研讨？在修正方案、控制行动时最常见的方法是反馈方法，即通过追踪或验证，查明行动是否正对决策目标，然后把查明的结果作为调整方案、控制行动的依据。具体方法如下：如果通过反馈获知执行计划的结果正对决策目标，则证明采取的行动有效，可以将这种有效的行动标准化，以便能继续实施下去；若执行计划的结果与决策目标有偏差，则表示对策无效，需要重新修正计划，制订措施。

（3）怎么制订措施？

□ 把你新发现的认识增加到你对问题的了解中。

□ 更精确地确定问题。

□ 增加任何新的行动方案，或在你的体验和新知识的基础上修改原来的方案。

□ 设法提出新的行动方案。

---

⑦ 本章思考

根据问题的种类（发生型问题、谋求改善型问题、潜在型问题）各罗列工作中的一个问题，你以前是怎么解决的？学过本节后你的思考与解决方法有了什么变化？今后类似问题你将如何解决？请依照问题解决的步骤根据实际情况写下来。

22

追求竞争力的飞跃：创造能力

> 要想领先，你就必须不断有新想法。
>
> 好的想法具有创造财富的力量；好的想法也能够改变任何事情。没有创新就没有发展，我们应该永不停息地追求独特化，追求发展，追求竞争力的飞跃。要么创新，要么就灭亡。

有关创造的几个概念

1. 创造

创造指的是大脑在产生一种未知的、新颖独特的设想、构思时，其思维活动的过程。它是一种能提供新的、首创的、有社会意义的产物的活动。

2. 创造力

创造力是指个体具备的那种革新、推陈出新的能力。它是个体的一种思维方式和能力，是一个人的认识能力、工作态度和个性特征的综合表现，是个体发散性思维的流畅、变通、独创程度。

高创造力者的表现为轻而易举地理解事物的复杂性，在解决问题时能打破旧规则、旧方案的束缚，寻求新的规则与新的方案。

3. 创新精神

创新精神反映的是人的人格（或称个性）特点，是指人的主观意愿和思想倾向。它是对墨守成规而言的，指具有求新求异的意识，并主动致力于革新的一种心理活动倾向。它讲求的是不断超越、永远进取、不停留在一个水平上；它讲求的是永远保持新的热情与活力。

4. 创新精神和创造力的联系

创新精神和创造力的关系十分密切，常有人把创新精神与创造力等同视之，认为创新精神就是创造力，创造力就是创新精神，这种观点是不正确的，创新精神和创造力是两个不同的概念，需弄清两者的内在关系。

一个人具有积极创新的精神，未必就一定会出现创造性的成果，除非他同时具备较高的创造力；一个人拥有较高的创造力，也未必就一定会出现创造性的成果，除非他同时具备十分积极的创新精神或创造精神。

> 当创造力与创造精神完美结合时，你就会：有强烈的求知欲，对事物持有好奇心、富有幻想，思维流畅，灵活、有社会敏感性，做事不循规蹈矩、兴趣广泛、打破常规，常有新观念，解决问题的方法多种多样。反之你会：缺乏好奇心、死板，过于保守，思想僵化/做事循规蹈矩、兴趣贫乏。

一般来说，你很难改变你的智力，至少你无法在很短的时间内使你的智力发生根本的变化。但是创造力却很不一样，这是一个综合的能力，是一个人结合周围的资源进行再次利用的能力，与人的一些基本素质有关，如与推理能力、学习能力、环境的适应能力、问题解决能力有关，也跟人的个性有关，还与其生活的环境有关。

大量的研究成果证明，创造力是可以通过培养和训练得到强化的，人人都有潜能做出具有创造性的事情。经过训练之后，人们可以增强其创造性解决问题的能力，可以加强流畅力、弹性、原创力和深思熟虑4种主要的创造力技巧。

运用创造性思维的时机

只有某些类型的问题才适合采用创意解决问题，所以为了适当地运用创意性思维，你需要对问题的状况先作一些基本的假设，即你必须先确定：① 你已经正确地定义问题；② 创意解决问题是最有效的方法；③ 你的问题适合采用创意解决问题。④ 如果你找不到现成而有效的方法，你就必须使用较有创意的方法。

注意：如果有其他更有效的方法，就要避免自找麻烦，不要采用创意解决问题，转而采用传统的方法。但是你应该记住，传统的方法不是永远有效的，该采用传统或创意的解决方法，要视情形而定。

创造能力自测

你的创造能力如何？你可以做以下自测：将下列各句所述情况与自己的实际状况比较，符合程度越高，你的创造能力就越强，符合程度越低，则创造能力越弱。

符合程度

高 ←——→ 低

1．我喜欢问一些别人没有想到的问题。　□ □ □ □ □

2．我喜欢幻想一些我想知道或想做的事。　□ □ □ □ □

3．我喜欢用不同的、新的方法做事情。　□ □ □ □ □

4．我喜欢做许多新鲜的事。　□ □ □ □ □

5．我会因为一些令人兴奋的念头而忘记了其他的事。　□ □ □ □ □

6．我认为不是所有的问题都有固定的答案。　□ □ □ □ □

7．我喜欢与众不同的事情，不喜欢太多的规则限制。　□ □ □ □ □

8．我确定我对事情的看法都是对的。　□ □ □ □ □

9．我喜欢想一些新点子，即使用不着也无所谓。　□ □ □ □ □

10．我喜欢探寻事情发生的各种原因。　□ □ □ □ □

表 3-5　　　　　　　　创造能力训练一览

创新精神训练	• 训练自我超越的意识
	• 改变你的态度（错误的态度、正确的态度）
	• 发散性思维
	• 收敛性思维
学习创新产生的原理	• 原理：联想
	• 联想的方法
学习创造的过程	• 准备
	• 酝酿
	• 顿悟
	• 评估

创新精神训练

1. 训练自我超越的意识

训练一：勾勒你的目标远景，把远景不仅当做一个美好的构想，而且当做一种召唤和使命。

训练二：学会如何认清以及运用那些变革的力量，而不是抗拒这些力量。

训练三：对生活方方面面的好奇心一直是具有创造力的伟大秘密，要培养自己追根究底的精神。

训练四：敏锐地警觉自己的无知、力量不足和成长极限，并力图突破这种极限，不断地发展自己。一旦你开始自我超越，便向成功迈进了一大步。

2. 改变你的态度

要想有创意，你必须首先彻底抛弃旧习，拒绝维持现状。事不分大小，从标牌的制作到拟订一个问题解决方案，都运用创意来思考。换句话说，有创意的人接受风险。不冒一些风险、跌几次跤，不可能有所进步。

（1）错误的态度：

□ 我们都是这么做的。

□ 这个要花太多时间。

□ 这个要花太多钱。

□ 那个不属于我分内的工作。

□ 我们向来不这么做。

□ 我们的客户绝对不会赞成的。

□ 你可能说得对，可是保持现状就已经很不错了。

□ 正确的方法应该怎么做？

□ 这样做对吗？

□ 这是一件严肃认真的事。

□ 专家怎么说。

（2）正确的态度：

□ 我们试试看这个方法，看看会有什么结果？得失如何？

□ 我们一直没有时间好好想一想这项计划，但总是有时间纠正错误。

□ 长远来看，我们会省多少钱？如果这里赔了，什么地方可以再赚回来？

□ 我很高兴能有这个机会。

□ 如果我们试着去做，结果如何？

□ 最坏的结果会是什么？

□ 你说得很对，而且如果按这样处理还有什么地方可以改善的？

□ 比较好的方法应该怎么做？

□ 这样行得通吗？这是不是最有效的方法？

□ 这件事可能非常有趣。

□ 专家知道什么？

树立创新精神着重于对获取知识、了解新事物有好奇心和兴趣；敢于对公众媒体呈现给人们的内容提出质疑；能够用各种各样的新概念进行学习和推理；不怕解决问题的新颖性；能够以新的和独特的方式分析新问题。

───── 关 键 点 ─────

能否创意思考全在于你，不论你认为自己行或不行。

创造性思维训练

根据人的思维方式的不同，思维通常被分为收敛性思维和发散性思维两种。

1. 收敛性思维

收敛性思维是一种以集中为特征的逻辑思维，指人在思维过程中，将信息加以抽象，使之朝一个方向集中、聚敛，从而找出事物的共同点，得到唯一的答案、结论或规律的一种思维方式。

收敛性思维是人们长时间从事某一类工作、解决某一类问题时形成的习惯性思维。它是一般人长期运用并习以为常的思维方式，这种思维方式使人们习惯于去寻找与自己主观意象相同或相近的对象进行思考，习惯于从过去传统的经验中寻找解决问题的办法，习惯于同一方向的知识积累和记忆，习惯于按一种固定的程序去开展工作，从而缺乏创造性。

2. 发散性思维

发散性思维就是在思维过程中，充分发挥人的想像力，突破原有知识圈，从一点向四面八方想开去，通过知识、观念的重新组合，找出更多更新的可能答案、设想或解决方法。

发散性思维与收敛性思维相反，它最大的功能是追求与众不同。这种思维常常是由对现成的规范提出疑问而引起的，往往在一般人觉得不是问题的事物上看出主要问题，在没有现成答案的问题上找出新的答案。

创造力是人类特殊的认识能力和实践能力的综合，是人脑特有功能的具体表现，因此总是同创造性思维有机地联系在一起的。创造性思维是指有创见的思维，是个人在已有经验的基础上，从某些事实中寻求新关系、找出新答案的思维过程。发散性思维就其本质而言，是一种创造性思维。

发散性思维的创造特征，主要表现为：流畅性、变通性、独特性。

（1）流畅性。所谓流畅性是指心智活动少阻滞，灵敏迅速，能在较短时间内表达出较多观念，当它用于某一思维方向时，能举一反三，迅速沿着这一方向发散出去，形成同一方向的丰富内容。

流畅是发散性思维的量的指标。在思维的起始阶段，发散功能能够把思路尽可能大地打开，围绕一个基本问题，以此为立足点，发散量越大越好。

流畅性可以分为语言流畅性、观念流畅性，联想流畅性和表现流畅性4种。

（2）变通性。一个不知变通、头脑顽固的人，往往会固执己见，不能坦然接受对方、了解对方，常与他人发生冲突。

所谓变通性是指思考随机应变，触类旁通，不易受思维定势的束缚，不局限于某一方向，能从思维的一个方向跳到其他方向，从而造成灵感的突发性，产生出不同凡俗的新观念、新构思。

发散性思维的变通性表现在思维的多方面扩散，即思维沿着不同的方向和方面扩散，表现出极其丰富的多样性。变通的结果，使思路由一个类别跃入另一个类别，从一种意象指向另一种意象。变通性是发散性思维的较高层次。

（3）独特性。独特性，是指对事物有超乎寻常的独到见解，能用前所未有的新角度、新观点去认识事物、反映事物。它更多地代表着发散性思维的本质，是发散性思维的最高目标。

发散性思维的独特性，是在流畅性、变通性的基础上形成的。在整个思维的过程中，思路打不开，在某一方向上的思考不流畅，时时陷入迟滞的状态，就会影响思维的推进；如果思维沿着一个方向走下去，不善于变通，往往会陷入思维的死胡同，所以流畅和变通是形成思维独特性的条件。

在这3个特征中，流畅性处于发散性思维的一个低级的层次，因为它可以导出积极和消极两种结果，但它是创造性思维必不可少的基本条件；独特性居于发散性思维的高层，是创造性思维的最终结晶；变通性则介于这两种特性的中间。流畅是变通的条件，变通亦离不开独特。思维发散欲灵活，必须以广博的学识和多维思维渠道的流畅为基础，而变通也不是随意乱变，想到什么就是什么，而是有条件有目的的变，即必须有一定独特性。变通如果没有独到之处，不具有创见，就没有任何意义和价值。

收敛性思维与发散性思维在创造性的思维活动中是辩证统一、配合使用的，这是因为发散思维为收敛思维的创造性最优化抉择提供了可靠的广阔依据，而收敛性思维又使发散性思维的成果得以肯定和升华。先于发散的收敛，没有发散基础的收敛，都可能会造成思维的贫乏与死板。一个人的创造能力，主要通过发散思维表现在行为上。

请列举尽可能多的有关大头针的不一般的用途。

要回答这个问题，就需要借助发散性思维才能完成。所谓流畅性，是指产生观念多少的能力。如在限定的时间内，某甲举出了大头针的八种用途，某乙只举出了3种用途，那么可以说甲的发散性思维比乙具有更强的流畅性。所谓变通就是以不同的分类或方式去思考，从某一思维方式转换到另一思维方式的能力。如果甲列出的大头针的3种用途是把几张纸别在一起，把文件别成册，把各种单据别在一起，某乙列出的3种用途是别文件，钉在墙上挂一些小东西，没有圆规时可以用大头针和一根小线绳画圈。甲乙相比，流畅性相似，但甲的思维方式是单线条的，而乙则是不断变换的，其思维的变通性强于甲。所谓独创性，是指思维的产物是否新颖、独特、与众不同。越能找出别人意想不到而又在情理之中的问题解决方法，说明其思维越具有独创性。

学习创意产生的原理

为了产生好点子，要学习创意产生的原理，这并不是叫你到某处去寻找点子，而是将可以产生点子的头脑加以训练，去捕捉点子来源的原理方法。

1. 创意产生的原理：联想

想像力是富有乐趣的才智。就像在黑暗中驾车一样，你永远不可能看到比车灯照的更远的地方，但你却可以这样走完全程。有助于开发新点子的方法就是联想。因为想法是联想的奇迹，在任何创造活动开始前，必须先有联想、刺激或对比。怎么联想呢？任何人都可以通过练习，慢慢地培养联想的能力。

2. 联想的方法

（1）创意不是天才的专利。创意其实是一种旧东西的新组合体。重新组合旧东西，创意就产生于组合中。

1）将原本就存在的要素，重新加以组合产生出来的就是创意，这是创意产生的重要方法。

具体的方法该怎么做呢？

寻找组合和改进

创意=A+B

如果心中已有确定的目标，把从过去经验中了解的要素和目前所接受的情报加以组合、巧妙运用后就会产生新创意。

简单地说，A+B 就是由下列各项组合而成的东西：

□ 情报和情报的组合；

□ 情报和物的组合；

□ 物和物的组合。

2）重新组合原本就有的要素的能力，是从逐渐累积观看各种关系的能力而获得的。这种组合能力不是凭空产生，而是来自艰苦的工作、学习和实践，熟能生巧造就出来的。

提升要素组合能力的方法：

□ 能胜任工作，要成为自己领域内的行家里手，只有这样你在创意中才能信手拈来所需要组合的要素，使自己更富有灵感。

□ 发挥创造力，毕竟需要某种程度的智慧才办得到。为了增强自己的创造力，不妨学些新东西。扩大视野，尽量多的博闻强记，精通不同的学科，知识面越丰富，联想能力越强，越富创造力。

□ 要注意你脑海里的意识流，学会抓住里面的新东西，并以此作为行动的指南。

□ 创新需要一定的空间，创新时给自己预留足够的时间、精神或机会去重新排列组合。

□ 任何人都能重组旧元素，制造新结果，但是我们必须了解，能够融会贯通重组更多元素的人，其创造力就越强。多训练自己触类旁通的能力。

□ 注意在生活中多训练自己的联想习惯，能充分发挥联想力的人，就愈富创造力。

□ 培养自己务实、不拘泥于形式的精神，养成因应环境而制定问题解决方案的习惯。

□ 培养自己分析问题的能力，能在众多信息中找出解决问题真正有用的信息，得出问题解决的关键点，适时运用创新的技巧。

（2）脑力激荡。当你认识到创意产生于组合中，并具备了将各种要素与情报加以组合的能力，现在你需要做的就是静下心来，细细思考一下，通过脑力激荡等待灵光迸发的时刻。

脑力激荡的窍门：

□ 轻松、自由随想。勿局限于旧有的技术、原理、常论；不满足于普通的主意。

□ 找出创意的关键：利用关键字、类推法。

□ 从不同角度思考，注意相同领域或不同领域的人的解决方法，并积极利用他人的主意。

□ 将创意的产生跟创意的评估分开来。尽量联想，多产生各种创意，而不做出判断，这样有助于营造产生创意的气氛，不会因为过于注重评估而限制了产生创意的数目，当产生出充分多的创意后，再有条理地整理出问题解决的最佳创意。

学习创造的过程

创造过程归纳为四个阶段：

- **准备**：搜集与问题或机会相关的资料、意见和概念。
- **酝酿**：消化一切信息，下意识地进行筛选和过滤的工作。
- **顿悟**：灵光乍现，脑海浮出富有创意的新答案。
- **评估**：抛开现有的评判标准，重新审视新思想、新理论或新概念，并考虑它是否可行，以及在什么情况下可行？它有哪些改善？还需要什么改良？

1. 准备

准备：搜集与问题或机会相关的资料、意见和概念。

准备三要素：

- 明确问题；
- 思想与心理准备；
- 收集情报。

（1）明确问题。明确问题即知道问题是什么及问题解决的衡量指标是什么。因为只有认识需求，我们才能决定问题解决的方向及创意的方向，才能找出措施与办法去满足问题解决的各种要求。

（2）思想与心理准备。如果你正为一项工作绞尽脑汁，想在这个具体的问题上有所建树，那么，你需要全身心地投入到这项工作中，对其关键的问题和环节作深入的了解，所以创意前你需要在思想和心理上先进入全身心投入的状态。

（3）收集情报。人们往往容易忽视收集情报的重要，光坐在那儿，是产生不了任何灵感的。认为有必要的情报，一定要收集，也就是说必须从内外广泛地收集情报。收集而得的材料，可分为两类：一类是直接的材料，也就是与创意相关的特定的材料；另一类就是一般性的材料，关于此类，也就是与创意有关的广泛的材料，不论什么领域，只要认为有必要就不断地收集，没有一个领域是创意力强的人不关心的。

在情报收集的方式上，你可以查阅资料，也可以通过与他人讨论来搜集各种各样的观点，还可以思考你自己在这个领域的经验。

2. 酝酿

酝酿：消化一切信息，下意识地进行筛选和过滤的工作。

有了必备的情报做基础，就可以把你的精力投入到创意中了。

怎样进行酝酿呢？

（1）为创造性思想的酝酿成熟留出时间，专心致志地工作。要为你的工作专门腾出一些时间，安排出可以充分逻辑思考的时间，并事先好好想一下问题，这样你就能不受干扰，专注于你的工作了。当人们专注于创造性过程的这个阶段时，据说他们一般就完全意识不到发生在他们周围的事，也没有了时间的概念。当你的思维处于这种最理想的状态时，你就会竭尽全力地做好你的工作，挖掘以前尚未开发的脑力资源——一种深入的、"大脑处于最佳工作状态"的创造性思考。

（2）采取措施促使创造性的思想产生。当你被关在一个锁死的门内时，你便会立即想出以前的种种做法。在这种富有挑战性的环境下对各种先前行为的重现，你想起的做法越多，各种各样的联系就越可能，新的主意也就越会出现。所以要尽量寻求挑战促使创造性的思想产生。

（3）消化材料。

1）将收集得来的有所关联的情况分类，从各种角度来观察、分析、考虑，并将这些情报结合在一起看看。分析时的注意点：

□ 进行全面和深入的探讨

□ 对于复杂的问题要找寻最基本的问题与重点，否则便无法充分了解问题。

□ 不要逃避奇怪的现象，针对被认为不可能的事，试着找出它成为不可能的原因。

2）将分析后的事物放在脑中组合，并设定各种可供选择的假设。在做这件事的时候，会有一些创意浮现，这时就要赶紧将它用文字记下来，这样可以避免被遗忘，也能更进一步地分析。

（4）寻找创意。寻找创意，你得采用发散性的思维，不要让事实妨碍你的想像力，也就是说，你必须找出许多不同的可能的答案。

1）延迟判断并且列出许多可能的创意，这样可以排除所谓的传统创意。

2）使用创意产生的原理，激发出更多的创意，因为拥有一个好主意的最佳途径就是找到很多主意。

3）寻找创意的重点。如果重点呈现出自然的分类，就将它们归类在一起（如，财务、人事或行销重点）。

4）以一种或两种涵盖面广的标准，挑选出最好的创意群组（如时间或成本）。

（5）孵化。像母鸡孵卵一般，让它在潜意识中慢慢成熟。

到了这个阶段就什么都不要做，要把问题从心中完全驱出。虽然你有意识的大脑已经停止了积极的活动，但是，你的大脑中无意识的方面仍继续在运转——处理信息、使信息条理化、最终产生创新的思想和办法。

3. 顿悟

顿悟：孵化期通过后，灵光乍现，一闪而出，具体的富有创意的新解答就会浮现在意识上。

当你在从事你的工作时，你创造性的大脑仍在运转着，直到豁然开朗的那一刻，酝酿成熟的思想最终会喷薄而出，出现在你大脑意识层的表面上。有时当你参加一些与某项工作完全无关的活动时，这个豁然开朗的时候也会常常来临。

注意捕捉住稍纵即逝的思绪，在创造性的思想一出现就要及时抓住它们，如果脑海中闪现出了某个好主意，应该立即将它记下来，并进行跟踪。虽然并不是每一个主意都有价值，但是重要的是首先要抓住它，然后再估计它。

新想法是很脆弱的。一次蔑视、一个关键人物的否定就可能将其扼杀。

"这是一个愚蠢的主意，没有人喜欢它。"

"即使我能努力实现这个想法，它或许不值得去做。"

"虽然上一次我经过努力成功了，我很幸运，但我以后不会再去这么做了。"

这些说法以及无数与此类似的其他说法，使我们对我们自己和我们创造性的思考能力产生怀疑。这种消极的自我评价是很常见的，它们对你的自尊有很大的负面影响。当你失去了自信时，你就会变得胆怯，不愿意坚持你的观点，或把你的观点提出来与他人讨论。用不了多久，你的这种缺乏自信的态度就会阻碍你提出新的观点，你就只能固守原有的思维模式，迎合他人的期望。

4. 评估

评估：抛开现有的评判标准，重新审视新思想、新理论或新概念，并考虑它是否可行，以及在什么情况下可行？它有哪些改善？还需要什么改良？

（1）整理一闪而出的创意。

1）将整理而出的创意用文字表现出来。用文字表现可以促使你更进一步整理你的创意，使思维更清晰，使创意更完整。

2）逻辑地检讨各种创意，并检验实现的可能性。

3）创意检讨完毕后，如果有必要，可以先进行实验，收集创意实施的各种数据，进一步完善创意，以确保创意的可行性。

（2）寻找最佳创意。

1）延迟判断，先列出评估解决方法的一般标准。

2）检查所有的创意，利用这些标准，评估并决定你将选择哪一些创意。

（3）寻找接纳。

1）列出所有可能的执行障碍及克服方法。

2）发展预防及权变的计划。

3）拟订行动计划以执行你的解决方法。本计划必须详细地包括所需要的每一个步骤，以确保能解决你的问题。

4）评估你的行动计划，并作必要的改进。

虽然创造的过程包括四个步骤，但你并不需要采用所有的步骤来解决每个问题，这完全看你手中有多少资料和时间而定。所有这一切的基本原则是延迟判断，在你作任何评估之前先将所有的资料列举出来。

1. 在创新精神上，回想一下，你的错误态度有哪些，正确态度有哪些，为什么会有这些态度，怎样改进？

2. 你的哪些工作需要运用创造能力，你过去怎么做的，将来你计划在工作的创新性方面作哪些改变？找出一件可立即改变的事情运用创新的原理和方法进行改善。

23

和谐的人际关系：人际交往能力

看一个人的人际关系，就知道他是怎样的人，以及将会有何作为。大多数人的成功，都源于良好的人际关系。

职场内赢得合作的关系

企业内大部分的工作你都要和别人共同完成，所有的工作以及所举办的各种活动一定是靠人和人之间的互助合作以及彼此的信赖才得以完成。企业内的各成员互相作用，彼此沟通，在组织中承担着不同的角色。为了达成企业的目标，人人都需要和他人建立合作的关系。不懂得如何和别人共同完成一件工作的人，在企业内很难有绩效产生。企业很看重人际关系良好的员工，因为人际关系不佳的人，不能和别人相处融洽，也就不能好好地和别人一起工作。你职业生涯的成功，在很大程度上也取决于你的人际交往能力如何。

人际交往能力：善于与人交往，并易于与他人建立广泛而融洽的人际关系。

人际关系：指的是我们和周围人之间的关系，如与朋友、情人以及其他我们珍视的人的关系。

职场内的人际关系，包括与同事、上级、客户等的关系。

有些人认为自己人际交往能力较差，原因是不善交际、过于害羞或个性太直等。没错，这些会影响到你的人际关系，但绝不是重要的因素。

只要你掌握了科学的人际交往技巧，努力去创造一个良好的合作关系，你的人际交往能力会逐步提高，职场内的人际关系一定会越来越好。

人际交往能力强的典型特征

（1）愿与人相处，合作。

（2）通过有效的沟通手段和交往方式，增进与对方的友谊和合作。

（3）正确认知他人情感，善于理解别人，能设身处地的为他人着想。

（4）宽宏大度，不斤斤计较。

（5）萍水相逢也一见如故。

人际交往能力弱的典型特征

（1）宁愿独处和独自工作。

（2）不能与他人建立和谐、愉快的关系。

（3）不去理解别人。

（4）喜欢吹毛求疵，不愿听反面意见。

（5）与陌生人交往困难。

人际交往能力自测

你的人际交往能力如何？你可以作以下自测：将下列各句所述情况与自己的实际状况比较，符合程度越高，你的人际交往能力就越弱，符合程度越低，则人际交往能力越强。

符合程度

高 ←——→ 低

1. 在与权威说话时，我感到紧张。　　　　　□ □ □ □ □

2. 我害怕在会上表述自己意见。　　　　　　□ □ □ □ □

3. 到一个新环境，我可以接连好几天不讲话。□ □ □ □ □

4. 与一大群朋友在一起，我常感到孤寂或失落。□ □ □ □ □

5. 我担心别人对自己有什么坏印象。　　　　□ □ □ □ □

6. 我对自己的容貌缺乏自信。　　　　　　　□ □ □ □ □

7. 不是不得已，我决不求助于人。　　　　　□ □ □ □ □

8. 我同别人的友谊发展，多数是别人采取主动 □ □ □ □ □
   态度。

9. 参加集会，我总是坐在熟人旁边。　　　　□ □ □ □ □

10. 我在演说时，身体的某些部位非常紧张和僵 □ □ □ □ □
    硬。

11. 我喜欢与机器打交道而不是与人。　　　　□ □ □ □ □

如果你的人际交往能力较弱，那么你应该认真学学怎样赢得健康的人际关系。

如何提高你的人际交往能力，如何赢得合作的人际关系，下面的一些方法，你若能力行，相信你必能成功地建立你的人际关系，并能从这些人际关系中获得丰厚的利益回馈。

表 3-6	建立人际关系的方法一览
构筑健康人际关系的心态	1. 自我管理 2. 随时能站在别人的立场考量事情 3. 主动去关怀别人，帮助别人
建立职场外的人际关系	1. 如何搭建你的关系网 • 应纳入人际关系圈的人员特征 • 将人际关系圈的核心限定为 10 人左右 2. 如何维护你的关系网
经营职场内的人际关系	1. 与上司的相处之道 2. 与部属的相处之道 3. 与同事的相处之道 4. 人际关系小技巧

构筑健康人际关系的心态

1. 自我管理

（1）自我管理就是管理好自己，不要给别人带来困扰。例如不遵守公司的规定、不尽责完成自己的工作、只考虑自己的利益不顾及周遭的人、不能做到自己承诺的事情等。

（2）自我管理也是控制好自己的情绪。不要让别人感觉你：烦躁、不安、畏缩、悲观、暴躁、愤怒、挫折、消沉、懊恼、沮丧、孤独、无力。

让别人感觉你：活力、热诚、振奋、毅力、信心、愉悦、快乐、好奇、体贴、宽大、感恩。

> ━━━ 关 键 点 ━━━
>
> 　　情绪的自我管理是获得别人的尊重与合作的起点。
> 注意控制好自己的不良情绪，通过健康的生活方式与工
> 作态度，展现出积极向上、富有朝气的你。

2．随时能站在别人的立场考量事情

　　每个人开始表达意见及看法时，都代表着他的价值观或部门的立场，立场不一样、价值观不同，对一件事情产生相异的看法，是最自然不过的一件事情。但是企业的行动必须目标一致，因此彼此间一定要能达成共识，才不会各自为政、四分五裂，让企业的运行停顿。

　　如何达成共识呢？

　　站在别人的立场考量事情是一个有效的方法。你能站在别人的立场考量事情时，表示你在处理人际互动时，能先了解对方的处境后，再理解对方的看法，不会如一般人当听完别人不同意见时，第一个反应不是想要了解他所说的，而是想要评断他，批评他好或坏、是或非，而判断别人的对错往往是拿自己心中的那把尺。

　　站在别人的立场来考量事情，并不是牺牲自己的立场，而是能以协调合作的态度，找出一个对双方都有利的基准或是双方都想达成的目标。

> ━━━ 关 键 点 ━━━
>
> 　　你随时本着站在别人立场考量事情的态度，你会发
> 现对方的合作大门也都能很快地开启。

3．主动地去关怀别人，帮助别人

　　由于大部分的人都是关心自己，但又渴望能得到别人的关怀；这实在是一个很矛盾的现象，但是大多数的人又都不能突破这种矛盾。谁能突破这种矛盾，谁就能肯定成为一位受欢迎的人。为什么我们敢

肯定这样说呢？例子，狗会挥动尾巴，依依不舍地送你出门；回家时，还没有进门，小狗就高兴得叫个不停，热烈地摆动着尾巴，热情地迎你进门，还有谁能像它那样地关怀你，你能不喜欢吗？因此，我们要做一个成熟的人，想要赢得友谊、想要打好人际关系，就主动地去关怀别人、帮助别人，你必定能得到你想要的友谊，也能得到别人的关心。

关 键 点

敞开心扉、主动关怀与帮助别人，心与心的距离必将缩短。你关心别人的同时，你必定成为一个受欢迎的人，也会得到别人相应的回报。

建立职场外的人际关系

1. 如何搭建你的关系网

良好的人际关系能拓宽你生活的视野，让你了解周围所发生的一切，提高你倾听和交流的能力，常常对你在职场的成功有所帮助。成功建立关系网的关键是和适当的人建立稳固的关系。

应纳入人际关系圈的人员特征如下：

（1）互为益友。这句话的意思并不是要你看人交朋友，凡对自己没有益处的人一概不与相交。真正的友情，应该是经由共同兴趣，经由相互关情而慢慢培养出来的，且经受过时间的考验。优秀的人是那些在人格、品行、学问、道德等方面都胜过你的人，与他们交往，你就能尽量吸收到种种对你的生命有益的东西，就可以提高你自己的理想，可以鼓励你趋向于高尚的事情，可以使你对事业激起更大的努力来。假使你常同比你低下的人混在一起，那么他们一定会把你拖下去，一定会降低你的志愿和理想。

（2）互相喜欢对方。有些人为了工作而必须与某些人交际，但这些人当中你喜欢几个？太多人在自己不喜欢的人身上花太多时间，这完全是浪费时间！这样很难受、很累人，代价也很高，还会使得你没时间做别的更好的事，对你毫无好处。合作是双方的事情，你若对某人有好感或某人对你有好感，这样双方都会比较有合作的意愿，如果你不喜欢和对方说话，那么你就不会和他有深刻的关系。好的印象应该是赢得合作的一个要因。所以你应多花些时间在你乐意联络的人身上，如果他们对你有效力，那更好。

（3）互相尊重对方。你是否碰到这种情况：一些人我喜欢，但我并不看重他的能力表现；也有人的能力表现使我很尊敬，但他们的工作并不为我所认同。但是请注意，如果你无法尊重一个人的能力，你与他们进一步发展关系将非常艰难。反之，如果你希望某人在专业上能帮助你，你就必须让他们对你印象深刻。

（4）互相信赖、通过理性建立信任、共同分享经验。完全信赖对方，这会使你们的商业关系更快建立，更有效率，并可节省许多时间和开支。千万不要因为你的犹豫、懦弱或狡猾而失掉信赖。想得到信赖，必须在所有时刻都诚实。一旦对方怀疑你言不由衷，即使你有你的原因或你是为了维持礼貌，信赖感都可能会消失。同时需要互相分享经验，特别是痛苦的经验，因为这样能拉近彼此间的距离。如果你们因缺乏信任而不能互相分享经验，则关系会迅速淡薄，所以相互分享经验，建立信赖感可以使关系更紧密。

── 关 键 点 ──

人际关系的建立是双方的事情，建立人际关系的一个要因是彼此的好印象，支撑长期人际关系的关键是互惠。

其次，应将人际关系圈的核心限定为 10 人左右。检视一下我们在人际关系上所花的时间，你就会发现 80/20 法则在人际关系中同样有效。

人际关系中的 80/20 法则

□ 在我们人际关系的价值中，80%是来自 20%的关系。

□ 对于产生 80%的价值的 20%关系，我们所付出的关注远不到80%。

实际上，大部分人在选择朋友，搭建关系网时非常随意，不懂得挑选恰当的朋友，朋友虽然很多，但选错了最重要的朋友；或者没有善加使用，不懂得对其进行维护。

其实，数量少一些但程度深厚一些的人际关系好过广泛而肤浅的关系。当你花了许多时间在某些人身上，结果却令人失望，这种关系应尽早结束。正确的做法是，你应对自己的人际关系圈的成员精挑细选然后维持下去。奉行 80/20 法则的人，都会小心选择少数朋友，细心建立自己的人际关系。

按照这种法则，在你的人际圈中，每个朋友所给你的价值是极不平均的，重要朋友的数量很少，其中五六个会比其他的重要很多。重要的朋友，能适时适地的提供你所需要的帮助，与你一起谋求共同利益，他们能让你发挥所长，彼此都希望对方成功，这里不存在勾心斗角的威胁，他们也不会在背后说你坏话，并且会从心底为你着想，你与他们的相处愉快而融洽，朋友们信赖你，你也信赖他们。而这种稳固的关系需要你一个月至少维护一次，10 人或许已用尽你所能有的时间，所以将人际关系圈的核心限定为 10 人左右可以使这种人际关系更加稳定。这 10 人中可以包括你的朋友、家人和那些与你职业生涯紧密联系的人，这 10 人的组合最好是其中一或两个是比你年长的导师、两或三个是你的同伴、一或两个是以你为师的人。你的导师应该是能干而有智慧的人，你的同伴应该是具有前述应纳入人际关系圈人员的典型特征并可能成功的人，你的弟子应该是热忱、有新观念或新

员工职业素养培训

技术的人。另外，你应该有其他至少 10 个左右的朋友作为这个关系圈核心的后备。因为如果人际关系圈的核心由于某种原因人数减少，你还可以将这些后备进行替补。这种外围的朋友圈你只需每月定期和他们保持联系就行。这个团体的人数不可以超过 15 人。

2．如何维护你的关系网

保持联系是维护你的关系网的关键。要与关系网络中的每个人积极保持联系。

保持联系的 3 个重要方法

（1）记下那些对你的关系网成员特别重要的日子，比如生日。打电话给他们，至少给他们寄张卡表达你的心意

（2）当你的关系网成员喜事盈门时，一定要及时祝贺他们。当他们落入低谷或遇到麻烦时，以适当的方式关心他们并给予力所能及的帮助

（3）与你的关系网成员经常沟通，共同分享有用的信息，及时交流对事情或问题的不同看法

经营职场内的人际关系

在工作场合，你要能有绩效地完成你的工作，必须能和每一个人合作，不管是喜欢或不喜欢某人。因此，经营职场内的人际关系前第一个重要的态度是积极地赢得任何一个人的合作。职场人际关系如图 3-13 所示。

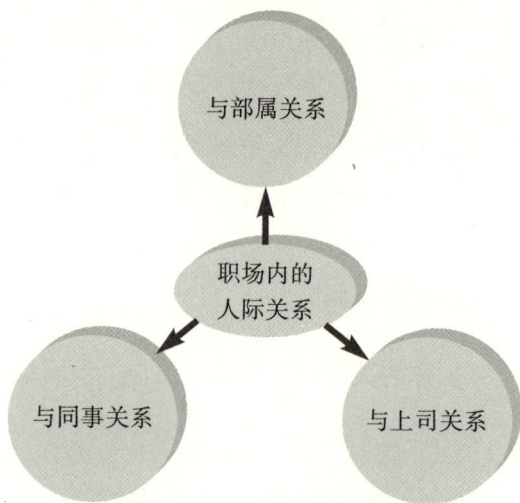

图 3-13　职场人际关系图

1. 与上司的相处之道

你若能做到以下这些，相信你必将能成为上司最喜欢的部属。

□ 对工作有强烈的意念及热情，能全力以赴。

□ 自发、主动地执行工作，改善及充实工作上的知识。

□ 能和他人协调、合作。

□ 对工作具有责任心。

总之，上司通常以两个角度来评价你的表现：一个是你的工作结果，另一个是你工作进行的态度，这两项都应是你注意的重点。

和上司相处的 8 项原则

原则 1：考虑到上司的利益。

原则 2：要和上司的战略一致。

原则 3：依上司的意向，适时反映自己的想法。

原则 4：不辞辛苦多和上司接触，热心说明。

原则 5：仔细听上司的意见，不要让他丢脸。

原则 6：不要走火入魔地巴结奉承上司。

原则 7：取得上司的信任，从小事中累积自己的成绩。

原则 8：要尊敬领导，对上司有不满的地方，要坦诚沟通，不要在背后批评、指责。

和上司相处的细节处

- □ 上司站在面前不可坐着答话。
- □ 严格地遵守上下关系。
- □ 与上司交谈，切忌自以为是或打岔。
- □ 从上司先行离去时应有礼貌。
- □ 不要把上司逼入死角——为对方留一条退路。

和问题上司相处的 5 项原则

原则 1：若关系到成功与否，则不能和上司妥协。

原则 2：不辞辛苦多和上司接触，热心说明。

原则 3：经常沟通。

原则 4：诚心相处，诚意、热情。

原则 5：了解上司的性格、类型，然后再想出相处之道。

与上司沟通的 13 条注意事项

（1）随时让上司了解情况，尤其是在问题刚刚出现的时候。

（2）不要拖延坏消息，闲言碎语会在你之前传到上司的耳朵里，这样就剥夺了你对这一事件态度的表达机会。

（3）当问题变得紧迫起来时，约定时间和你的上司沟通。沟通时，说明目的和所需讨论的时间。

（4）让上司知道你建议的影响力及其重要性。

（5）提供讯息时，准备好支持你观点的资料，文字资料会增强你的影响力。

（6）提出你的观点时要简单明了。

（7）对你的陈述和意见要有把握，说话时语气要坚定，你的身体语言应当表现得加强你的自信。在重大的问题上身体向前倾斜，并保持眼神接触。

（8）在沟通时，重点在解决的方法上而不是问题，因为谁都可以把问题突显出来，而且也可表明你不仅有答案，而且愿意承担解决问题的责任。

（9）精心选择你的言词，避免夸张，比如说："我有重要的情况告诉您。"而不说："我有可怕的消息告诉您。"

（10）你认为上司表现得不通情理时，不要以愤怒或逃避来反应，镇静下来，说明你的感觉以及原因。永远使用"我"，不使用"您"，例如："我不认为这是对的"会比"您错了"要好得多。

（11）如果上司批评了你，要从这意见中学习。如果批评的意见不具体，不妨问上司如果他遇到这情况会怎样处置。

（12）如果不能肯定上司对一项重要的新意见会做同何种反应，那就先做书面介绍。这样会使你能够较好地处理这问题，也可以给上司审查你的建议的时间。

（13）遵循指挥体系，不要有意地绕过你的上司；如果这样做了，要记得通知他。

接受上司命令时的注意事项

（1）上司呼叫你的名字时，用有朝气的声音立刻回答"是"，带着你的笔记本迅速走向主管。

（2）记下上司交办事项的重点，以避免遗漏，以后可以根据这些记录检查自己的工作状况。

（3）当上司指示完后，你再重复一下指示的重点，以确认你的理解和上司的意图是否有差距。

确认命令的注意事项

（1）执行上司命令时要充分领悟上司命令的实质，理解体认上司的立场。有疑问要尽早询问，直至询问清楚为止。

（2）你若有不同的意见可向上司报告，对上司决定后的事情需依指示进行。

（3）要让上司把话讲完后，再提出意见或疑问。

向上司报告的方法

（1）报告的时机：

☐ 当你做好工作计划时，可以先向上司报告，让他先了解你的计划内容，并能藉着说明计划向上司确认及讨论一些问题。

☐ 工作到了一个段落，需向上司报告经过状况及实施结果，进一步征询上司的意见时。

☐ 遇到困难需要领导协助时。

☐ 工作上有任何好的看法时。

☐ 向上司提供情报，让上司能更正确决定时。

☐ 工作完成时。

（2）应尽量避免向其他部门的上司或更高层次的上司做越级报告，除非是你的上司指示你这样做。

2．与部属的相处之道

（1）在人格上，应该成为有自信、广被部属所尊敬的上司。

☐ 能区别战略与战术的不同。在战略上不要轻易改变想法；在战术上有一贯性，但需依状况而临机应变。

☐ 能决定的事马上决定并一个一个处理掉。这儿要请示，那儿也要呈报，凡事无法果决的上司，很容易被部属看轻。

☐ 正确掌握部属的能力范围，充分了解部属的希望、优点与缺点，激励他向极限挑战。

☐ 不可随便要求部属帮自己做事。

☐ 不仅在工作上得心应手，更应该做个完美卓越的人。

（2）考虑到部属的利益

自己的目标需获得部属的共识。应仔细听取部属的意见，取得部属的信任。反省自己一下，是不是考虑到部属的利益、指导他们的工作方向，还是只求自己的方便而颐指气使呢？

引导出部属的能力，大胆分配权责，让部属方便工作，不要干涉战术上的小节。

知道部属的能力极限，设定向极限挑战的远程目标；不要想在战术面上握有主导权，信任部属，将工作交给他们；认同部属的能力，勿干扰，而应放手让他开展工作；要能理解部属的所作所为，不时给予关照。不过，如果人的能力尚不足的话，最好还是详细指出具体的工作措施比较保险。

（3）养成激励部属的习惯，站在助部属一臂之力的立场。

□ 洞悉部属的希望，尽可能让他做想做的事。

□ 关于部属的目标，一定要和他取得共识。设定可以达成的目标，激出部属的意愿，让他产生自信。

□ 给予部属突出的机会，多褒赏，慎怒声怒言。

□ 多和他们接触，适时提供对部属工作有益的情报与帮助。

□ 使部属具备问题意识。

（4）掌握正确的责备部属的技巧。

□ 责骂别人之前先反省自己，责备时应提出问题改善的方案。

□ 以战略、目标来责备。

当部属的行动和战略、目标不一致时才加以责怪，因为早已将细节全权委任给部属了，因此不可以唠唠叨叨地责怪他。

□ 对部属应关爱加严格。

如果部属清楚你是基于想培育他成为优秀人才的想法才对他严格要求，即使再怎么严厉责备，部属还是能够体谅你的苦心的。

□ 想好责备的方法后再责备。

责备方法因对象因事而异，也不要光以理论责备，而应兼顾到情感的运用。有时部属在理论上能够了解你的用心良苦，但却在情感上产生反抗的心理。

- □ 责备部属时，不可以使用不当的字眼。

在众目睽睽之下责备时要节制一点，不要失掉自己的人格和风度。

3．与同事的相处之道

（1）对待同事，应谦和有礼，忌粗暴怠慢。

- □ 早安，你好。打招呼有神奇效果。
- □ 微笑拉进距离。
- □ 注意别溜了嘴，一说出去的话是追不回来的。
- □ 偶尔也要故意装傻。
- □ 不要一边说话一边看手表。
- □ 不偏交，不搞小圈子派系。不可以只与特定人物来往。
- □ 避免涉及有关"出身、学历"的话题。
- □ 勿控管别人的嗜好。
- □ 注意如何在开会时有效的表达自己的意见，并不要在会议中进行人身攻击或强词夺理。
- □ 勿背地道长论断，搬弄是非。
- □ 牢记团队精神，少责怪别人，少推卸责任。

（2）对于老同事，应虚心学习其经验和长处，对于新员工，应积极教授自己已掌握的知识和技能，促进交流，共同进步。

4．人际关系小技巧

（1）礼仪技巧。

- □ 人人都愿意受到他人的尊重，正确称呼他人的姓名，尊重对方的意见。
- □ 掌握对方的立场和希望，清楚了解对方利益之所在。
- □ 在严肃之中，营造和缓的气氛。勿忘幽默感，平常就要多训练。

□ 注意恰当的称赞：对部属的工作给予肯定、对同事的支持给予感谢。

□ 性格老练、善于解决问题，不伤害他人，陈述反对意见时，勿伤其自尊心。

□ 不要发脾气，它会令你失去同事的信任和朋友。

□ 避免吹毛求疵，避免怀疑主义，避免阿谀奉承。

□ 让对方主动判断，自动归纳结论。

□ 从理智和感情两方面来建立可以相互帮助的关系。

（2）请求同事工作协助时说服技巧。

□ 以理智、情感并进的方式来拜托。

□ 在拜托时考虑对方的利益，将自己的成果分享一些给对方。

□ 不辞辛苦，诚恳而委婉地说明。

□ 多听对方的意见，取得对方的信赖。

□ 洞悉对方的状况，不要让他为难，视场面，间接拜托。

（3）同事向你咨询时聆听技巧。

1）以亲受的心情来听。抱着亲受的态度来听对方细诉，对方需要有人同情时，切勿摆出冷漠不为所动的姿态。对方说出心事，在心理上能减轻一些负担，并感到有人倾听与关心，从而得到慰藉，心情慢慢稳定下来，这是最好职场人际关系紧密的契机，你需好好把握，切不可让对方因你的轻视而埋下不快的种子。

2）帮助对方分析问题。对方透过说出的过程，将原本混沌迷离的问题，渐渐凸显出清晰的轮廓，而能够更客观，以有条不紊的思路来观察问题的本身，你的工作就是站在旁观者的角度，帮助对方理清问题，找出解决问题的办法。

3）介绍专家。若是自己解决不了的问题，则需介绍可以帮他解决问题的人。如果接下自己所无法胜任的问题，徒让对方抱着莫大的希望，而在紧急时刻宣布放弃的话，这样只会为对方惹来麻烦。

（4）向同事道歉技巧。

1）先行道歉。在对方真正生气之前，先行道歉。最笨的方法，就是辩解，这样只会令对方更生气。

2）从对方的角度想一想。从对方的角度想一想常常会意识到自己的错误以及给对方造成的困扰或伤害。这样你会真正清楚自己的错误，在道歉时能明确表达自己对错误的认识，从而得到对方的谅解。

3）从理智和情感两方面来道歉。只以道理来道歉，而无法让对方感受到你的诚意，有时候还会引起反效果。道歉时，注意你的词语、表情与态度，让对方感受到你道歉的诚意。

4）提出改正方案。光道歉是不够的，应视场合，说明一下今后一定不会再发生令对方困扰的麻烦，并提出具体的改正措施。

（5）同事拜托时拒绝技巧

1）从感情和理智两方面来拒绝。在感情上，要先对你的拒绝表示道歉，然后再予以拒绝。不过拒绝时要果断，不能拖泥带水，否则别人会猜疑你可以帮忙但不帮，因此而产生误会。

从理智上，你要能有理有据地说明你拒绝的理由，而且理由必须合乎情理，如果你含糊的拒绝，也会使人猜疑而发生误会。

2）提出代替方案。在拒绝时，如果有可能你可以帮助同事找到替代的方案，帮助同事解决问题，相信你的真诚会得到同事的理解的。

? **本章思考**

1．你通常的情绪是怎样的？罗列出你最常有的五种情绪。你对情绪的管理计划是什么？

2．列出你的人际关系圈的人员名单，并标注最核心的十名成员与核心后备的十名成员。

3．制订一个维护你的关系网的详细计划？

员工职业素养培训

4．你是怎样经营职场内的人际关系的？有什么心得？优点是什么，缺点是什么？有什么改进的措施？

5．制订一个详细的职场人际关系改善实施计划。

24

提高时间的使用质量：时间管理

选择时间是为了节省时间。

有些人每天需要处理的事情千头万绪，总是紧张工作了一整天，甚至到了下班时间，还有一大堆事情尚未处理。时间是最宝贵的资源之一，能有效地利用全部时间非常不容易，因此，应讲究时间的使用效率，花一分时间就要有一分收获，提高时间的使用质量。能否有效地、高效率地支配时间，已经成为衡量一个人素质的重要标准。

职场中的成功人士都有两条共同之处：一是精心安排自己的时间；二是善于限定自己的工作范围。恰当地计划好你完成工作的时间非常重要，很多人却不能很好完成这一项重任。

1. 缺乏时间管理意识的征兆

征兆一：没有月份及年度的工作计划，很少能预计要做什么而先行准备，每天到了公司才开始想要做什么，接到指令后才知道要做什么。

征兆二：接下许多工作，才发现根本没有足够时间依时进行。每件事情都想依预定时间进行，但每次都无法准时开始、准时完成，或要花更多的代价才能完成。如此陷于恶性循环中，常常把事情延到最后，使自己在时间上没有变通的弹性。

征兆三：心里的声音常常对自己说：预定的事情没做完，但今天就到此为止，明天再做吧。

征兆四：每天忙于杂事、琐事，没有富裕的时间，而真正重要的工作没有时间去做。

征兆五：常常因为沟通不良、情报错误而使工作重新再做。

征兆六：经常花很多时间等待前手完成工作后，再进行工作。非要完成一件事后才做另一件事，无法同时进行多项工作。

对照以上缺乏时间管理的征兆自检一下，工作中的你是否有以上一种或几种情况发生呢？如果有，你的时间管理欠佳，还需要进一步学习时间管理技巧，提高工作效率。

2．不进行时间管理经常会提出的理由

（1）我的工作就是与人打交道、解决问题、处理紧急情况，这些是事先没有安排的工作。

（2）我不授权给别人是因为没有人能做。

（3）大项目不适于进行时间管理。

（4）工作中经常发生的干扰使得不可能有效地进行时间管理。

系统地分析一下你的时间利用情况，你会发现时间不是不够用，而是你不知道如何有效地进行时间管理。

时间浪费分析

1. 浪费时间的因素——时间杀手

时间杀手的两种类型：

（1）自己原因造成。

□ 没有工作目标

无长、中、短期目标，工作方向盲目，无系统性。

□ 缺少计划性、不安排工作先后次序。缺乏时间管理意识，不知道如何计划使用时间，做事不分轻重，想到什么就做什么。

□ 拖延。自律性差，耐心和毅力不足，工作拖拉，时间虚耗。

□ 从不说"不"，工作中被过多地打扰，为处理对自己无关的或意义不大的别的事情，占用大量时间而影响原本需正常进行的工作。

□ 缺乏沟通。工作中缺乏沟通最容易造成时间的无谓浪费。比如：因为缺乏沟通，上级的指示了解不够，进行的工作又需花时间修正；因为缺乏沟通，对公司已具备的情报又重新花时间收集……，以上原因是可以控制的。

（2）其他原因造成。

□ 干扰。工作中经常会遇上各种各样的干扰，如临时的工作会议、他人的求助等，这些都需要对原定的工作计划进行修正。

□ 危机。危机的发生都是在预料之外的，而且不得不花时间进行处理的。

□ 他人造成的差错。现在的工作多为团队协作型工作，别人工作的过失常常会影响到自己负责的工作，需要额外花费时间进行处理。

□ 缺乏信息。信息的缺乏使工作的开展难度增加、时间延长。

□ 等待。工作中当碰到需要别人协助完成时，别人的时间无法配合而增加了等待的时间。

以上原因是很难控制的。

针对以上浪费时间的因素，如果你不擅长或从不总结，同类错误就会一犯再犯，经验、教训严重浪费。反之，你若能克服这些浪费时间的杀手，你将能成为时间的主人，操纵时间的这项能力也将成为你赢得别人的一项利器。

2. 分析一下你时间的利用

你现在是如何划分每一天的？是分清了工作的优先顺序，先处理重要和紧急的项目，还是更倾向于将喜欢做的事情先干完？是经常被电话打扰还是有一套应付打扰的方法？你的时间是否大量都被浪费了？几乎没有人愿意承认，我们大部分的工作时间都被浪费掉了。为了更好地利用时间，是哪些习惯和态度在影响着你对时间的利用，你必须对目前的时间利用情况进行分析，然后再考虑更有效率的方法。

想要知道时间是如何用掉的最好方法就是：用心观察自己的日常作息，做时间日志，评估每一天。坚持记录自己每天在具体事项上所花费的时间，对更有效地运筹时间是十分重要的。

准备一本记事本，详细记录各项活动及各项活动所花的时间，如：打电话、写信等活动的时间各占多少。每完成一件工作，就在记事本上写下完成事项和所花费的时间，然后，留意你自己对时间运用状况的感受：是运用妥当还是浪费了？精力是高昂或是颓丧？谁剥夺了你的时间或提高了你对时间运用的效率？

时间日志可以为你提供一个改进的起点。你会发现，你的时间表总是被排得满满的。在诸如阅读邮件等日常性事务上，很容易花费太多的时间，而那些极为重要并富有成果的任务却被耽误了。

细分各项事务，将它们分成以下几组：日常性事务（例如撰写报告）、持续性项目（例如组织会议），以及能够进一步拓展业务的工作（例如新客户开发），算出花在各组事务上的时间比例。

理想的要做到有效率地工作，你应将 60%的时间用于规划与发展，25%的时间用于持续性项目，而只将 15%的时间用于日常性事务。

实际上，大多数人的时间分配情况与此恰恰相反：60%用于日常性事务；25%用于持续性任务，15%用于规划与发展。

现在你可以自问一下，细分工作日之后得出的时间分配模式，是否与你的期望值吻合。你是否在日常事务上用去了太多的时间，而没有将精力集中于规划与发展工作？对于全天的任务分配，是否有时忙碌、有时闲散？

如果是这样，你就需要想想，该如何改变行为模式，进行时间管理，提高工作效率？

想一想，为了更有效节省时间，怎样把时间运用得当和运用不当的活动区隔开来？有什么日常性事务可以一并处理，或分成多个部分做更有效率的处理？有哪些不重要的事根本就不需要浪费时间来做？有哪些事可以做得再快点，更有效率点？

能否有效地、高效率地支配时间，是衡量你素质的重要标准，见表 3-7。

表 3-7　　　　　　　　　　时间管理一览

时间管理的 主要法则	法则一、ABC 工作法 法则二：80 / 20 法则
科学的工作计划	1. 根据 ABC 工作法与 80/20 法则拟订工作计划： 2. 工作计划拟订步骤： 　□ 先明确工作的目的及目标 　□ 拟订工作计划注意事项 　□ 依工作的重要度确定各项工作的轻重缓急与进行 　　顺序，分配各项工作的执行时间，编制工作日程表。
时间管理方法	1. 清理办公室，做好整理整顿 2. 合理的充分授权 3. 克服打扰 4. 避免拖延 5. 提高工作效率 6. 其他时间管理小窍门

时间管理的主要法则

时间管理的主要法则是 ABC 工作法和 80/20 法则。

ABC 工作法与 80/20 法则的实质就是依工作的重要性决定工作的优先顺序和投入工作的时间。其中 ABC 工作法是分析工作任务，确定工作的优先顺序；80/20 法则是依工作的重要性决定投入工作的时间。

1. ABC 工作法

让我们先看一个故事：

瓶子满了吗？

一位老师为一群学生讲课："我们来做个小测验。"老师拿出一个瓶子放在桌上，随后他取出一堆石块把它们一块块的放进瓶子里，直到石头高出瓶口再也放不下了。他问："瓶子满了吗？"所有的学生答道："满了"。老师一笑，从桌子下取出一桶更小的砾石倒了一些进去，并敲击玻璃壁使砾石填满石块的间隙，他问："现在瓶子满了吗？"这一次学生有些明白了："可能还没有"。专家说："很好！"他伸手从桌下有拿出一桶沙子，把它慢慢倒进玻璃瓶，沙子填满了石块所有间隙。他又一次问学生："瓶子满了吗？"学生满大声说："没满。"老师点点头，拿过一壶水倒进玻璃瓶，直到水面于瓶口齐平。他望着学生，问："这个例子说明了什么？"一个学生举手发言："他告诉我们，无论你已经把工作、学习安排得多么紧凑，如果你再加把劲，还可以干更多的事！""你说得对，"老师说，"但那还不是他的寓意所在。这个例子告诉我们，如果你不先把大石块放进瓶子里，那么你就再也无法把它放进去了。"先放进大石块，就如同 ABC 分类工作法，先做重要的事件；大石块中放入沙子、水，就如同统筹工作方法。

那么，怎样区分处理事项的先后顺序呢？我们可以根据事项的紧急性和重要性来决定。方法如下：

先把你要做的事列一张清单，把你目前和将来的任务列成表格，然后将它们分为三种类型：

A 型：重要并且紧急的任务

B 型：重要或紧急，但不是既重要又紧急的任务

C 型：既不重要也不紧急的日常任务

如果你对某项任务的分类犹豫不决，就把它归入 C 型任务中，或取消。

处理的先后顺序是（并非指一定亲自做）：

□ 紧急又重要；

□ 重要或紧急；

□ 既不重要又不紧急。

主要原则：把主要精力集中完成 A 类工作；其次是 B 类，这样有主次、有先后的逐步展开；对于 C 类事情，一般属于一些杂务小事、这些不紧急的事情应在有时间时再做，可以适当授权让人代劳。

2. 80/20 法则

1960 年意大利经济学家兼社会学家帕景托建立了一个数学模型来描述国家不平等的财富分配，发现20%的人拥有了80%的财富。在帕景托经过观察并建立了模型之后，许多人都在他们各自的领域发现了同样的现象。

80%的收获来自 20%的努力；其他 80%的力气只带来 20%的结果。

80%的病假被 20%员工所占用。

80%的销售额源自 20%的顾客。

80%的菜是重复 20%的菜色。

80%的看电视时间都花在 20%的节目上。

> 80%的社会财富由20%的人拥有。
>
> 80%的问题是由20%的缺陷造成。
>
> 80%的问题是有20%的员工造成的，但20%的员工贡献了整个公司80%的产量。
>
> ……
>
> 你可以发现这种现象可以覆盖从管理科学到现实世界的任何领域，这就是"80/20法则"。

80/20法则简称为"重要的少数和普遍的多数"。它的大意是，一切事物都是这样组成的：20%是至关重要的，而80%是平常的。因此只要能控制具有重要性的20%即能控制全局。这个法则经过多年的演化，已变成当今管理学界所熟知的"80/20"法则——即80%的价值是来自20%的因子，其余的20%的价值则来自80%的因子。

这个法则告诉人们一个道理，即在投入与产出、努力与收获、原因和结果之间，普遍存在着不平衡关系。少的投入，可以得到多的产出；小的努力，可以获得大的成绩；关键的少数，往往是决定整个组织的效率、产出、盈亏和成败的主要因素。

"80/20"原理对时间使用者的重要启示

避免将时间花在琐碎的多数问题上，因为就算你花了80%的时间，你也只能取得20%的成效：你应该将时间花在重要的少数问题上，因为掌握了这些重要的少数问题，你只花20%的时间，即可取得80%的成效。80/20法则相当于一个提示器，每天提醒你将80%的时间和精力放在那些真正重要的20%的事物上。当救火式的工作开始消耗你的时间时，提醒你关注你所应该关注的20%。当排在时间表上的某些事不得不向后拖或者某些事并未按部就班完成时，确保他们不是那关键的20%。

按照80/20法则，当工作量大时，很容易将更多的时间浪费在只能达成20%成果的努力之中，又往往来不及处理能达成80%成果的事项，所以，我们应该事先把握住处理重要事项的时间，而将次要事项分流，这样将大大提高工作效率。制作工作计划具体操作时最好用 80%的时间做重要但不紧急的工作。

那么哪些工作任务比较重要呢？

☐ 提升生命大目标的事。

☐ 你一直想做的事。

☐ 花少量时间成就高质量的事。

☐ 能大大节省时间或使品质倍增的创新方法。

☐ 别人说你不可能完成的事。

☐ 别人已在其他领域进行且获得成功的事。

☐ 运用自己创造力的事。

☐ 能让别人为你工作而减少你工作量的事。

☐ 千载难逢、稍纵即逝的事。

科学的工作计划

1. 根据 ABC 工作法与 80/20 法则拟订工作计划

如同任何一种管理，时间管理也一定要妥善计划才能发挥效用。花少量的时间计划你的工作是值得的，你可以根据其重要性按次序去完成各种任务，这比你碰到什么就做什么要好得多，它为你节省了大量时间，同时按照计划工作使你将 80%的时间和精力放在那些真正重要的 20%的事物上也提高了时间的使用质量。计划时要分清工作的轻重缓急，要设定合理的时限，然后确确实实地着手实施，你很快就会发现每一刻你都过得清楚明白，你的效率显著提高了。

2. 工作计划拟订步骤

（1）先明确工作的目的及目标。如果你的工作目的或目标不明确

（目标弄错或目标过大），就不能把握工作的重点，无法根据 ABC 工作法与 80/20 法则拟订工作计划。所以在制定工作计划时，首先要考虑此工作计划如何更有利于大目标的实现，而不是为某事而做事。

关 键 点

明晰你的目标，界定什么是你真正重要的工作任务是拟订工作计划的前提。

1）设定合理、明确的工作目标。可把目标分成长期（一周以上）和短期（一周以内）两种。长期目标尽量具体，但不必过于详细，可在行事历上记下所有的完成期限；而短期目标则记在每周及每日的工作计划表上。

设定目标最不可取的就是好高骛远，没有什么比期望过高更令人感到压力重重的了，所以对于一定期限内你能力之所及要抱现实的态度。学会了解自己能力的局限性，不要承担自己感到不会成功的事情。你要根据周围环境的实际状况，将远大理想分成多个可行的小目标逐步达成，并根据环境和进度灵活调整，但决不见异思迁。同样，对别人的期望值也要现实一些，不要从你同事那儿要求太多，否则你会因他们不能完成你交给的任务而失望，而且你的同事们很快就会疲于应付。

2）合理、明确的工作目标的特征。

□ 结果是具体的，最好是可以量化的。

□ 目标是理智、现实、可以达到的。

□ 达成是有时限的，任务能在一定时间内完成。

（2）拟订工作计划的注意事项。

1）认清工作的特性。每件工作都有它时间上的特性，有些工作要花很长一段时间，持之以恒才会有结果；有些工作却可在短时间内完成。

你必须认清这些工作的特性，例如将本辖区的产品市场覆盖率提高 30%，想要在短期内获得成果很难，你需要每天花一定的时间进行销售促进，并持之以恒加以维护才能见到成果。在做计划时，你就要据此预先把握住该工作的特性，再拟订投入的时间与方法。

2）虽然能一口气把工作做好是非常好的，但是工作时往往同一时间有数件事情需要解决，而且有些工作需要有一些等待的时间，因此你可以将每项工作再细分化，依时间允许同时交错进行多件工作。你可以用稍微容易一些的 B 型任务和 C 型任务，去调剂用于 A 型任务的高强度时间段。但是切记，在调剂的同时必须保持焦点，即一次只做一件事情，一个时期只有一个重点。

3）注意协调与同事之间的工作，尽量留出一大段固定且不受打扰的时间做重要的工作。

4）要知道自己身体生物钟的高峰和低谷，尽量把那些要求高质量结果的任务放到你最清醒的时间段内完成。

5）要预留静处的时间，在时间表中安排一些时间用于思考，因为短时间的静处，会帮助你更有效地工作。你要留些时间给自己，以便集中自己的思想处理棘手的或极为重要的任务。如果你不将这段时间列入日程表，就很难保证有静处的时间。另外，要设立机动时间来适应外界不可预测的事件，在改变任务之前留出休息的时间。

6）每天需要对工作计划进行重新评估。

工作的优先顺序会变化，因为我们随时都在获取信息，新的信息可以改变一项任务的重要性或紧迫性，甚至可能将一项紧急的工作从你急需去办的任务表上去除。为了适应各种变化和新信息，需要经常改变优先考虑的事项，所以每天临结束时要留时间进行总结，对工作计划重新进行评估，作好明天的准备。

（3）编制工作日程表。依工作的重要度确定各项工作的轻重缓急与进行顺序，分配各项工作的执行时间，编制工作日程表。

若缺乏明确的工作日程表，你将任由环境牵制，你会发现自己大部分的时间都在解决燃眉之急或应付别人的需求。有了明确的工作日程表后，你的行事才有方向，才能使工作顺序更清晰。

编制工作日程表的方法：

1）写下当日应该做的事。列出所有要做的事。有些工作毫无意义可言，你在罗列每一项工作的时候，先想想看，如果今天不做，会有什么后果。如果答案是可能没关系，便可把它延至明天。假使这项工作一再往后延，而且一直没有完成，就没有必要做了。你可以把时间省下，做更重要的工作。

2）根据 ABC 工作法列出要优先考虑的具体事项，做三个独立的表——A 型、B 型、C 型任务表各一个。在各表中确定出哪些任务需要他人的协作，哪些是只有自己才能完成的，哪些是可以委派的。考虑一下有的任务是否必要，不然就取消；需要他人协作的工作，请人帮助完成；可以委派的任务则立即移交。这样简短的 A 型、B 型和 C 型任务表上列出的事情就剩下只有你自己才能完成的任务。

3）通过估计完成每一项任务的时间（预计时间写在每项旁边），再依工作的重要性决定投入工作的时间。

4）根据 ABC 工作法与 80/20 法则计划你的一天，订出各项工作的开始时间和估计完成的时间。

5）把每天时间分成几个区段，再分配做不同的活动，尽量在体力高峰期执行最重要的工作。当然，在工作中不可避免还是多少会有一些干扰；不过，因为你按照预定的时间表行事，这些干扰应该不会造成太大的问题。

6）编制工作日程表。每天不妨时常检查进度，看看自己如何妥善运用时间，然后再看看有没有需要调整的地方。

时间管理的工具：工作日程表

□ 在开始一天的工作之前写出一天要做的工作

□ 在结束一天的工作之前写出明天要做的工作

□ 在工作日程表中注明工作的先后顺序

□ 决定哪些工作要自己做，哪些可以授权给别人

表 3-6　　　　　　　工作日程表（范例）

2004 年 9 月 5 日

编　号	工作项目	重要性顺序	执行时间
1	参加晨会	8	8：45-9：15
2	交办秘书联络客户	6	9：15-9：20
3	向上司报告交办事	7	9：20-9：30
4	看公司文件	9	9：30-9：45
5	联系 A 客户，确认定单	2	9：45-9：50
6	参加主管汇报	10	10：00-11：00
7	与行销部谈 A 促销	5	11：00-11：30
8	拜访客户谈合约	4	11：30-14：00
9	到 B、C 客户收款	3	15：30-16：00
10	与财务部协商成本	3	15：30-16：00
11	查阅 MIS，绘分析表	1	16：00-17：00

■ 重要的事情　　　　　　　　　■ 紧急但不重要的事情

可见重要的事情占整个工作时间的 80%，其他既不重要也不紧急的事情将在处理以上事情的过程中有时间时再做，也可以适当授权让你的下级代劳。

时间管理方法

1. 清理办公室，做好整理整顿

工作空间的有效安排真是非同小可，整洁的工作空间可以有力地提高自己的工作效率。从清理你的办公桌开始，然后优化电脑系统、整理文档柜、书架及整体环境吧。

（1）保持办公桌的清洁。

1）好处：有效地使用办公桌会使你更有条理，并能更迅速地找到东西，可保证对时间的良好利用。

2）整理方法：各种办公用品、文书仔细规划放置地点，依定位放置，档案、公文、书信等编号管理。

在你的办公桌上，只陈列必要的东西，尽量清除不必要的东西。这些必要的东西包括目前手头需要处理的文件、目前正在进行的工作资料，要用的工具等。尽可能始终保持工作桌面的整洁。文件格内的物品保持在可控制的规模内。

将钢笔、铅笔、胶水、直尺一起放入伸手可及的容器内，参考资料也摆在随手可及的地方，用完的工具与资料记得放回原处。

整理抽屉，使里面的物品井然有序。

（2）文件整理。你可能需要处理的文件很多，堆积如山，混乱的桌面已经妨碍了你进行清晰的有创造性的思考，因此你应该抵制把大量不同的任务都堆在桌上的诱惑。那么，怎样才能解决这个难题呢？

1）每天花些时间处理新到的各种文件，立一个办法来随时更新你办公桌上的书面材料。

- □ 要想使你的办公桌整整齐齐，就不要把书籍文件之类的东西堆放在上面，最重要的是读完后就收拾好。
- □ 分清轻重缓急处理、存档或委派文件。你应注意不要老压着文件不放手。凡是收到的信件，报告或其他什么，都应当迅速处理掉，文件一送来先大致浏览一下，大概看一下文件的内容和标题，用很短的时间迅速地判断出文件的紧急程度，这个文件是否需要现在立即处理或者该把它送往何处，总之要防止文件的滞留。

分类处理方法如下：

- □ 如果事情紧急，应立即处理或委派下去。（应立即处理的文件，是指紧急信件，十万火急的订货，以及其他必须马上行动的内容。）
- □ 不紧急并且需要其他资料才能处理的文件，在采取适当的措施之前，一直放在待处理文件格。
- □ 其他不紧急的文件则放入文件格，每天其他的事项归档后，有时间再阅览；或者也可以在某个特定的时间或日子，将它们归纳起来过过目就行了。

注意：对于不紧急处理的文件，也应预先定下最终完成的期限，在完成期限内无论如何也要处理完毕。这样，不久你就会惊奇地发现，庞大臃肿的"文件山"已经被轻而易举地搬走了。

- □ 那些你不需要或早已处理过的东西，扔掉好了。
- □ 有关信件、备忘录、影印件、报告、定期刊物、同行业的报刊等，尽管这些资料很重要，但如果你没有功夫马上阅读时，可以交给助手去处理，然后让他向你汇报其中的主要内容。

2）审查完毕之后，为了区分文件内容的重要性，为了方便再次仔细阅读，需要对文件进行细致的分类。

分类方法：你可以根据它们的种类把各种文件标上不同的颜色，每一件工作都分别存档放在不同的资料夹里，这样使用时一目了然，便于寻找。还可以将文件格分为来函文件格与发函文件格，来函文件格只保留当前的文书，发函文件格经常整理。常用的文档靠近办公桌存放，使最频繁使用的文档极易拿到，注意办公桌上存放的文件都是最近的。

3）至少每隔几个月整理一次文档

4）对电脑文档也要时常进行整理

（3）一日终了，把桌面清理干净，只留下明天早上要处理的东西

2．合理的充分授权

不管你如何自我约束，如何周详计划，可你还是成天忙个不停，还是不断的加班加点，为什么会这样呢？有以下两种可能：

- □ 你工作量绝对过多，但你无法说服上司同意增派人手或适度减少工作量。
- □ 你已习惯了工作上事无巨细、亲力亲为，只要看到，就想抓住自己动手干。

多数成功的职场人士都有两条共同之处：一是精于安排自己的时间；二是善于限定自己的工作范围。善于限定自己的工作范围需要合理的充分授权。限定工作范围就是区分一下哪些事情必须自己躬亲，哪些需要自己参与、过问，哪些连问都不要问，就让助手与下属去干就可以了。授权就是把自己负责的工作委派给其他职员去做。如果你身为主管，你可以把部分工作交给别人处理。不过在授权时一定要明确划分权责界限，因为大多数人通常会抱着敷衍应付的态度，如果权责不清，工作质量会下降；如果你不是主管，你可以和同事交换一下工作，有些你深以为苦的工作，你的同事却可能乐在其中；或者同事棘手的问题你却可以轻而易举地帮他解决。这样你可以有时间处理更重要或更感兴趣的工作。

充分授权的内容包括：

（1）第一部分：弄清自己的职责范围，除去不必要的工作，把属于别人的工作让别人去干，你自己只做自己应该做的，不要插手其他的事。

为使你控制好时间，在安排你自己的活动时，在做此授权时，首先要决定到底你本人应做什么。重温一下工作的性质，可以帮助你准确地确定你的特殊任务和责任。

（2）第二部分：将对你来说没有效率的工作，不必亲手做的工作要尽数放手委派给他人，但同时要跟进委派后的工作，并根据必要而确定监控方法。

（3）第三部分：不要想一个人独立解决问题，要积极请教专家。

通过充分授权，一方面可让下属充分发挥才能，提升工作热情，增强责任心和团队凝聚力，又可让自己有时间去处理重要事项，思考重要问题，提升团队效率。充分授权也不是什么权都授出，而是根据属下的现有职责、权力和能力，根据事情的轻重缓急，授予他某些责任和顺利完成这些责任所需要的权力，而自己最少应保留必要的监控权，以利于进行必要的指导和有效防止失控。

3．克服打扰

首先，让我们仔细分析被打扰的因素，审查一下你的时间都流向哪里，并诊断和解决问题 。

（1）通常被打扰的因素：

电话、未经预约的拜访者、紧急情况、未预先安排的会议。

其中被打断却必须安排的工作：

□ 未预先安排但上司突然要开的会议

□ 紧急情况

□ 未经预约的拜访者

□ 未经预约的电话

被打断却可以避免的工作：

□ 私人电话

□ 私人谈话

注意：这些电话和谈话来自于你的业务内部和外部的人。

□ 为别人做的属于自己职责范围外的事情

（2）为什么本来不会被打扰的事情会打扰你？

1）你不必要地为别人做事。你可能甚至乐于这样，因为你感觉自己被恭维，或者这是一种有趣的娱乐。不幸的是这些打扰侵蚀了你的时间，并且每次你为别人做事以后，他们都会变得更加依赖你。

2）你在安排工作时表述不明确，使同事或下属在执行时产生困扰而不得不打扰你，如：没有解释为什么这项工作是必要的，为什么你选择他们来做，结果应该如何，以及还有什么资源可以支持他们。

（3）怎样避免被打扰？

1）避免同事打扰你的最好方法是：教导和鼓励身边所有人都来管理好自己的时间。

2）积极授权。大多数人从完成整个工作当中而不是从做完一件事当中获得成就感。信任你的同事与下属，教他们如何自己解决问题，提供建议和鼓励，训练他们独立。给他们一条鱼，你能喂他们一天；

给他们一条鱼竿，你能喂他们一生。

3）能在没有同事打断的情况下完成任务。你需要有如下技巧：

□ 如果同事们打扰你，就打击他们，避免说"把它交给我吧"。

□ 要学会限制时间，不仅是给自己，也是给别人。

□ 不要被无聊的人缠住，也不要在不必要的地方逗留太久。

□ 一个人只有学会说"不"，虽然不太容易说出口，否则，你的时间光是用来应付别人的要求都还嫌不够。该说不时，就说不。

4）规定自己一天内可以被打断的次数，保持较少的被打扰次数。

5）留出一定的时间来接待同事们。

6）节制应酬的时间，多给自己留一点时间，关上办公室的门，进行策略性思考。

7）告诉来电话者自己稍后回电，然后再打电话过去。

8）到他人办公室主动去找你要找的人，如此你可以充分掌握自己的时间，自己决定何时到访、何时离开。

9）一旦你因被打扰而中断手边工作后，要立即回来继续完成原来的工作，不要又重新开始另一项工作。

4．避免拖延

你每个月是否推后相同的事情，或者你无论多小的事情都要拖延？人们做事拖延的原因五花八门，一些人是因为不喜欢手头的工作，另一些人则不知道该如何下手。如果拖延已开始影响工作的质量时，就会蜕变成一种自我贻误的形式，绝不可沉溺于其中。

当你肆意拖延某个项目，或者计划"一旦……"就开始某项工程时，你就为自我贻误落下基石。巧妙的遁词、或有意忙些杂事来藉此逃避某项任务，只能使人在这种坏习惯中愈陷愈深。其中"留待明天吧"等都会明显削弱行动能力。只有"现在"才是通向成功的唯一可把握的东西，而"明天、下周、以后什么时候再说吧，等我有空儿"

等等这些话往往是失败的同义语。

（1）养成富有效率的新习惯

要养成更富效率的新习惯，首先得找出导致办事拖延的情境。以下列举的问题囊括了大部分起因。看看以下解决之道是否适合你。

问题：工作枯燥乏味

解决之道：授权。一有可能，将这种事交给下属，或雇用公司外的专职服务。时常自问："这事是由我来做重要，还是把它交给别人重要？"这样，就会避免成为冤大头。

问题：任务艰巨

解决之道：将任务分成自己能处理的零散工作。当你面临看似没完没了或无法完成的任务时，不妨将它分解成简单些的零散工作，在每天的工作任务表上做一、两件，直到最终完成任务。

问题：不能立竿见影取得结果或者效益

解决之道：设立"微型"业绩。要激励自己去做一项几周或几个月都不会有结果的项目很难。可以建立一些临时性的成就点，以获得你所需要的满足感。

问题：工作受阻

解决之道：凭主观判断开始工作。假若你老是不知从何下手，就凭主观判断开始。如你不知是否要将一篇报告写成两部分。可以先假定报告为一单份文件，开始工作。如果这种方法不得当，你会很快意识到，然后再进行必要的修改。

关 键 点

拖延工作可能是我们逃避或不想我们对自己不满意的一种表现。

（2）戒掉以上拖延行为的心理习惯。

世界上每个人都有推后任务或工作的冲动，每个人都会在不同的程度上拖延工作。无论你拖延的习惯有多严重，这里的方法可以帮你戒掉它。

1）克服恐惧。一些拖延工作的人实际上是害怕做手头的任务或项目。这个任务或项目需要他们从舒适的环境中走出来，一提到这一点他们就动弹不得。你会经常发现，当人们担心接听电话者可能不愿听到他们要说的话或将会回绝他们时，人们就会拖延打这个电话。

要消除担心，首先要对你成功的意义作合理的评判，并专注于你自己的需要和期望而不是别人的。

将问题写在纸上，将最坏的可能写在纸上，并做好接受这种结果的准备。

确认你的优点和技能，回忆以前做成功的事情并将他们写下来；明确并承认你的弱点，将其转化为优势；提出改善境况的具体做法，着手开始做。

2）不追求完美。完美主义可能是拖延工作的常见原因，完美主义者和办事拖拉的人浪费同样的时间。完美主义者不愿意着手工作，因为他们担心他们可能无法达到自己的高标准。一个完美主义者将变得固执于细节，力图掌握工作中的方方面面，而忽略了工作的推进，直到最后一分钟来临，因为如果工作没有做他们就不用面对不完美的可能了。将你的标准和价值观仔细地审查一下，是不是标准定得太高以至带给你失望的烦恼？如果是这样，那就改变你的标准和价值观，制定切合实际的目标。是不是为满足他人期望而生忧虑？如果你不再试图成为别人眼中的"完人"，那么你将发现你自己就不错；当你认识到你的失误是绝佳的老师，错误是宝藏，而你的弱点常常隐藏着优势的时候，你便开始接受你自己了。一旦你接受了自己，就会发现你总是在尽力做得最好，而他人的期望已变得不那么重要了。

要学会适当放弃。虽然有些时候我们不可能把工作干得完美无缺，但是我们已经在一个确定的期限里完成了我们所能做到的最好的工作，对我们来说这已经是一个完美的结局。成功的时间管理者都懂得什么时候值得为十全十美而奋斗，什么时候只有放弃十全十美才足够好。

（3）屏弃制造危机的习惯。如果你多年来都有在最后限期的压力下才能完成工作的习惯，总是在工作计划完成时间的最后一分钟才会被激发起来，常常自己制造危机并试图在最后一分钟解决，那么，你应该学会提高你的效率和工作质量，同时戒掉突击工作的习惯，这会让你的生活从从容容而不总是危机四伏。

贪多的人最难意识到他们想要做的太多，因为每件事对他们都是重要的，授权、拒绝以及设定优先次序并不是他们的强项。如果你是一个贪多的人，那么首先你应该明确在限定时间内完成任务，什么是必须做的、什么不是，对任务做通盘考虑，然后做完成它所需要做的事情；其次你应该明确要完成的目标以及完成时间，设定计划期限时尽量务实，别好高骛远，并将这些目标分成小目标（例如，一次集中完成报告的一部分），最重要的是要少允诺多完成；最后你应该依据计划所列的优先顺序迅速、果断、有效率地采取行动，这样就可以把你因迟缓、拖延所带来的不快压力一扫而空。

□ 拒绝自己的任何拖延理由：拖延是有效使用时间的最大敌人，拖延的结果往往是误事或是拖到最后仓促决定，而给自己或公司带来损失。

□ 不必后悔或优柔寡断：当该开始你的任务而又忍不住要拖延时，不妨坐下 5 分钟，想想你即刻要做的事情。设想一下拖延工作和按计划工作所带来的情绪和身体上的不同后果。当你做过这一番思量后，只管做你认为最好的，不必后悔或优柔寡断。

（4）从现在开始拒绝拖延。仔细审查一下你的拖延习惯，找出你拖延的规律，然后采取以下行动：

1）即刻行动，现在就做。许多人习惯于"等候好情绪"，即花费很多时间以"进入状态"，却不知状态是干出来而非等出来的。有时候你可能忍不住要对自己说："我为什么要这么累呢？有些事情不如留到明天再去做好了。"然而这种想法却是极为危险的。我们不妨来谈谈有关"即时处理"的问题。根据效率专家提供的材料，在同样的时间内，用同样的力气做尽可能多的事情的最佳方法就是所谓的"即时处理"。简单说来，即时处理就是一旦决定了自己要做的事，不管它是什么事，立刻就动手去做。"立刻"这一点是至关重要的。

如果你想到该去做某件事，那么你就应该立即着手行动，你可以拿出一天的时间来试着做一下，对任何事情都不拖拉，要立刻着手处理。尤其是随时处理完细小琐碎的事，因为这些小事往往便是浪费时间的最大根源。如果有一些事一次干不完，就定下完成的时间，然后在限定的时间内务必把它完成。很快你就会从进展迅速的事情中充分享受成就感，而且节省时间。请记住，栽一棵树最好的时间是 20 年前，第二个最好的时间是现在。先开始，边做边改，先动手很重要。如：当场可归纳出结论时，需马上作决定（当机立断）；不要"以后再检讨"，但决定不可以勉强。如果这些方法对你起作用，那就继续下去；如果没有，就试试其他的方法。

2）一定在指定的期限内完成工作。设定工作完成期限。有了期限可以让你更快进入状况，减少因追求完美而可能导致的拖延，而且也强迫你专心一致，使工作品质变得更好。工作完成的时间确定后，勿囤积工作，一定要在指定期限内完成，最好能提早完成，预留一些检查的时间，来检查是否有疏失或遗漏的地方，以确保工作的精确。

3）工作时间集中精神专心工作。做事要有做事的态度，不管多么单纯的工作，你都要用心去做，用心去做能使你避免错误、改善速度，让工作更容易进行。你要关心你的工作，要有完成工作的意愿；在工作时间要集中精神、专心工作，不要一面工作一面和同事聊天、谈笑或吃零食；每项工作一旦开始，你要尽量不去理会其他干扰，将事情集中全力一次性完成。

4）立即采用几条省时策略。将要做的事情列表，并在一天内更新几次。查看时间日志中浪费掉的时间，想办法把这些时间段更好地利用起来。

5）分析自己对时间的利用情况。如果发现存在长期性的问题，试着彻底地改变你的工作模式。找出所有你不满意的工作模式，尤其是你已养成的那些坏习惯。确认了问题后，留出时间来进行反思和改进。

5. 提高工作效率

效率是用最有效的方法把工作做好，提升工作效率使时间的运用效率更高，能在相同的时间内完成更多的工作，有效地节约了时间。

怎样提升工作效率呢？

（1）前提。秉持工作的改善意识，不断地思考是否有更有效率的工作方法。如：工作是否能用更简单、更省力的方法进行？是否能用别的途径代替？是否能将两样工作合并处理？是否能分开做更有效率？

（2）技巧。

1）有效率的思考方法。

□ 在短时间内掌握核心及骨架。

□ 明确把握住重点和问题点，而不要将时间浪费在重要程度较低的事情上。

□ 集中精神，若有会妨碍意志集中的杂念，记下来留待能后再处理。

2）有效率的工作方法。

□ 不要一次工作得太久，长时间连续工作而不休息工作效率会大打折扣的，所以需要在工作间歇安排一定的休息时间。

□ 避免重复同样的事，避免花两道程序安排，事前准备非常重要。

□ 请教有经验的前辈。

□ 提升工作的熟练度。

□ 努力将事情第一次就圆满完成，因为第二次将花同等时间去进入状况。

6. 其他时间管理小窍门

（1）积少成多，有效利用等待的时间、零碎的时间。生活中有许多零碎的时间很不为人注意，其实这些时间虽短，但却可以利用起来做一些事情。比如：等车的时间可以用来思考下一步的工作，翻翻报纸乃至记几个单词；工作中在等待的时间里，如果困倦可以稍稍闭目养足精神，也可以用来构思下一步工作计划；你还可以把所有琐碎事务集中在一个档案夹里，利用零碎时间来做。

（2）避开高峰。避免排长队、交通拥挤和其他的高峰时间。如果我们能尽量避开时间高峰，则我们离另一个高峰——事业高峰不远了。

（3）不要将太多时间耗在电视、报纸杂志上，看看需要的内容就足够了。

（4）掌握快速读书的方法，对于大部分书以获得书中主要观点和重要内容为满足，不要搞得像要升学考试似的。

（5）考虑时间成本。对待时间，就要像对待经营一样，时刻要有一个成本的观念，要算好账。例如你是为省两元钱而排半小时队，步行三站地，还是多花两元节约时间？假若你能在相同时间内创造比两元钱更多的财富，你们上述行为都是极不划算的，那么你就该考虑等候或步行所花时间的成本了。

⑦ 本章思考

1. 你的工作模式是否按照时间管理法则进行，时间分配比有多大程度的接近？你是否发现自己在某一组任务上花费过多的时间，以致不利于其他各组工作的完成？你是否得想办法重新安排日常计划，更有效地分配时间？

2. 你是否做了应该由别人来完成的工作？你是否有足够的时间进行创造与革新？.

3. 自我评估你对时间的利用。